总体国家安全观
透视

历史长河　全球视野　哲学思维

总体国家安全观研究中心　著

时事出版社
北京

图书在版编目（CIP）数据

总体国家安全观透视：历史长河、全球视野、哲学思维 / 总体国家安全观研究中心著 . — 北京：时事出版社，2023.4

ISBN 978-7-5195-0521-9

Ⅰ . ①总… Ⅱ . ①总… Ⅲ . ①国家安全 – 研究 – 中国 Ⅳ . ① D631

中国版本图书馆 CIP 数据核字（2023）第 030866 号

出 版 发 行：时事出版社

地　　　址：北京市海淀区彰化路 138 号西荣阁 B 座 G2 层

邮　　　编：100097

发 行 热 线：（010）88869831　88869832

传　　　真：（010）88869875

电 子 邮 箱：shishichubanshe@sina.com

网　　　址：www.shishishe.com

印　　　刷：北京良义印刷科技有限公司

开本：787mm×1092mm　1/16　印张：28　字数：276 千字

2023 年 4 月第 1 版　2023 年 4 月第 1 次印刷

定　价：128.00 元

（如有印装质量问题，请与本社发行部联系调换）

引言

习近平总书记强调，国泰民安是人民群众最基本、最普遍的愿望，保证国家安全是头等大事。党的二十大明确指出，国家安全是民族复兴的根基，社会稳定是国家强盛的前提。纵览古今中外，不论中国历朝兴衰，抑或世界列国成败，其背后都是国家安全的指导思想与战略谋划在起作用，其衰败之源都在于国家安全上的重大缺失。以"五大要素""五个统筹""十个坚持"为核心要义的总体国家安全观，是习近平总书记深刻总结中外历史经验教训，准确把脉世界百年未有之大变局内在矛盾，在新时代亲自创立并不断推动完善的中国特色国家安全理论，是在新征程上护航中华民族伟大复兴中国梦的根本遵循，具有强大的生命力和无比的优越性。必须坚定不移贯彻总体国家安全观，把维护国家安全贯穿党和国家工作各方面全过程，确保国家安全和社会稳定。

目录

第四篇

从百年变局看五大矛盾 　　　245

第一篇

总体国家安全观的
发展脉络与核心要义

我们党诞生于国家内忧外患、民族危难之时，对国家安全的重要性有着刻骨铭心的认识。新中国成立以来，党中央对发展和安全高度重视，始终把维护国家安全工作紧紧抓在手上。改革开放以后，党高度重视正确处理改革发展稳定关系，把维护国家安全和社会安定作为党和国家的一项基础性工作来抓，为改革开放和社会主义现代化建设营造了良好安全环境。进入新时代，我国面临更为严峻的国家安全形势，外部压力前所未有，传统安全威胁和非传统安全威胁相互交织，"黑天鹅""灰犀牛"事件时有发生。同形势任务要求相比，我国维护国家安全能力不足，应对各种重大风险能力不强，维护国家安全的统筹协调机制不健全，通过全面深化改革重塑国家安全体系、通过开展现实斗争强化国家安全能力已势在必行，因为面对空前复杂的国家安全形势，唯有以全新的体制、全新的理念以及全新的战略加以应对，方能赢得主动。

一、从创设中央国安委到构建新安全格局

作为新时代中国国家安全工作的指导思想，总体国家安全观从 2013—2014 年的酝酿和提出，到 2020—2021 年的成熟和完善，经历了一个不断发展和丰富的过程，这一过程可分成三个阶段，每个阶段又包含若干重要节点。

（一）从十八届三中全会到国家安全工作座谈会

雄关漫道真如铁，十八大后气象新。

新三中全会启动新时代改革。党的十八大开启了中国特色社会主义新时代，2013 年 11 月 9—12 日召开的党的十八届三中全会通过了《中共中央关于全面深化改革若干重大问题的决定》，历史性地提出"设立国家安全委员会，完善国家安全体制和国家安全战略，确保国家安全"。习近平总书记就此作出进一步说明，明确指出国家安全和社会稳定是改革发展的前提，当前我国

面临对外维护国家主权、安全、发展利益，对内维护政治安全和社会稳定的双重压力，各种可以预见和难以预见的风险因素明显增多，而我们的安全工作体制机制还不能适应维护国家安全的需要，需要搭建一个强有力的平台统筹国家安全工作。强调设立中国共产党中央国家安全委员会（以下简称中央国安委）和加强对国家安全工作的集中统一领导"已是当务之急"，其主要职责是制定和实施国家安全战略，推进国家安全法治建设，制定国家安全工作方针政策，研究解决国家安全工作中的重大问题。设立中央国安委填补了中国国家安全工作的体制空白，有助于中国在民族复兴关键期统筹内外安全事务、主动运筹大国博弈，有助于以安全保发展、实现发展与安全并举，有助于突破部门利益羁绊、更好维护整体国家利益，中国国家安全工作的新时代也由此开启。

首次提出总体国家安全观。2014 年 4 月 15 日注定载入史册，中央国家安全委员会第一次会议于当天上午召开，中共中央总书记、国家主席、中央军委主席、中央国安委主席习近平主持会议并发表重要讲话，开创性地提出并系统阐释了"总体国家安全观"。习近平总书记指出，增强忧患意识，做到居安思危，是我们治党治国必须始终坚持的一个重大原则。我们党要巩固执政地位，要团结带领人民坚持和发展中国特色社会主义，"保证国家安全是头等大事"。成立中央国安委是推进国家治理体系和治理能力现代化、实现国家长治久安的迫切要求，是全面建成小康社会、实现中华民族伟大复兴中国梦的重要保障，目的就是更好适应我国国家安全面临的新形势新任务，建立集中统一、高效权威的国家安全体制，加强对国家安全工作的领导。习近平总书记强调，当前我国国家安全内涵和外延比历史上任何时候都要丰富，时空领域比历史上任何时候都要宽广，内外因素比历史上任何时候都要复杂，必须坚持总体国家安全观，以人民安全为宗旨，以政治安全为根本，以经济安全为基础，以军事、科技、文化、社会安全为保障，以促进国际安全为依托，走出一条"中国特色国家安全道路"。这五个"以……为……"逻辑严密、思想深邃，共同构成总体国家安全观的"五大要素"，彰显中国特色国家安全理论的原创性和开拓性。习近平总书记同时指出，贯彻落实总体国家安全观，必须既重视外部安全，又重视内部安全，对内求发展、求变革、求稳定、建设平安中国，对外求和平、求合作、求共赢、建设和谐世界；既重视国土安全，又重视国民安全，坚持以民为本、以人为本，坚持国家安全一切为了人民、一切依靠人民，真正夯实国家安全的群众基础；既重视传统安全，又重视非传统安全，构建集政治安全、国土安全、军事安全、经济安全、文化安全、社会安全、科技安全、信息安全、生态安全、资源安全、核安全等于一体的国家安全体系；既重视发展问题，又重视安全问题，发展是安全的基础，安全是发展的条件，富国才能强兵，强兵才能卫国；既重视自身安全，又重视共同安全，打造命运共同体，推动各方朝着互利互惠、共同安全的目标相向而行。这五个"既"和"又"便是总体国家安全观的"五对关系"，彰显国家安全工作的辩证法与统筹性。"五大要素"揭示本质属性，"五对关系"掌握科学方法，二者共同构成总体国家安全观的丰富内涵，形同闪耀真理光芒的五角红星。

★ **资料来源**：《十九大精神十三讲（图解版）》，人民出版社2017年版，第48页。

出台《国家安全战略纲要》。2015 年 1 月 23 日，中共中央政治局审议通过《国家安全战略纲要》。会议认为，当前国际形势风云变幻，我国经济社会发生深刻变化，改革进入攻坚期和深水区，社会矛盾多发叠加，各种可以预见和难以预见的安全风险挑战前所未有，必须始终增强忧患意识，做到居安思危。制定和实施《国家安全战略纲要》是有效维护国家安全的迫切需要，是完善中国特色社会主义制度、推进国家治理体系和治理能力现代化的必然要求。在新形势下维护国家安全，必须坚持以总体国家安全观为指导，坚决维护国家核心和重大利益，以人民安全为宗旨，在发展和改革开放中促安全，走中国特色国家安全道路。要做好各领域国家安全工作，大力推进国家安全各种保障能力建设，把法治贯穿于维护国家安全的全过程。对外要坚持正确义利观，实现全面、共同、合作、可持续安全，在积极维护我国利益的同时，促进世界各国共同繁荣。包括运筹好大国关系，塑造周边安全环境，加强同发展中国家的团结合作，积极参与地区和全球治理，为世界和平与发展作出应有贡献。会议强调国家安全是安邦定国的重要基石，必须毫不动摇坚持党对国家安全工作的绝对领导，坚持集中统一、高效权威的国家安全工作领导体制。要加强国家安全意识教育，努力打造一支高素质的国家安全专业队伍。

推出新版国家安全法。2015年7月1日适值中国共产党成立94周年，第十二届全国人大常委会第十五次会议通过《中华人民共和国国家安全法》。原国家安全法已于2014年11月1日更名为《中华人民共和国反间谍法》，新国家安全法是新时代加强国家安全法治建设和依法开展国家安全工作的"管总法"，是对总体国家安全观的全面贯彻与深入落实。该法第一条开宗明义阐明立法宗旨，即为了维护国家安全，保卫人民民主专政的政权和中国特色社会主义制度，保护人民的根本利益，保障改革开放和社会主义现代化建设的顺利进行，实现中华民族伟大复兴，根据宪法制定本法。该法第二条对"国家安全"一词首次作出了明确严谨的界定，即国家政权、主权、统一和领土完整、人民福祉、经济社会可持续发展和国家其他重大利益相对处于没有危险和不受内外威胁的状态，以及保障持续安全状态的能力。可见国家安全包括"状态"与"能力"主客观两方面，中国追求的是"相对"而非"绝对"的安全，列出的"国家政权、主权、统一和领土完整、人民福祉、经济社会可持续发展"这几项则又堪称中国的核心利益。该法第三条指出，国家安全工作应坚持总体国家安全观，维护各领域国家安全，构建国家安全体系，走中国特色国家安全道路。这就把坚持总体国家安全观上升到了法律和国家意志的新高度。该法第十四条还将每年的 4 月 15 日定为"全民国家安全教育日"，为在全社会宣传普及总体国家安全观、增强公众的国家安全意识提供了重要的法制保障。

深化国家安全认识论。2017 年 2 月 17 日，习近平总书记主持召开国家安全工作座谈会并发表重要讲话，强调要准确把握国家安全形势，牢固树立和认真贯彻总体国家安全观，以人民安全为宗旨，走中国特色国家安全道路，努力开创国家安全工作新局面，为中华民族伟大复兴中国梦提供坚实安全保障。习近平指出，国家安全涵盖领域十分广泛，在党和国家工作全局中的重要性日益凸显。我们正在推进具有许多新的历史特点的伟大斗争、党的建设新的伟大工程、中国特色社会主义伟大事业，时刻面对各种风险考验和重大挑战。这既对国家安全工作提出了新课题，也为做好国家安全工作提供了新机遇。强调"国家安全工作归根结底是保障人民利益"，要坚持国家安全一切为了人民、一切依靠人民，为群众安居乐业提供坚强保障。习近平总书记强调，认清国家安全形势和维护国家安全，要立足国际秩序"大变局"来把握规律，立足防范风险的"大前提"来统筹，立足我国发展重要战略机遇期"大背景"来谋划。世界多极化、经济全球化、国际关系民主化的大方向没有改变，要引导国际社会共同塑造更加公正合理的国际新秩序。要切实加强国家安全工作，为维护重要战略机遇期提供保障。不论国际形势如何变幻，都要保持战略定力、战略自信、战略耐心，坚持以全球思维谋篇布局，坚持"统筹发展和安全"，坚持底线思维，坚持原则性和策略性相统一，把维护国家安全的战略主动权牢牢掌握在自己手中。这"三个立足"实乃"国家安全认识论"，并在日后不断丰富，构成了习近平治国理政思想的重要"三论"，即世界大变局论、防范重大风险论、历史机遇期论，而"统筹发展和安全"更是首次提出，凸显安全的重要性和统筹的关键性。习近平总书记还对国家安全工作提出明确要求，包括要突出抓好政治安全、经济安全、国土安全、社会安全、网络安全等各方面安全工作，注意从源头上排查化解矛盾纠纷，遏制重特大事故的发生，加强网络安全预警监测，积极塑造外部安全环境。习近平总书记强调，坚持党对国家安全工作的领导是做好国家安全工作的根本原则，各地区要建立健全党委统一领导的国家安全工作责任制，强化维护国家安全责任，做到守土有责、守土尽责。

（二）从十九大到政治局第二十六次集体学习

与时俱进节节高，十九大后新跃升。

跻身治国理政"基本方略"。党的十九大于 2017 年 10 月 18 日胜利召开，习近平总书记作了《决胜全面建成小康社会 夺取新时代中国特色社会主义伟大胜利》的大会报告，提出了新时代坚持和发展中国特色社会主义的十四条"基本方略"，第十条便是"坚持总体国家安全观"，包括：统筹发展和安全，增强忧患意识，做到居安思危，是我们党治国理政的一个重大原则。必须坚持国家利益至上，以人民安全为宗旨，以政治安全为根本，统筹外部和内部安全、国土安全和国民安全、传统和非传统安全、自身安全和共同安全，完善国家安全制度体系，加强国家安全能力建设，坚决维护国家主权、安全、发展利益。总体国家安全观由此上升到党治国理政"基本方略"的新高度。大会报告还专门列出"有效维护国家安全"一条，作为总体国家安全观在工作层面的具体落实，包括：国家安全是安邦定国的重要基石，维护国家安全是全国各族人民根本利益所在。要完善国家安全战略和国家安全政策，坚决维护国家政治安全，统筹推进各项安全工作。健全国家安全体系，加强国家安全法治保障，提高防范和抵御安全风险能力。严密防范和坚决打击各种渗透颠覆破坏活动、暴力恐怖活动、民族分裂活动、宗教极端活动。加强国家安全教育，增强全党全国人民国家安全意识，推动全社会形成维护国家安全的强大合力。2017年10月24日，党的十九大还通过了《中国共产党章程（修正案）》，在"总纲"第十七自然段增写了"坚持总体国家安全观，坚决维护国家主权、安全、发展利益"的新内容。

"五个坚持"新要求。2018年4月17日，召开十九届中央国安委第一次会议，习近平总书记强调，要加强党对国家安全工作的集中统一领导，正确把握当前国家安全形势，全面贯彻落实总体国家安全观，努力开创新时代国家安全工作新局面，为实现"两个一百年"奋斗目标、实现中华民族伟大复兴的中国梦提供牢靠安全保障。习近平总书记充分肯定了中央国安委成立4年来的各项工作，指其"解决了许多长期想解决而没有解决的难题，办成了许多过去想办而没有办成的大事"，国家安全工作得到全面加强，牢牢掌握了维护国家安全的全局性主动。习近平总书记并就全面贯彻落实总体国家安全观提出"五个坚持"：一是坚持"统筹发展和安全两件大事"，既要善于运用发展成果夯实国家安全的实力基础，又要善于塑造有利于经济社会发展的安全环境；二是坚持"人民安全、政治安全、国家利益至上的有机统

一"，人民安全是国家安全的宗旨，政治安全是国家安全的根本，国家利益至上是国家安全的准则，实现人民安居乐业、党的长期执政、国家长治久安；三是坚持"立足于防，又有效处置风险"；四是坚持"维护和塑造国家安全"，塑造是更高层次更具前瞻性的维护，要发挥负责任大国作用，同世界各国一道推动构建人类命运共同体；五是坚持"科学统筹"，始终把国家安全置于中国特色社会主义事业全局中来把握，充分调动各方面积极性，形成维护国家安全合力。国家安全工作要适应新时代新要求，一手抓当前、一手谋长远，切实做好维护政治安全、健全国家安全制度体系、完善国家安全战略和政策、强化国家安全能力建设、防控重大风险、加强法治保障、增强国家安全意识等方面工作。要坚持党对国家安全工作的绝对领导，实施更为有力的统领和协调。中央国安委要发挥好统筹国家安全事务的作用，抓好国家安全方针政策贯彻落实，完善国家安全工作机制，着力在提高把握全局、谋划发展的战略能力上下功夫，不断增强驾驭风险、迎接挑战的本领。会议审议通过了《党委（党组）国家安全责任制规定》，明确了各级党委（党组）维护国家安全的主体责任，要求各级党委（党组）加强对履行国家安全职责的督促检查，确保党中央关于国家安全工作的决策部署落到实处。"五个坚持"是对总体国家安全观的重要深化，尤其是"坚持人民安全、政治安全、国家利益至上的有机统一"，将人民、执政党、主权国家这三个安全主体统一起来，打造"三位一体"的国家安全，是对总体国家安全观的重大发展，彰显其根本性、先进性和中国特色。

补齐科技安全保障。2019 年 10 月 28 日，党的十九届四中全会召开，审议通过了《中共中央关于坚持和完善中国特色社会主义制度、推进国家治理体系和治理能力现代化若干重大问题的决定》，提出要"完善国家安全体系"，包括：坚持总体国家安全观，统筹发展和安全，坚持人民安全、政治安全、国家利益至上有机统一；以人民安全为宗旨，以政治安全为根本，以经济安全为基础，以军事、科技、文化、社会安全为保障，健全国家安全体系，增强国家安全能力；完善集中统一、高效权威的国家安全领导体制，健全国家安全法律制度体系；建立健全国家安全风险研判、防控协同、防范化解机制；加强国家安全人民防线建设，增强全民国家安全意识，提高防范抵御国家安全风险能力，高度警惕、坚决防范和严厉打击敌对势力渗透、破坏、颠覆、分裂活动。以"科技安全"为保障是对总体国家安全观保障手段的重要和及时补充，不仅顺应了当今世界大国科技竞争日益激烈的新形势，也在 2020 年突如其来的新冠病毒感染疫情和中国的科技抗疫中得到了充分检验。

"十四五"规划统筹发展和安全。2020 年 10 月 26 日，谋划未来 5—15 年中国发展大计的十九届五中全会召开，审议通过了《中共中央关于制定国民经济和社会发展第十四个五年规划和二〇三五年远景目标的建议》，明确把"统筹发展和安全"纳入"十四五"时期经济社会发展的指导思想，凸显国家安全在党和

国家工作大局中的重要地位。还首次设置了"统筹发展和安全，建设更高水平的平安中国"专章，提出坚持总体国家安全观，实施国家安全战略，维护和塑造国家安全，统筹传统安全和非传统安全，把"安全发展"贯穿国家发展各领域和全过程，防范和化解影响我国现代化进程的各种风险，筑牢国家安全屏障。包括加强国家安全体系和能力建设，完善集中统一、高效权威的国家安全领导体制，健全国家安全法治体系、战略体系、政策体系、人才体系和运行机制，完善重要领域国家安全立法、制度、政策。健全国家安全审查和监管制度，加强国家安全执法。加强国家安全宣传教育，增强全民国家安全意识，巩固国家安全人民防线。

坚定维护国家政权安全、制度安全、意识形态安全，全面加强网络安全保障体系和能力建设。严密防范和严厉打击敌对势力渗透、破坏、颠覆、分裂活动。

"十个坚持"的最强概括。2020 年 12 月 11 日是总体国家安全观发展历程中的大日子，中共中央政治局当日就切实做好国家安全工作举行第二十六次集体学习。习近平总书记强调，做好新时代国家安全工作，要坚持总体国家安全观，抓住和用好我国发展的重要战略机遇期，把国家安全贯穿到党和国家工作各方面全过程，同经济社会发展一起谋划、一起部署，坚持系统思维，构建"大安全格局"，促进国际安全和世界和平，为建设社会主义现代化国家提供坚强保障。党的十八大以来，党中央加强对国家安全工作的集中统一领导，把坚持总体国家安全观纳入坚持和发展中国特色社会主义基本方略，从全局和战略高度对国家安全作出一系列重大决策部署，强化国家安全工作顶层设计，完善各重要领域国家安全政策，健全国家安全法律法规，有效应对了一系列重大风险挑战，保持了我国国家安全大局稳定。习近平总书记就贯彻总体国家安全观提出十点要求，即"十个坚持"：坚持党对国家安全工作的绝对领导；坚持中国特色国家安全道路；坚持以人民安全为宗旨；坚持统筹发展和安全；坚持把政治安全放在首要位置；坚持统筹推进各领域安全；坚持把防范化解国家安全风险摆在突出位置；坚持推进国际共同安全；坚持推进国家安全体系和能力现代化；坚持加强国家安全干部队伍建设。其中前五个坚持侧重基本原则，后五个坚持侧重具体工作，"十个坚持"标志着总体国家安全观理论体系的进一步完善。

（三）建党百年之际的新发展

百年党史新总结，护航复兴新征程。

"七一"重要讲话号召伟大斗争。2021 年 7 月 1 日，庆祝中国共产党成立 100 周年大会在天安门广场隆重举行，习近平总书记在天安门城楼发表重要讲话，强调要从中国共产党的百年奋斗中看清楚过去我们为什么能够成功、弄明白未来我们怎样才能继续成功，为此提出了民族复兴新征程上以史为鉴、开创未来的"九个必须"，其中第七个是"必须进行具有许多新的历史特点的伟大斗争"，包括：敢于斗争、敢于胜利，是中国共产党不可战胜的强大精神力量。实现伟大梦想就要顽强拼搏、不懈奋斗。今天，我们比历史上任何时期都更接近、更有信心和能力实现中华民族伟大复兴的目标，同时必须准备付出更为艰巨、更为艰苦的努力。新的征程上，我们必须增强忧患意识、始终居安思危，贯彻总体国家安全观，统筹发展和安全，统筹中华民族伟大复兴战略全局和世界百年未有之大变局，深刻认识我国社会主要矛盾变化带来的新特征新要求，深刻认识错综复杂的国际环境带来的新矛盾新挑战，敢于斗争，善于斗争，逢山开道、遇水架桥，勇于战胜一切风险挑战！

新时代注重"五个统筹"，强调"敢于斗争"。2021 年 11 月 11 日，十九届六中全会通过《中共中央关于党的百年奋斗重大成就和历史经验的决议》（以下简称《决议》），高度评价新时代国家安全工作成就，并从理论与实践两个层面进一步发展总体国家安全观。《决议》指出，"国泰民安是人民群众最基本、最普遍的愿望"，必须坚持底线思维、居安思危、未雨绸缪，坚持国家利益至上，以人民安全为宗旨，以政治安全为根本，以经济安全为基础，以军事、科技、文化、社会安全为保障，以促进国际安全为依托，"统筹发展和安全，统筹开放和安全，统筹传统安全和非传统安全，统筹自身安全和共同安全，统筹维护国家安全

和塑造国家安全"。习近平总书记强调"保证国家安全是头等大事",提出总体国家安全观"涵盖政治、军事、国土、经济、文化、社会、科技、网络、生态、资源、核、海外利益、太空、深海、极地、生物等诸多领域",要求全党增强斗争精神、提高斗争本领,落实防范化解各种风险的领导责任和工作责任。《决议》列举的十六个领域体现了新时代国家安全的专业性与开拓性,领域安全是总体国家安全的重要组成部分,有助于分工协作和有的放矢,包括精准锁定安全风险的源头,予以有效防范化解。《决议》指出,党把"安全发展"贯穿国家发展各领域全过程,注重防范化解影响我国现代化进程的重大风险,坚定维护国家政权安全、制度安全、意识形态安全,加强国家安全宣传教育和全民国防教育,巩固国家安全人民防线,推进兴边富民、稳边固边,加快建设海洋强国,有效维护国家安全。防范化解重大风险特别是政治安全风险,是新时代国家安全工作中的一项突出内容。针对境内外反华敌对势力处心积虑的干扰破坏,国家安全机关在党中央坚强领导下迎难而上、坚决斗争,战果颇丰,国家安全得到全面加强,为党和国家兴旺发达、长治久安提供了有力保证。

《决议》还深刻总结了党百年奋斗的"十大历史经验",第八条即"坚持敢于斗争",指出"敢于斗争、敢于胜利"是党和人民不可战胜的强大精神力量,党在内忧外患中诞生、在历经磨难中成长、在攻坚克难中壮大,为了人民、国家、民族,为了理想信念,无论敌人如何强大、道路如何艰险、挑战如何严峻,党总是绝不畏惧、绝不退缩，不怕牺牲、百折不挠。强调只要我们把握新的伟大斗争的历史特点，抓住和用好历史机遇，下好先手棋、打好主动仗，发扬斗争精神，增强斗争本领，凝聚起全党全国人民的意志和力量，就一定能够战胜一切可以预见和难以预见的风险挑战。斗争是国家安全工作的本质属性，实现伟大复兴必须进行伟大斗争，总体国家安全观则是指导伟大斗争的强大理论武器。

首部国安战略提出构建新安全格局。十九届六中全会闭幕一周之后，中共中央政治局于 2021 年 11 月 18 日审议《国家安全战略（2021—2025 年）》，提出了构建"新安全格局"的重大课题。会议指出，新形势下维护国家安全，必须牢固树立总体国家安全观，加快构建新安全格局，做到"五个坚持"：一是坚持党的绝对领导，完善集中统一、高效权威的国家安全工作领导体制，实现政治安全、人民安全、国家利益至上相统一；二是坚持捍卫国家主权和领土完整，维护边疆、边境、周边安定有序；三是坚持安全发展，推动"高质量发展和高水平安全动态平衡"；四是坚持总体战，统筹传统安全和非传统安全；五是坚持走和平发展道路，促进自身安全和共同安全相协调。会议强调，必须坚持把政治安全放在首要位置，统筹做好政治、经济、社会、科技、新型领域安全等重点领域、重点地区、重点方向国家安全工作，为此明确了九个方面的工作任务：一要坚定维护国家政权安全、制度安全、意识形态安全，严密防范和坚决打击各种渗透颠覆破坏活动。二要增强产业韧性和抗冲击能力，筑牢防范系统性金融风险安全底线，确保粮食安全、能源矿产安全、重要基础设施安全，加强海外利益安全保护。三要强化科技自立自强作为国家安全和发展的战略支撑作用。四要积极维护社会安全稳定，从源头上预防和减少社会矛盾，防范遏制重特大安全生产事故，提高食品药品等关系人民健康产品和服务的安全保障水平。五要持续做好新冠病毒感染疫情防控，加快提升生物安全、网络安全、数据安全、人工智能安全等领域的治理能力。六要积极营造良好外部环境，坚持独立自主，在国家核心利益、民族尊严问题上决不退让，坚决维护国家主权、安全、发展利益，树立共同、综合、合作、可持续的"全球安全观"，加强安全领域合作，维护全球战略稳定，携手应对全球性挑战，推动构建人类命运共同体。七要全面提升国家安全能力，更加注重"协同高效、法治思维、科技赋能、基层基础"。八要坚持以政治建设为统领，打造坚强的国家安全干部队伍。九要加强国家安全意识教育，自觉推进发展和安全深度融合。这是新中国成立以来的首部国家安全战略，体现了总体国家安全观的理论指导和战略创新，彰显了新时代新征程党领导国家安全的新格局和大手笔，反映出"统筹发展和安全"、统筹构建"新发展格局"和"新安全格局"的时代新要求，表明中国的国家安全战略规划体制机制更加健全和成熟。

（四）党的二十大专章部署继往开来

党的二十大是在全党全国各族人民迈上全面建设社会主义现代化国家新征程、向第二个百年奋斗目标进军的关键时刻召开的一次十分重要的大会，习近平总书记作的大会报告为以中国式现代化全面推进中华民族伟大复兴吹响了进军号角。大会报告首次以专章形式阐述和部署国家安全工作，思想深邃、内涵丰富，不仅彰显了新时代国家安全在党和国家工作全局中的重要地位，也为新征程上的国家安全工作提供了根本遵循。

大会报告在第十一部分（"推进国家安全体系和能力现代化，坚决维护国家安全和社会稳定"）对国家安全进行了集中阐述。报告明确提出，国家安全是民族复兴的根基，社会稳定是国家强盛的前提。必须坚定不移贯彻总体国家安全观，把维护国家安全贯穿党和国家工作各方面全过程，确保国家安全和社会稳定。要坚持以人民安全为宗旨、以政治安全为根本、以经济安全为基础、以军事科技文化社会安全为保障、以促进国际安全为依托，统筹外部安全和内部安全、国土安全和国民安全、传统安全和非传统安全、自身安全和共同安全，统筹维护和塑造国家安全，夯实国家安全和社会稳定基层基础，完善参与全球安全治理机制，建设更高水平的平安中国，以新安全格局保障新发展格局。

大会报告对总体国家安全观的阐述继往开来。报告重申了

"五大要素"的经典论述，体现了对新时代国家安全事业的不忘初心。报告对"五个统筹"的新表述体现了总体国家安全观方法论的继承和发展，在党的十九大相关表述的基础上，增加了统筹维护和塑造国家安全。党的二十大提出的"五个统筹"新表述更为紧凑、更加精准、更具可操作性，前四个统筹合在一起讲，分别着眼于国家安全的四个不同维度，第五个统筹着眼新时代国家安全工作的新需要和新方式。

报告明确指出，从现在起，中国共产党的中心任务就是团结带领全国各族人民全面建成社会主义现代化强国、实现第二个百年奋斗目标，以中国式现代化全面推进中华民族伟大复兴。报告紧紧围绕党的中心任务，强调着力推进国家安全体系和能力现代化，并从四个方面作出了战略部署，包括健全国家安全体系、增强维护国家安全能力、提高公共安全治理水平、完善社会治理体系。

二、"五大要素"和"五个统筹"

"致广大而尽精微"，总体国家安全观博大精深，其中，"五大要素"揭示基本原理，"五个统筹"彰显科学方法。

（一）"五大要素"的系统论

以人民安全为宗旨。人民性是总体国家安全观的鲜明底色，人民安全致力于维护广大人民群众的安全权益，表明国家安全工作"以人民为中心"和人民的国家安全主人翁地位，这是总体国家安全观区别于国外形形色色安全观的最大亮点，彰显中国特色国家安全理论的原创性和习近平总书记深厚的人民情怀。从最初的"五大要素""五对关系"，到党的十九大后的"三位一体""十个坚持"，从基本原理到科学方法，从"人民至上"的理念到"人民战争"的实践，总体国家安全观始终强调以人民安全为宗旨。人民安全坚持国家安全"一切为了人民、一切依靠人民"，深刻揭示了中国国家安全工作的根本目的是服务人民，而相信并依靠人民则是维护国家安全的根本方法。以人民安全为宗旨是由我党"全心全意为人民服务"的根本宗旨决定的，同时也是由我国的国体决定的，我国是工人阶级领导的、以工农联盟为基础的人民民主专政的社会主义国家，是名副其实的"人民共和国"，人民是国家的主人，国家安全既是广大人民的权利，也是全体公民的义务。从"民惟邦本，本固邦宁"的古代智慧，到"江山就是人民，人民就是江山"的新时代强音，体现的是中华文明政治智慧和优秀战略文化的一脉相承。

人民安全不是抽象空洞的，而是具体充实的，主要指人民的生命与财产安全，反映在疫情防控与公共卫生安全、重大事故预防与生产安全、抢险救灾与生态环境安全、社会治安与公共安全、经济金融平稳发展与财富安全等多方面。《中共中央关于制定国民经济和社会发展第十四个五年规划和二〇三五年远景目标的建议》明确提出了"保障人民生命安全"和"维护社会稳定和安全"的要求，包括：坚持人民至上、生命至上，把保护人民生命安全摆在首位，全面提高公共安全保障能力；强化生物安全保护，提高食品药品等关系人民健康产品和服务的安全保障水平；完善国家应急管理体系，提高防灾、减灾、抗灾、救灾能力；坚持专群结合、群防群治，加强社会治安防控体系建设，保持社会和谐稳定。新时代以人民安全为宗旨实践丰富、成就辉煌，例如全力高效抗击新冠病毒感染疫情、坚决维护海外中国公民的合法权益等。

以政治安全为根本。中国特色社会主义最本质的特征是中国共产党领导，中国特色社会主义制度的最大优势是中国共产党领导，中国共产党是最高政治领导力量。政治安全攸关政权安危、制度存亡、人心向背，主要包括政权安全、制度安全和意识形态安全，在国家总体安全中居于首要地位，核心是坚持党的领导、做到"两个维护"。新时代新征程上，世界百年大变局加速演进，国际力量对比"东升西降"大势所趋，美国战略焦虑与意识形态危机感有增无减，竭力加大对华遏制打压，包括抹黑炒作甚至插手我转型期问题矛盾，竭力干扰破坏我社会稳定大局，妄图迟滞甚至阻断我复兴进程，中美战略博弈与制度之争愈演愈烈，政治安全形势复杂严峻。与此同时，高科技及其新应用层出不穷，信息化网络化条件下社会治理难度增大，其他领域问题矛盾多发传导，相关风险如果处置不当都将危及政治安全。

以政治安全为根本，就是要将维护中国共产党的执政地位和中国特色社会主义制度视为重中之重。党的十九大报告明确指出，要坚决维护国家政治安全，严密防范和坚决打击各种渗透颠覆破坏活动、暴力恐怖活动、民族分裂活动、宗教极端活动。十九届六中全会通过的《决议》强调，面对来自外部的各种围堵、打压、捣乱、颠覆活动，必须发扬不信邪、不怕鬼的精神，同企图颠覆中国共产党领导和我国社会主义制度、企图迟滞甚至阻断中华民族伟大复兴进程的一切势力斗争到底，坚定维护国家政权安全、制度安全、意识形态安全，严密防范和严厉打击敌对势力渗透、破坏、颠覆、分裂活动，顶住和反击外部极端打压遏制，开展涉港、涉台、涉疆、涉藏等斗争。《国家安全战略（2021—2025年）》也提出，必须坚持把政治安全放在首要位置，坚定维护国家政权安全、制度安全、意识形态安全，严密防范和坚决打击各种渗透颠覆破坏活动。

以经济安全为基础。政治是经济的集中体现，经济基础决定上层建筑，以经济安全为基础是历史唯物主义基本原理的体现，符合国家安全的内在规律，立足于中国作为最大发展中国家需要保持经济可持续发展的基本国情，也是坚持"以经济建设为中心”这一党的基本路线的需要。作为总体国家安全的基础，经济安全内涵丰富、外延宽广。《中共中央关于制定国民经济和社会发展第十四个五年规划和二〇三五年远景目标的建议》明确提出要“确保国家经济安全”，包括：加强经济安全风险预警、防控机制和能力建设，实现重要产业、基础设施、战略资源、重大科技等关键领域安全可控；实施产业竞争力调查和评价工程，增强产业体系抗冲击能力；确保粮食安全，保障能源和战略性矿产资源安全；维护水利、电力、供水、油气、交通、通信、网络、金融等重要基础设施安全，提高水资源集约安全利用水平；维护金融安全，守住不发生系统性风险底线；确保生态安全，加强核安全监管，维护新型领域安全；构建海外利益保护和风险预警防范体系。《国家安全战略（2021—2025年）》也提出，要增强产业韧性和抗冲击能力，筑牢防范系统性金融风险安全底线，确保粮食、能源矿产、重要基础设施安全，加强海外利益安全保护。

以军事、科技、文化、社会安全为保障。军事与科技是硬实力，文化是软实力，社会治安状况直接影响老百姓的日常工作与生活，以军事、科技、文化、社会安全为保障，就是要从硬实力、软实力、公共安全三个方面，刚柔并济、多管齐下地维护国家安全，这也是常态化和更加“接地气”地开展国家安全工作。

对于军事安全保障，《中共中央关于制定国民经济和社会发展第十四个五年规划和二〇三五年远景目标的建议》明确提出要“加快国防和军队现代化，实现富国和强军相统一”，包括加快机械化信息化智能化融合发展，全面加强练兵备战，提高捍卫国家主权、安全、发展利益的战略能力，确保 2027 年实现建军百年奋斗目标。加快军队组织形态现代化，壮大战略力量和新域新质作战力量，打造高水平战略威慑和联合作战体系。加快武器装备现代化，加速战略性前沿性颠覆性技术发展，加速武器装备升级换代和智能化武器装备发展。对于科技安全保障，强调"坚持创新驱动发展，全面塑造发展新优势"，包括把科技自立自强作为国家发展的战略支撑，完善国家创新体系，加快建设科技强国。强化国家战略科技力量，制定科技强国行动纲要，健全新型举国体制，打好关键核心技术攻坚战，提高创新链整体效能。对于文化安全保障，提出要"繁荣发展文化事业和文化产业，提高国家文化软实力"，包括坚持马克思主义在意识形态领域的指导地位，坚定文化自信，坚持以社会主义核心价值观引领文化建设，加强社会主义精神文明建设，推进社会主义文化强国建设。对于社会安全保障，提出要"维护社会稳定和安全"，包括正确处理新形势下人民内部矛盾，畅通和规范群众诉求表达、利益协调、权益保障通道，完善信访制度，完善各类调解联动工作体系，构建源头防控、排查梳理、纠纷化解、应急处置的社会矛盾综合治理机制，健全社会心理服务体系和危机干预机制，坚决防范和打击暴力恐怖、黑恶势力、新型网络犯罪和跨国犯罪。

以促进国际安全为依托。各国安全相互作用，国际安全休戚与共，维护国家安全需要适度平衡本国利益和他国关切，统筹应对内忧与外患。总体国家安全观注重内外兼修，坚持统筹国内与国际两个大局，协调推进内部和外部安全，着力防范内外风险共振，对外以促进国际安全为依托，彰显中国对国际安全的高度负责与大国担当。总体国家安全观不仅致力于维护中国自身安全，而且致力于对外促进共同与普遍安全，力求国家安全与国际安全良性互动、中国安全与世界和平相互促进。总体国家安全观对外呈现为共同、综合、合作、可持续的"全球安全观"，"共同安全"针对的是单边安全、追求相互与普遍安全，"综合安全"注重全面把握与综合治理，"合作安全"强调以合作而非对抗的方式实现安全，"可持续安全"着眼长远、谋求世界持久和平与天下长治久安。促进国际安全涵盖大国关系、周边安全、发展中国家、全球治理、"一带一路"倡议、海外利益、国际形象等，《中共中央关于党的百年奋斗重大成就和历史经验的决议》指出，中国运筹大国关系、推进大国协调和合作，深化同周边国家关系、稳定周边战略依托、打造周边命运共同体，加强同广大发展中国家团结合作，不断完善海外利益保护体系，积极参与全球治理体系改革和建设，坚决反对单边主义、保护主义、霸权主义、强权政治，建设性参与国际和地区热点问题政治解决，在抗击新冠病毒感染疫情、气候变化、反恐、网络安全和维护地区安全等领域发挥积极作用，展现负责任大国形象。

综上所述，作为国家安全的"宗旨""根本""基础""保障""依托"，"五大要素"环环相扣、缺一不可，融为一体、密不可分，共同构成总体国家安全观的基本原理与理论内核，彰显总体国家安全观强大的理论穿透力与逻辑说服力，以及其对国家安全内在规律的精准把握。

（二）"五个统筹"的方法论

统筹发展和安全。这是新时代党治国理政的一条重大原则，也是习近平新时代中国特色社会主义思想中的突出内容。有别于改革开放前更加注重安全和改革开放后更加注重发展，党的十八大以来我们党对于发展和安全关系的认识实现了新的飞跃，取得了三次理论突破：第一次是 2014 年 4 月习近平总书记在中央国安委第一次会议的讲话，提出"既重视发展问题，又重视安全问题，发展是安全的基础，安全是发展的条件"。这一重要论断具有划时代的政治与战略意义，即将安全与发展两大任务并列起来看待，致力于二者相互促进、相得益彰、并行不悖，体现了总体国家安全观的重大理论创新。第二次是 2017 年 2 月习近平总书记在国家安全工作座谈会上的讲话，首次提出了"统筹发展和安全"。第三次则是 2020 年召开的十九届五中全会，全会通过的《中共中央关于制定国民经济和社会发展第十四个五年规划和二〇三五年远景目标的建议》将其纳入"十四五"时期经济社会发展的指导思想，并首次设置相应专章。2021 年 3 月举行的全国人大会议通过了《中华人民共和国国民经济和社会发展第十四个五年规划和 2035 年远景目标纲要》，其中的第十五篇即为"统筹发展和安全　建设更高水平的平安中国"，包括：加强国家安全体系和能力建设，完善集中统一、高效权威的国家安全领导体制，健全国家安全法治体系、战略体系、政策体系、人才体系和运行机制，完善重要领域国家安全立法、制度、政策。巩固国家安全人民防线，加强国家安全宣传教育，增强全民国家安全意识，建立健全国家安全风险研判、防控协同、防范化解机制。健全国家安全审查和监管制度，加强国家安全执法；强化国家经济安全保障，实施粮食安全战略、能源资源安全战略、金融安全战略；全面提高公共安全保障能力，坚持人民至上、生命至上，健全公共安全体制机制，严格落实公共安全责任和管理制度，提高安全生产水平，严格食品药品安全监管，加强生物安全风险防控，完善国家应急管理体系，保障人民生命安全；维护社会稳定和安全，正确处理新形势下人民内部矛盾，健全社会矛盾综合治理机制，加强社会治安防控，编织全方位、立体化、智能化社会安全网，推进社会治安防控体系现代化。

统筹开放和安全。这是"统筹发展和安全"在对外开放中的体现，也是加快构建以国内大循环为主体、国内国际双循环相互促进的"新发展格局"的需要。当前经济全球化出现逆流，外部环境更趋复杂多变，必须处理好自立自强和开放合作的关系，处理好积极参与国际分工和保障国家安全的关系，处理好利用外资和安全审查的关系，在确保安全的前提下扩大开放。尽管近年来"逆全球化"暗流涌动，但全球化仍是大势所趋，经济全球化是新时代新征程中国国家安全工作的大背景，全方位对外开放是当代中国的基本国策，在全球化和对外开放条件下维护国家安全面临更为复杂的形势与任务，这就需要统筹开放和安全，对开放趋利避害，努力确保对外开放有条不紊、有序可控、安全有利。"十四五"规划便充分体现了统筹开放和安全的要求：一是"促进国内国际双循环"，包括坚持企业主体，创新境外投资方式，优化境外投资结构和布局，提升风险防范能力和收益水平。引导企业加强"合规管理"，防范化解境外政治、经济、安全等各类风险。二是"健全开放安全保障体系"，包括构筑与更高水平开放相匹配的监管和风险防控体系。健全产业损害预警体系，丰富贸易调整援助、贸易救济等政策工具，妥善应对经贸摩擦。健全外商投资国家安全审查、反垄断审查和国家技术安全清单管理、不可靠实体清单等制度。建立重要资源和产品全球供应链风险预警系统，加强国际供应链保障合作。完善境外投资分类分级监管体系。"构建海外利益保护和风险预警防范体系"，优化提升驻外外交机构基础设施保障能力，完善领事保护工作体制机制，"维护海外中国公民、机构安全和正当权益"。三是推动共建"一带一路"高质量发展，秉持绿色、开放、廉洁理念，"加强安全保障"，促进共同发展。完善"一带一路"风险防控和安全保障体系，强化法律服务保障，有效防范化解各类风险。

统筹传统安全和非传统安全。传统安全主要指政治安全、军事安全与国土安全，非传统安全涉及的领域更为广泛，包括生态环境、生物卫生、经济金融、能源资源、网络信息等。就全球安全而言，非传统安全挑战相对突出，新冠病毒感染疫情、气候变化等危害惊人，世纪疫情的破坏力不亚于一场世界大战；就中国安全而言，传统安全挑战仍然突出，同时非传统安全挑战更为紧迫、更加频繁。传统与非传统安全相互影响、紧密交织，非传统安全问题如应对不当将演变成传统安全问题，影响社会稳定与政权安全，传统安全出了问题也将滋生非传统安全挑战，例如动荡战乱带来的疾病、污染、萧条等，而借助非传统安全的手段和形式也能达到传统安全的目的。正是由于传统与非传统安全挑战并存并且密不可分，务必加以统筹应对，同时也需要加大对非传统安全的关注。例如，"十四五"规划在统筹发展和安全、统筹传统和非传统安全的同时，对生物安全、公共卫生安全等非传统安全格外重视，明确提出要"加强生物安全风险防控"和"构建强大公共卫生体系"，包括：建立健全生物安全风险防控和治理体系，全面提高国家生物安全治理能力。完善国家生物安全风险监测预警体系和防控应急预案制度，健全重大生物安全事件信息统一发布机制。加强动植物疫情和外来入侵物种口岸防控。统筹布局生物安全基础设施，构建国家生物数据中心体系，加强高级别生物安全实验室体系建设和运行管理。强化生物安全资源监管，制定完善人类遗传资源和生物资源目录，建立健全生物技术研究开发风险评估机制。推进《中华人民共和国生物安全法》实施。加强生物安全领域国际合作，积极参与生物安全国际规则制定；改革疾病预防控制体系，强化监测预警、风险评估、流行病学调查、检验检测、应急处置等职能。完善突发公共卫生事件监测预警处置机制，加强实验室检测网络建设，健全医疗救治、科技支撑、物资保障体系，提高应对突发公共卫生事件能力。

统筹自身安全和共同安全。"一花独放不是春，百花齐放春满园。"总体国家安全观既重视自身安全，又重视共同安全，致力于打造命运共同体，推动各方朝着互利互惠、共同安全的目标相向而行。总体国家安全观坚持内外兼修，内以人民为中心，外以天下为己任，推动树立共同、综合、合作、可持续的"全球安全观"，谋求的不仅是中国一家安全，更是各国和平共处、同舟共济的大家安全。总体国家安全观有助于破解西方国际安全理论所谓的"安全困境"，因其摒弃了你输我赢的零和思维与唯我独尊的霸权心态，弘扬的是合作共赢的包容智慧与普遍安全的平等精神。中国坚持独立自主的和平外交政策，坚持走和平发展道路，一贯主张和平解决国际争端，推动构建合作共赢的新型国际关系和普遍安全的人类命运共同体，积极发展全球伙伴关系，推进大国协调和合作，深化同周边国家关系，加强同发展中国家团结合作。中国坚持多边主义和共商共建共享原则，努力维护以联合国为核心的国际体系和以国际法为基础的国际秩序，积极参与新冠病毒感染疫情等重大传染病防控国际合作，推动构建人类卫生健康共同体，致力于加强国际安全合作、完善全球安全治理体系、共同应对全球性挑战。

统筹维护国家安全和塑造国家安全。总体国家安全观坚持维护并塑造国家安全，强调"塑造是更高层次更具前瞻性的维护"，包括中国发挥负责任大国作用，同世界各国一道推动构建人类命运共同体。过去限于国力不足以及手段不够，我们的国家安全工作是以维护为主。党的十八大以来随着我国综合国力显著增强，主观能动性不断加强，国家安全工作已不再只是维护，而是越来越多地强调积极主动和着眼长远地塑造，将来更是如此。习近平总书记明确指出，要积极营造良好外部环境，坚持独立自主，在国家核心利益、民族尊严问题上决不退让，坚决维护国家主权、安全、发展利益；树立共同、综合、合作、可持续的"全球安全观"，加强安全领域合作，维护全球战略稳定，携手应对全球性挑战，推动构建人类命运共同体。我们以中俄全方位战略协作伙伴关系为牵引，提倡并践行"新型大国关系"；按照"亲诚惠容"理念和"与邻为善、以邻为伴"的周边外交方针，稳定周边战略依托，打造周边命运共同体；对广大发展中国家秉持"正确义利观"和"真实亲诚"理念，坚定站稳国际立场；积极推动经济全球化朝着更加开放、包容、普惠、平衡、共赢的方向发展，反对保护主义；建设性参与国际和地区热点问题政治解决，在气候变化、减贫、反恐、网络安全和维护地区安全等领域发挥积极作用；针对美国抹黑打压积极开展舆论反制，塑造负责任大国形象。特别是，针对新冠病毒感染疫情冲击下的世界动荡变革期，习近平主席出席多场多边峰会，发表系列演讲，持续传递正能量，充分展示大担当，智慧引领全人类，不断彰显塑造力。

综上所述，源自"五对关系"的"五个统筹"充分体现对立统一的唯物辩证法，充分彰显总体国家安全观科学统筹的方法论，需要全面贯彻、自觉运用。在"五个统筹"之中，"统筹发展和安全"的层次最高，其源于总体国家安全观，已经成为指导党和国家各方面工作的基本方略。党的二十大明确指出，十九大、十九届六中全会提出的"十个明确""十四个坚持""十三个方面成就"概括了新时代中国特色社会主义思想的主要内容，对此必须长期坚持并不断丰富发展。对于总体国家安全观的"五个统筹"，我们需要结合十九届六中全会和党的二十大最新表述，加以融会贯通、一体掌握。

（三）守正创新集大成

博采众长成正果，人间正道是沧桑。

吸收了中华优秀传统战略文化。作为迈向民族复兴的当代中国国家安全指导思想，总体国家安全观具有深厚的文化底蕴和思想渊源，是对中华优秀传统战略文化的创造性转化和创新性发展。作为总体国家安全观的源头活水，中华优秀传统战略文化博大精深、特色鲜明，包括以下几方面：一是贵和慎战，儒家主张"和为贵""和而不同""协和万邦""亲仁善邻"，墨家提倡"兼爱""非攻"，即便是兵家也强调"国虽大，好战必亡"；二是尊王贬霸，反对穷兵黩武、以力服人、唯利是图的"霸道"，推崇以德服人、重义轻利、兼济天下的"王道"，坚信"得道多助、失道寡助"；三是居安思危，强调防患未然、防微杜渐，"安而不妄危，存而不忘亡，治而不忘乱""有备无患""天下虽安，忘战必危""为之于未有，治之于未乱""生于忧患，死于安乐""出则无敌国外患者，国恒亡"；四是文武兼备，主张"有文事者，必有武备；有武事者，必有文备""兵者，以武为植，以文为种；武为表，文为里""文武并用，长久之术也"；五是重视民众，强调"民惟邦本，本固邦宁""水能载舟，亦能覆舟"；六是内外兼修，崇尚"内圣外王"。总体国家安全观充分吸纳了中华优秀传统战略文化，体现在坚持"以人民安全为宗旨""以军事、科技、文化、社会安全为保障"，强调"底线思维"，倡导"共同、综合、合作、可持续"的"全球安全观"等。

继承了新中国成立以来的国家安全工作战略思想。新中国成立以来的国家安全工作战略思想一以贯之，无不强调居安思危、自强不息、坚决维护国家利益与民族尊严。毛泽东同志提出独立自主、积极防御、和平共处；邓小平同志提出"韬光养晦、有所作为"，强调"国家的主权和安全要始终放在第一位"；江泽民同志提出互信、互利、平等、协作的"新安全观"；胡锦涛同志提出走和平发展道路，建设和谐世界。习近平总书记守正创新、继往开来提出的总体国家安全观，是在全球化时代和进入民族复兴关键期的中国国家安全工作指导思想，是在加快中国发展的同时有效确保国家安全，是在维护中国自身安全的同时促进国际安全，其根本方法就是统筹兼顾、刚柔并济。

将马克思主义基本原理与中国国家安全工作的具体实际相结合，是马克思主义中国化和时代化的最新成果。马克思主义的精髓是唯物史观和唯物辩证法，包括人民创造历史、对立统一的矛盾论、看待事物的联系与发展的观点等。不管是总体国家安全观的"总体"把握与统筹兼顾，还是以人民安全为宗旨、以经济安全为基础、以国际安全为依托等，都反映了马克思主义的世界观和方法论，都是当代中国和 21 世纪的马克思主义国家安全理论。

全面性、根本性、先进性、实践性的高度统一。一是全面性，国家安全纷繁复杂，总体国家安全观涵盖诸多领域，注重抓总管总，强调统筹兼顾，体现的是"大安全"与综合安全，但也并非平均使力、"撒胡椒面"，而是突出重点，区分轻重缓急；二是根本性，着眼长远、遵循规律，有的放矢、对症下药，兼顾政治安全、人民安全与国家利益至上，统筹内部与外部安全，注重合作与共同安全，标本兼治、内外兼修，防微杜渐、长治久安；三是先进性，总体国家安全观深刻总结古今中外治国理政的得失成败与经验教训，对内坚持"人民至上"和以人民安全为宗旨，对外坚持"胸怀天下"和以国际安全为依托，远胜于只为"家天下"或统治集团利益服务的"少数人的国家安全"，远高于"本国优先"和以其他国家不安全为代价的"霸权安全"，具有显著的优越性；四是实践性，总体国家安全观从实践中来、到实践中去，源于新时代中国国家安全现实斗争，坚持"敢于斗争"，同时善于斗争，实践实战成效卓著。总体国家安全观既是对过往和当前中外国家安全实践的经验总结，又是对当前和未来中国国家安全工作探索的理论指导，是科学理论与斗争实践的高度统一。

综上所述，总体国家安全观立足大安全、展现大智慧、彰显大担当，是在世界百年未有之大变局中护航中华民族伟大复兴中国梦的根本遵循，是习近平新时代中国特色社会主义思想的重要组成部分，堪称习近平新时代中国特色社会主义思想的"国家安全篇"。

三、"十个坚持"的战略布局

2020 年 12 月 11 日，习近平总书记在政治局第二十六次集体学习时对总体国家安全观作出"十个坚持"的全面系统论述，进一步丰富和发展了我们党对做好国家安全工作的规律性认识，为新时代国家安全工作提供了行动指南。"十个坚持"既是重大战略思想，又是重大战略部署，贯彻总体国家安全观，必须深刻领会"十个坚持"的重大意义、深刻内涵、战略布局和广阔前景。

（一）"十个坚持"的重大意义

回顾我们党的百年发展历程，总体国家安全观是第一个被确立为国家安全工作指导思想的重大战略思想，"十个坚持"则是对其深刻内涵的全面、系统、完整阐释，具有重大的理论意义、实践意义、时代意义、世界意义。

标志着总体国家安全观理论体系的形成，绘就了习近平新时代中国特色社会主义思想的"国家安全篇"。任何伟大思想都须经历伟大斗争的历练与考验。在中华民族伟大复兴进入关键期的历史节点上，2014年4月15日，习近平总书记创造性提出总体国家安全观。自此以后，这一思想在时代的风云激荡中展现出强大理论活力和实践伟力，呈现出不断发展壮大的强劲态势。中共中央政治局围绕国家安全举行的第二十六次集体学习，正是对总体国家安全观光辉思想的一次全面升华，对总体国家安全观斗争实践的一次全面总结。"十个坚持"将党的国家安全创新理论又向前推进了一大步，总体国家安全观的思想理论体系由此变得更加清晰，战略框架和战略部署更加完备，当代中国的马克思主义国家安全理论更加成熟。

从更长的历史看，"十个坚持"的提出是党的国家安全创新理论发展进程中一次重要跨越，经过这次跨越，总体国家安全观的政治属性更加鲜明，世界观、方法论意义更加清晰，内涵更加博大精深。"十个坚持"是党的十八大以来习近平总书记维护和塑造国家安全一系列重要思想、理论和实践经验的结晶，体现了我们党对中国特色国家安全道路的不懈探索和提炼总结，具有时代性、独创性和充分的可行性。

展现了党的国家安全思想新高度，标志着党的国家安全理论创新迈入新阶段。我们党诞生于国家内忧外患、民族危难之际，对国家安全的重要性有着刻骨铭心的认识，始终高度重视国家安全工作，在革命、建设、改革等不同历史时期，党的每一代领导集体都形成了符合发展要求和时代特征的国家安全思想理论成果，我们也走出了一条符合中国国情特色的国家安全道路。然而，这些光辉思想没有被系统提炼出来，未能形成一个完整的国家安全思想理论体系，而是散落在其他思想体系之中，这不能不说是一个遗憾。与此同时，马克思主义也蕴含着丰富的政治安全、经济安全、社会安全、文化安全思想，中国共产党作为马克思主义政党和当今世界最大的社会主义国家执政党，将进一步发展马克思主义国家安全理论视为己任，结合时代特征和中国现实，以巨大的政治勇气推进理论创新。

"十个坚持"的提出，有力推动新时代党的国家安全思想真正进入理论大发展阶段。总体国家安全观的提出，既是对党的国家安全理论的重大创新，也是对马克思主义的重要开拓。我们党

此前没有提出过系统、完整的国家安全指导思想，总体国家安全观的提出是重大创举，但也不能一下子就改变党在国家安全思想方面创新相对薄弱、体系相对简单的状况，理论和实践都需要进一步深化发展。从 2014 年提出总体国家安全观到 2020 年底中共中央政治局集体学习前的近 7 年时间里，总体国家安全观的系统化、集成化程度还不够高，理论性还不够强，特别是没有一个坚实的理论框架。"十个坚持"的提出，相当于把散落各处的光辉思想汇集到一起、凝成了一股绳，从而形成了一个相对完善的理论框架，真正成为一个完整的理论。经过这一提炼，总体国家安全观作为党的国家安全指导思想，就有了一个新的更高、更坚实的基础，理论发展也将更为迅速。也就在此次中共中央政治局集体学习之后，各领域各层次国家安全理论研究蓬勃发展，全国上下相关研究机构纷纷成立，国家安全理论研究进入了空前的大发展期。

充分体现走中国特色国家安全道路的战略需要，是全党全社会都必须坚持的指导思想。中华民族伟大复兴不是轻轻松松、敲锣打鼓就能实现的。2021年7月1日，习近平总书记在天安门广场向全世界庄严宣布，经过全党全国各族人民持续奋斗，我们实现了第一个百年奋斗目标，在中华大地上全面建成了小康社会，历史性地解决了绝对贫困问题，正在意气风发向着全面建成社会主义现代化强国的第二个百年奋斗目标迈进。中华民族伟大复兴目标远大，但也任重道远、充满艰险。放眼第二个百年，世界百年未有之大变局与中华民族伟大复兴战略全局相互激荡，机遇和挑战均前所未有，国家安全形势更趋复杂严峻，维护塑造国家安全的使命任务更加繁重艰巨。特别是当前和今后一个时期，国际环境不稳定性不确定性明显增加，我国发展不平衡不充分问题仍然突出，我国国家安全面临的机遇和挑战都有新的变化。

"十个坚持"的提出，为我们更好把握和应对这些新变化，统筹中华民族伟大复兴战略全局和世界百年未有之大变局，深刻认识我国社会主要矛盾变化带来的新特征新要求，深刻认识错综复杂的国际环境带来的新矛盾新挑战，提供了战略指引、应对之道。要把"十个坚持"贯彻落实到国家安全工作的全过程、各方面，特别是必须坚持党对国家安全工作的绝对领导，坚持党中央对国家安全工作的集中统一领导；必须坚持把防范化解重大风险摆在突出位置，为实现中华民族伟大复兴提供坚强安全保障；必须坚持统筹发展和安全、统筹维护国家安全和塑造国家安全、统筹传统安全和非传统安全，全面提高国家安全工作的能力和水平；必须坚持系统思维，构建大安全格局，以人民安全为宗旨，以政治安全为根本，以经济安全为基础，统筹推进各领域安全；必须坚持以改革创新为动力，推进国家安全体系和能力现代化；必须加强干部队伍建设，打造坚不可摧的国家安全干部队伍。

充分把握世界政治发展的规律特点，具有马克思主义理论鲜明的世界性特点。马克思主义是"关于现实的人及其历史发展的科学"，总体国家安全观作为马克思主义国家安全理论的最新发展，具有鲜明的真理性特征和世界性特点。总体国家安全观方法论的基础是习近平总书记提出的"新三观"，即正确的历史观、大局观和角色观，用历史唯物主义回顾过去、总结历史规律，展望未来、把握前进大势；用辩证唯物主义把握本质和全局，抓住主要矛盾和矛盾的主要方面；用实事求是的态度将自己摆进去，放进国际格局、国际秩序的演进中去分析，看到矛盾、看到问题，找到解决问题的方法。总体国家安全观认识论的基础是习近平总书记提出的"新三论"，即百年变局论、历史机遇论和发展风险论，当今世界正经历百年未有之大变局，世界各国都面临新的发展机遇和复杂挑战，都需要统筹发展和安全、统筹内部和外部安全。总体国家安全观的方法论、认识论，对世界各国都是普遍适用的。

"十个坚持"的提出，是在党的十八大以来生动实践的基础上，对中国如何既解决好大国发展进程中面临的安全共性问题，又同时处理好中华民族伟大复兴关键阶段面临的特殊安全问题的一次系统回答。其中既能找到大国处理共性安全问题的基本路径、基本方法，也能体悟到中国处理具有自身特点安全问题的公心和大义。这些方法论、认识论，不仅有助于世界其他国家从中借鉴，也有助于这些国家更好地认识中国，了解中华民族伟大复兴的积极影响，从而有助于实现中外良性互动。从这个意义上说，作为框架更加完备、体系更加成熟、内涵更加丰富的总体国家安全观，"十个坚持"是当代中国对马克思主义和全世界的重要思想理论贡献。

（二）"十个坚持"的丰富内涵

"十个坚持"是总体国家安全观提出近7年来，党领导国家安全工作积极开展理论创新和实践创新，实现理论发展和实践发展紧密结合、相互促进的重大成果，蕴含着中国特色国家安全的价值理念、工作思路和机制路径，是指导国家安全工作的科学理论。

坚持党对国家安全工作的绝对领导，走中国特色国家安全道路。党对国家安全工作的领导是社会主义制度的必然政治要求，是维护国家安全和社会安定的根本政治保证。坚持党对国家安全工作的绝对领导，既是中国特色国家安全道路的本质特征，也是中国特色社会主义制度在国家安全领域的具体体现。以人民安全为宗旨，以政治安全为根本，以国家利益至上为准则，深刻揭示了中国特色国家安全道路的核心要义，实现三者有机统一则是维护和塑造中国特色大国安全的根本要求。

党的十八大以来，我们党带领人民走过了一段极不平凡的历程。以习近平同志为核心的党中央科学研判时与势，辩证把握危与机，打赢了一场又一场硬仗，化解了一个又一个风险，有力捍卫了国家主权、安全、发展利益，维护了政治安全、社会安定、人民安宁。在全面建设社会主义现代化国家、实现中华民族伟大复兴的新征程上，我国面临的风险考验只会越来越复杂，甚至会遇到难以想象的惊涛骇浪。只有坚持党的领导，充分发挥党总揽全局、协调各方的领导核心作用，才能不断强化国家安全工作的顶层设计和基层落实，团结带领人民形成万众一心维护国家安全的磅礴伟力，为全面建设社会主义现代化国家提供坚强安全保障。

坚持国家安全一切为了人民、一切依靠人民，始终把人民安全放在最高位置。人民安全是国家安全的宗旨，是党的性质和宗旨的重要体现。我们党作为马克思主义政党，始终同人民在一起，为人民的利益而奋斗。以人民安全为宗旨，归根到底就是在党的领导和中国特色社会主义制度下，为人民群众安居乐业提供坚实保障。能否不断提高人民的安全感、获得感、幸福感是检验国家安全的根本标准，必须把人民安全作为根本目的，充分体现以人民为中心的国家安全理念。要坚持国家安全一切为了人民、一切依靠人民，切实维护广大人民群众安全权益，充分发挥广大人民群众积极性、主动性、创造性，夯实国家安全的群众基础。

党的十八大以来，以习近平同志为核心的党中央坚持以人民为中心的发展思想，以人民安全为宗旨，把维护人民安全贯穿于国家安全工作的各方面全过程，人民安全得到更加全面、更加充分的保障。面对突如其来的新冠病毒感染疫情，我们党坚持把人民生命安全和身体健康放在第一位，健全优化重大疫情救治体系，筑牢公共卫生安全屏障，推动疫情防控取得重大战略成果。我们持续推动建设更高水平的平安中国，全方位提升守护群众平安、保障群众权益的能力和水平，在维护国家安全中捍卫人民安全，为人民创造良好生存发展条件和安定生产生活环境，让国家安全根基坚如磐石。

坚持系统思维和科学统筹，着力构建新安全格局。总体国家安全观充分运用马克思主义基本原理，深刻总结我们党维护国家安全的理论和实践，认真汲取中华传统文化精髓，积极借鉴国际安全理论与实践，在国家安全领域形成了具有中国特色和时代特征的立场观点方法，主要体现为系统思维和科学统筹。系统思维是总体国家安全观的基本思维，总体国家安全观突出的是"大安全理念"，塑造的是"新安全格局"，强调的是国家安全的全面性和系统性。总体安全是全面的、整体的、系统的安全，是发展的、动态的安全，是开放的、共同的安全；科学统筹是总体国家安全观的根本方法，既立足当前又着眼长远，既整体推进又突出重点，既重维护又重塑造，既讲原则性又讲策略性，既讲需求又讲能力，充分调动各方面积极性，着眼于构建集各领域安全为一体的国家安全体系。

总体国家安全观的系统思维和科学统筹，集中体现在党的十九届六中全会《决议》提出的"五个统筹"上，即统筹发展和安全、统筹开放和安全、统筹传统安全和非传统安全、统筹自身安全和共同安全、统筹维护国家安全和塑造国家安全。"五个统筹"体现了总体性、系统性的方法特征，也明确了国家安全工作的具体方向。统筹发展和安全是总纲，是引领新时代国家安全事业的总体要求；统筹开放和安全是重点，切实反映我国进入新发展阶段后国家安全的突出矛盾、重大关切；统筹传统安全和非传统安全、统筹自身安全和共同安全是原则，要牢牢把握国家安全的内在规律、现实特征，时刻做到统筹兼顾、内外兼修；统筹维护和塑造国家安全是远景目标，以此加快推进国家安全体系和能力建设，完善国家安全法治体系、战略体系和政策体系，丰富斗争手段，提升斗争本领。

坚持把政治安全放在首要位置，着力防范化解重大风险。政治安全是国家安全的根本。政治安全的核心是政权安全和制度安全，最根本的就是维护中国共产党的领导和执政地位、维护中国特色社会主义制度，维护以习近平同志为核心的党中央权威。凡是危害中国共产党领导和我国社会主义制度的各种风险挑战，凡是危害我国主权、安全、发展利益的各种风险挑战，凡是危害我国核心利益和重大原则的各种风险挑战，凡是危害我国人民根本利益的各种风险挑战，凡是危害我国实现"两个一百年"奋斗目标、实现中华民族伟大复兴的各种风险挑战，只要来了，我们就必须进行坚决斗争，而且必须取得斗争胜利。坚持从政治安全高度统筹各领域安全，防范和化解影响我国现代化进程的各种风险，确保国家政治安全和社会大局稳定。

打好防范化解国家安全风险主动仗。在一个更加不稳定不确定的世界中谋求我国可持续发展，要坚持底线思维，从最坏处着眼，做最充分的准备，朝好的方向努力，争取最好的结果。这就要求我们建立健全国家安全风险研判、防控协同、防范化解机制，提高风险预判和处置能力，提高运用科学技术维护国家安全的能力，实现事先预警、快速反应，做到既能发现问题、预测风险，又能解决问题、排除风险。坚持稳中求进工作总基调，保持战略定力，既要敢于斗争，也要善于斗争，全面做强自己。始终保持清醒头脑，防微杜渐、谋定后动，从实际出发，以我为主，把握战略主动。只要我们做到准确识变、科学应变、主动求变，善于在危机中育先机、于变局中开新局，就一定能够在抗击大风险中创造出大机遇，始终立于不败之地。

积极构建现代化国家安全体系和能力。《中华人民共和国国民经济和社会发展第十四个五年规划和2035年远景目标纲要》把统筹发展和安全纳入"十四五"时期我国经济社会发展的指导思想，并列专章作出战略部署，突出了国家安全在党和国家工作大局中的重要地位。贯彻总体国家安全观，必须把国家安全贯穿到党和国家工作各方面全过程，同经济社会发展一起谋划、一起部署。这就要求我们推进国家安全体系和能力现代化，坚持以改革创新为动力，加强法治思维，构建系统完备、科学规范、运行有效的国家安全制度体系。特别是要强化党对国家安全工作的绝对领导，完善集中统一、高效权威的国家安全领导体制，健全国家安全法治体系、战略体系、政策体系、人才体系和运行机制，完善重要领域国家安全立法、制度、政策，健全国家安全审查和监管制度，加强国家安全执法。加强国家安全干部队伍建设，努力打造一支坚不可摧的国家安全干部队伍，不断提升维护国家安全和社会稳定的能力水平。

（三）着力构建新安全格局

"十个坚持"是以习近平同志为核心的党中央统筹中华民族伟大复兴战略全局和世界百年未有之大变局，统筹发展和安全两件大事，从全局和战略高度对国家安全作出的重大决策部署，蕴含着新时代国家安全工作的顶层设计、框架布局、内在逻辑、原则方法，要围绕这一系列战略布局贯彻总体国家安全观。

提出构建新安全格局，进一步明确国家安全工作在党治国理政中的重要位置。一个国家的执政党如何认识国家安全，全社会是不是重视国家安全，是这个国家的国家安全工作能否做好的先决条件，事关重大。党的十八大以来，党中央高度重视国家安全工作，习近平总书记亲自作出一系列重要指示、批示，亲自推动全党、全社会提高对维护国家安全及防范重大风险挑战的认识，不断提升国家安全工作在党治国理政全局中的位置，使得总体国家安全观更加深入人心，国家安全重要性的全民共识更加牢固。政治局第二十六次集体学习提出的"十个坚持"，连同之前的十九届五中全会，之后的建党百年"七一"重要讲话、十九届六中全会《决议》以及《国家安全战略（2021—2025 年）》出台，特别是党的二十大报告明确提出"以新安全格局保障新发展格局"，进一步强化了国家安全工作在党治国理政中的重要位置。

新安全格局和"十个坚持"的提出，是站在全局和战略高度谋划与加强国家安全顶层设计的重要体现，在当今中国具有格外重要的意义。正如习近平总书记在中央国安委第一次会议上所指出：当前我国国家安全内涵和外延比历史上任何时候都要丰富，时空领域比历史上任何时候都要宽广，内外因素比历史上任何时候都要复杂，必须坚持总体国家安全观。要在新的历史方位推进中国国家安全工作，确保实现经济社会可持续、安全发展和中华民族伟大复兴，就必须把国家安全贯穿到党和国家工作各方面全过程，同经济社会发展一起谋划、一起部署，坚持系统思维，构建新安全格局，促进国际安全和世界和平，为建设社会主义现代化国家提供坚强保障。

健全了国家安全战略体系，进一步明确了新时代国家安全工作框架布局。治国有大体，谋敌有大略，立大体而后纲纪正，定大略而后机变行。我们党历来重视战略策略问题，注重战略运筹、战略准备，注重实事求是、相机而动，这是我们党各项事业不断取得胜利的一个重要经验。新中国成立后，我国的国家安全战略从无到有、几经变迁，工作重心多次调整、外在呈现不断变化，始终都将解决中国所面临的重大安全问题作为关键，都将中国自身发展阶段和内外环境变化作为战略调整的主要依据。进入新时代，中国的内外部安全环境再次发生显著变化，时代呼唤新的安全理念和相应的国家安全战略体系。总体国家安全观为中国的国家安全战略指明了方向，作为一个新的安全理念，其理论体系、框架体系也经历了从简单到丰富、从分散到集成的过程。"十个坚持"的提出，标志着新时代我国国家安全指导思想和战略布局的基本完善。

"十个坚持"所构建的国家安全战略体系，是新中国成立以来，公开提出的架构最为系统和全面的国家安全战略体系。这个体系，明确了中国国家安全的根本问题，那就是政治安全、人民安全和国家利益至上有机统一，在这个根本问题指引下，坚持党的绝对领导，统筹发展和安全，走中国特色国家安全道路，这是维护和塑造中国特色大国安全的根本保证；明确了中国国家安全的主要内容，重点是维护政治安全、人民安全，统筹推进各领域安全，特别是要维护政权安全和制度安全，坚持把防范化解国家安全风险摆在突出位置，提高风险预见、预判能力，力争把可能带来重大风险的隐患发现和处置于萌芽状态；明确了中国国家安全的重要保障，就是要推进国家安全体系和能力现代化，加强国家安全干部队伍建设，特别是要坚持以改革创新为动力，加强法治思维，构建系统完备、科学规范、运行有效的国家安全制度体系，提高运用科学技术维护国家安全的能力，不断增强塑造国家安全态势的能力。

体现了国家安全的基本准绳，进一步明确了新时代国家安全工作的原则方法。我们党历来注重以严谨科学的方法指导实践，并不断从实践中总结经验。习近平总书记格外注重对世界观、方法论的总结运用，在一系列讲话、批示和指示中多次强调方法的重要性。总体国家安全观的一个重要作用就是明确新时代国家安全工作的基本原则和方法，既是对国家安全专门领域的指导思想，也是指导各项具体工作的世界观、方法论。"十个坚持"的提出，进一步明确了总体国家安全观所蕴含的基本原则和方法，并以党的创新理论形式固化下来。

首先是党管国家安全的基本原则，充分发挥党总揽全局、协调各方的领导核心作用，强化优化国家安全工作顶层设计，团结带领人民形成万众一心维护国家安全的磅礴伟力。党管国家安全，意味着中国的国家安全不受任何利益集团、部门利益的左右和影响，必须坚持全国上下、东西南北一盘棋，步调一致向前进。其次是总体安全的基本思维，总体安全强调的是全面而不是全部，强调的是国家安全相对处于总体安全状态，不能把安全问题泛化，不要求每个领域和方向都绝对安全，要把握好安全的合理边界，在我国的基本国情、国际环境的基本状态下谈安全。再次是科学统筹的基本方法，尤其是统筹好发展和安全，新形势下发展要在安全的保障下不断实现，安全水平也要在发展的基础上不断提升。要把握好发展和安全的辩证统一关系，运用总体思维和系统观念分析处理问题，将发展和安全放在中华民族伟大复兴战略全局和世界百年未有之大变局中思考和把握。对于发展和安全，不能厚此薄彼、顾此失彼，既不能简单叠加，也要防止"两张皮"，避免把任务简单分解，要让发展和安全在动态中实现平衡。

统筹发展和安全，以新安全格局保障新发展格局。党的二十大报告首次明确提出要"以新安全格局保障新发展格局"，表明新征程上的国家安全工作将以构建新安全格局为统领，以高水平安全保证高质量发展，加快构建新安全格局被进一步提上议事日程。新安全格局与新发展格局息息相关、密不可分，与加快构建以国内大循环为主体、国内国际双循环相互促进的新发展格局相适应，也将加快构建发展和安全相互促进、国家安全和社会稳定相互支撑的新安全格局。加快构建新安全格局将以总体国家安全观为指引，对标对表新发展格局，重点把握"四个有"：一是发展和安全有效统筹，彰显新时代新征程国家安全与发展同等重要；二是人民安全和政治安全有机统一，人民安全是宗旨，政治安全是根本，实现二者有机统一是中国特色国家安全道路行稳致远的关键；三是国家利益有力维护，这是国家安全工作的对外体现；四是各领域安全有序兼顾，领域安全既要全面统筹，也要区分轻重缓急、突出重中之重。

（四）高质量发展与高水平安全

"十个坚持"的提出，推动党的国家安全创新理论走向成熟，为国家安全工作提供了根本遵循。未来我们要牢牢把握"十个坚持"，投身新的伟大斗争，不断丰富和发展总体国家安全观，有力护航中华民族伟大复兴新征程。

不断充实习近平新时代中国特色社会主义思想"国家安全篇"。党的十八大以来，经过近十年发展，习近平新时代中国特色社会主义思想不断丰富，已经形成了一个系统全面、逻辑严密、内在统一的科学理论体系，是我们党在思想上成熟、理论上自信的集中体现。国家安全是安邦定国的重要基石，总体国家安全观作为国家安全工作的指导思想，在这一科学理论体系中居于重要位置。自提出以来，总体国家安全观在党治国理政指导思想中的位阶不断提升，政治意义不断凸显。展望未来，中华民族伟大复兴战略全局和世界百年未有之大变局相互激荡，我国社会主要矛盾变化带来新特征新要求，错综复杂的国际环境带来新矛盾新挑战，越是接近复兴目标，各种风险挑战越是会加速向我汇集，国家安全工作将展现出前所未有的重要性，呈现更加鲜明的全局性和总体性特征，必须将"十个坚持"贯穿到国家安全乃至国家发展的各方面全过程。

贯彻"十个坚持"，打造高水平国家安全。打造高水平安全的关键是要牢牢把握国家安全的主动权。牢牢把握斗争主动权，是我党百年奋斗能够不断取得重大成就的一条重要经验，也是对国家安全工作的基本要求。打造高水平安全，就是要在错综复杂形势面前保持沉着冷静，综合运用我国发展所具备的各项条件，妥善运用国家安全各种工具，敢于斗争、善于斗争，以我为主地实现国家安全。实现高水平安全的主旨是不仅要实现普遍意义上的人民安全，更要实现人民满意的安全。随着经济社会不断发展，对高水平安全保障的需求成为人民群众日益增长的一项重要需求。回望党的百年奋斗历程，党始终把为人民谋幸福作为不变的初心，始终把保持社会平安稳定作为治国理政的重大任务。进入新时代，党尤其重视人民安全，将实现人民满意的安全作为重要奋斗目标，这也是高水平安全的核心主旨。打造高水平安全直接体现在不仅要具备维护国家安全的能力，还要具备塑造国家安全的主动意识和强大能力。塑造是更高水平的维护，高水平安全对高质量发展保驾护航，未来将重点体现在对国家安全的塑造能力上，和对国家安全事业的主动运筹与有力推动上，为此要持续推进国家安全体系和能力现代化。

统筹发展和安全，实现高质量发展和高水平安全动态平衡。以习近平同志为核心的党中央高度重视统筹发展和安全。统筹发展和安全是对大国兴衰历史经验的深刻总结，是对新中国推进社会主义现代化建设实践经验的深刻总结，是对发展和安全辩证统一关系的深刻把握，是着眼于在不稳定不确定环境中更好推进中华民族伟大复兴的战略要求，具有深刻的理论逻辑、历史逻辑和重大现实意义。要认清我国发展所处的历史方位、国家安全面临的新形势新任务，更好统筹发展和安全。在实践中，要把握好发展和安全的辩证统一关系。发展和安全相互关联，既要营造有利于经济社会发展的安全环境，又要在发展中更多考虑安全因素，不断增强二者相互促进的集成效应。要贯彻落实"十个坚持"中关于统筹发展和安全的重要思想，加强战略性、系统性、前瞻性研究谋划，深入思考今后一个时期我国发展和安全还存在哪些重大风险，深入思考防范化解重大风险挑战的思路举措，深入思考如何把国家安全工作融入国家发展各方面全过程，并以中外历史为鉴，统筹把握世界大变局和民族复兴战略全局，不断实现高质量发展与高水平安全良性互动。

准确把握实践要求，精准发力护航民族复兴。处理好发展和安全的关系，不仅要学起来，而且要用起来，融入系统性布局，做好战略性谋划，坚持整体性推进，在靶向瞄准、动态平衡中，切实把统筹发展和安全贯彻到党和国家工作的各领域和全过程。一要深刻领会统筹发展和安全的内涵，旗帜鲜明地走中国特色国家安全道路。学深悟透发展和安全并重的道理，尽快使统筹发展和安全的思想深入人心。要坚持总体国家安全观，切实推动国家安全教育、宣传制度化、常态化，引导各部门各领域深刻领会、牢牢把握国家安全的重要性，真正树立起全面加强国家安全的战略共识和战略自觉。二要系统贯彻统筹发展和安全的要求，加快谋划部署构建新安全格局。要把统筹发展和安全放在总体国家安全观的系统中来把握，不能只见树木不见森林，要十个指头弹钢琴。在坚持统筹发展和安全的过程中，要始终做到"两个维护"，把政治安全放在首位；要积极构建"两个循环"，实现高质量发展和高水平安全的良性互动；要统筹推进各领域安全，进一步完善国家安全体系建设。要从构建与新发展格局相适应的新安全格局视角出发，使防范和化解影响我国现代化进程各种风险的体制机制日臻完备，筑牢国家安全屏障。三要有针对性推动有关工作落实，全面提高国家安全工作能力和水平。面对新任务和新要求，我们维护和塑造国家安全依然任重道远。发展对安全的需求增长和国家安全能力相对滞后的矛盾还很突出，对生物、生态、太空等非传统安全的认识和重视程度亟待提高，对各种新型风险的防范化解能力有待提升，一些领导干部和群众的安全意识跟不上形势发展，底线思维、忧患意识和斗争精神不足。我们要积极固底板、补短板、强弱项，深入推进国家安全思路、体制和手段创新，加强法治思维，构建系统完备、科学规范、运行有效的国家安全制度体系，提高运用科学技术维护国家安全的能力。

从王朝兴衰看"五大要素"

历史为我们提供了审视国家安全的宝贵维度。一个国家的勃兴与衰亡，从来就是由强盛到凋零、由伟大到崩解、由安全到不安全的深刻变动。在此过程中的兴衰治乱突变往往超乎当时人的理解和预期。当时身处时代剧变中的人们以寻常眼光还无法理解剧变的根源。

在一部兴衰史上，没有一个时代，不渴望励精图治、盛世永续；没有一个王朝，不渴望安定团结、宇内澄澈；没有任何文明，不渴望富足美好、安全无虞。然而历史上的每个时代，皆因没有掌握国家安全的"核心密码"，未能够破解维护和塑造安全的"不二法门"，而"中道崩殂"，写下一篇又一篇从"盛世欢歌"到"乱世悲歌"的转折曲。

今天的中华民族，阔步挺进在民族复兴伟大的征程上。总体国家安全观的领航与指引，为我们照亮了远赴天下、永续大同的五个基础维度，也就是总体国家安全观的"五大要素"。

总体国家安全观的"五大要素"，就是在深刻总结历代兴衰成败的经验与教训基础上，提炼总结出的维护国家安全的"核心密码"。"以人民安全为宗旨，以政治安全为根本，以经济安全为基础，以军事、科技、文化、社会安全为保障，以促进国际安全为依托。"维护国家安全，颠扑不破的真理就是深刻领会和掌握五大要素的深刻内涵。

在今天的回望中，有总体国家安全观五大要素的指引，治乱兴衰的机理变得越发清晰。这个机理，就是能不能坚持总体国家安全观的核心要义，统筹做好"五大要素"的根本要求，实现国家的总体安全和永续发展。

忽视人民安全的秦王朝，从"万里长城"的煌煌伟绩到"二世而亡"，仓促终结了华夏第一个大一统时代。忽视了经济安全的汉王朝，从"犯我强汉者虽远必诛"的铮铮誓言，到王朝覆灭之后带来中华大地的一个黑暗时代——"华夏陆沉"。忽视政治安全的唐王朝，从"天可汗"的雄韬伟略、一匡宇内，到政变频仍、藩镇割据，留下无数历史慨叹。忽视军事安全的宋王朝，从一时盛极的幸福社会、安定时代，走向了"靖康奇耻"、偏安东南，最终"崖山望断"。忽视了文化、科技和社会安全的明清世代，在西方的强烈冲击下，出现了近代以来国家蒙辱、人民蒙难、文明蒙尘的悲惨局面，其中光怪陆离的奇葩事、怪现状、蒙昧人，让当时的西方人和今天的我们都不得不大跌眼镜、错愕唏嘘。

莫大的历史反差，突出揭示了"五大要素"对于国家安全的关键意涵。当我们在新时代民族复兴的伟大征程上蓬勃奋进之时，如何统筹发展与安全，尤其是如何更好地维护和塑造国家安全，已经成为护航民族伟大复兴征程的关键时代课题。站在伟大历史新起点上，既要求我们放眼前瞻，走好未来的路，也提示我们回望来时路，汲取充足的历史经验，助力更加稳健、长远和安全地前行。

一、秦朝：失人民则失江山

人民是江山社稷的主体，是国家的根基。没有人民安全，国家安全就是无根之萍、无源之水。经春秋战国数百年乱世，作为首个统一华夏的中央集权帝国，秦王朝自然重视国家的长治久安，因此一面沿袭当年秦国行之有效的治国方略，一面从制度到治理进行了一系列尝试，以期适应且进一步巩固前所未有的大一统局面。客观来说，秦王朝建立初期，"践华为城，因河为池"，北有良将，南有大军，富有天下与四千万人民，国家安全的基础条件不可谓不好；"胡人不敢南下而牧马，士不敢弯弓而报怨"，其面临的内外安全风险尚在可控范围；而如废分封行郡县、驱逐匈奴、高筑长城、统一文字与度量衡等举措，也都起到了维护国家安全的效果。但因其许多政策严重背离人民利益，所以支持起义军的社会基础迅速膨胀，立朝不过十余年就烽烟四起，秦不仅二世速亡，且妇孺老幼皆闻其"亡于暴政"，千年之后仍旧留下"暴秦"的名声。"仁义不施而攻守之势异也。"人民安全由此成为中国统一的封建王朝在国家安全方面的第一课。

（一）苛律治民失人心

秦以法家立国，自商鞅之后经数代努力，逐渐建立了一套法制体系，"以法为教"，用以规范社会生活的方方面面，在一定意义上成为了"法治国家"。秦律的严密和完备程度在世界范围的同时期内，乃至后期的政治实体中亦属少见，其精髓也为后世王朝继承，故有"汉承秦制""百代都行秦政法"之说。但到了秦后期，这种兼具密法与重刑双重特征的法律体系日趋极端，甚至发展到百姓"动辄得咎"的程度，严重滋扰民生。

汉代《盐铁论》评价秦律"繁如秋荼，密如凝脂"，意思是秦律管得宽、管得细。传统上，这一点是被作为对秦法律体系的批评提出的。秦代的马政则常被用来举例说明秦律之繁密。据考证，秦详细规定了可供骑乘及其他用途之马匹的检验标准、验马流程、交易规则、出关许可及违规后的惩罚措施等。同样，马作为当时重要的生产生活和军事作战的家畜，汉代的马政就在秦的基础上进行了适当简化。但在湖北云梦睡虎地秦简出土后，关于秦"密法"特点的评价部分转为肯定，主要是认为秦律定性量刑准确，"虽严且公，虽苛且正"，强调其严谨、细致、公正的属性，显示了秦当时先进的立法水平。这种观点有其道理。但如此密法需要一支庞大的官吏队伍层层确保执行。而从现有资料记载来看，秦官吏体系的确常年处于人手不足和超负荷运行状态。为

弥补这一缺陷，秦律又设置了"告奸"和"连坐"制度。尤其是广泛的"连坐"，集中体现了秦司法实践的残酷性，从现代眼光看来，也显著损害了其公正性。

秦律的另一特点是"轻罪重罚"。重刑主义是商鞅法治思想的一个重要侧面，其变法开秦重刑之风。商鞅认为订立刑罚必须重到让所有臣民都不敢以身试法的程度，才能有效减少犯罪，达到"以刑去刑"，有效稳定社会秩序。反映商鞅时秦刑杀之重有两个著名的例子，一个是"渭水之刑"。《资治通鉴》中记载称"商君相秦，用法严酷，尝临渭论囚，渭水尽赤"，指商鞅曾在渭水边处决囚犯，把渭河的水都染红了。另一个例子是"弃灰于道"。《史记·商君列传（集解）》引《新序》云："今卫鞅内刻刀锯之刑，外深铁钺之诛，步过六尺者有罚，弃灰于道者被刑"，意思是走路步子迈得过大的要罚，在道路旁倾倒垃圾的要受刑。又有《汉书·五行志中下》记载："秦连相坐之法，弃灰于道者黥"，也就是在脸上刺字。"步过六尺""弃灰于道"难免有夸张的成分，但上述两个例子还是反映了商鞅变法之后，秦增加了死刑和肉刑的使用。事实上，秦律整体对犯罪的处罚力度相较其他朝代的律法都更为严厉。例如丢失或损坏公家财产的，汉代只要照价赔偿，但秦时就要坐牢了；再有偷采别人家桑叶的，哪怕价值低于一钱，也要罚劳役 30 日。

秦二世胡亥上位后，丞相李斯揣摩上意，上《行督责书》一文，称赞秦二世重法督责的正确性。胡亥听了很高兴，于是"行督责益严"，管得更严；并且"深度轻罪"，罚得更狠。滥用刑罚之甚，以致出现一面是"刑者相半于道，而死人日成积于市"，一面是"税民深者为明吏，杀人众者为忠臣"的荒诞情形。百姓苦不堪言，"动辄得咎"，举手投足间一不留神就触犯法律，而一旦触犯法律就将面临严酷刑罚。不仅如此，犯法还会引起身份的下跌。秦的被统治阶层，也就是编户民（百姓）和贱民（奴仆、刑徒、债务奴等）的身份都可再细分为几等，例如编户民有二十等爵制，不同爵位承担的赋税、徭役、兵役等都不同。爵位能升就能降，编户民和贱民也可互相转换，但难度大为不同。"犯法容易，得爵难"，向下容易向上难。特别是秦朝建立后，大规模对外战争基本消弭，凭军功得爵机会大为减少，另一面则是统治者督责益严。赏罚严重失衡之下，甚至难以守住自己原有的阶层。秦的身份等级体系成为各阶层不断单向跌落的系统。制度弹性几乎丧失，体系施加于个体的压力则不断增强。除了皇帝，人人难安，唯恐朝不保夕。最后连宗室大臣、富人吏家都难自保。普通百姓的生存空间更是被侵蚀殆尽。人民安全受到极大的损害。

应该承认，秦律曾在改善社会基层治理，维护国家安全上发挥过一定的正面作用。《史记·商君列传》中记载，商鞅变法之初，人民都觉得太严苛了，但"行之十年，秦民大悦。道不拾遗，山无盗贼，家给人足……乡邑大治"。显然，秦律对于改善社会风气、提升社会治安水平，乃至促进社会整体物质生活提高等方面都收效显著；人民从中获得了好处（秦民大悦）；更成功将秦引上了国家富强的道路，成为了兼并战争的最终胜者。但到了后期，随着主客观条件的变化，其危害性逐渐凸显。首先，秦律虽奉重刑主义为圭臬，但重刑对于震慑犯罪、维护社会治安的效果其实存在边际递减效应。从秦后期修筑骊山陵、阿房宫等工程的庞大劳工队伍（主要构成是民夫和囚犯）来看，秦律设想的"以刑去刑，天下无刑"远未实现。量刑畸重，一味深究，民众甚至不吝走上极端。若不是因失期与举大义"等死"（同样都是死），陈胜、吴广一队人马就不会起事造反。天下暗伏的反秦势力就不会趁势起兵，各个呼应，形成燎原之势。秦王朝或可因此继续苟延残喘数年，乃至数十年。更重要的是，后期苛刑滥刑愈演愈烈的秦律，无论是立法还是执行，已经全面与人民利益脱节。应该承认，在古代中国，法律原本就只是体现专制君主利益，实现对人民压迫的统治工具。后期的秦律集中呈现出该属性的一种极端状态。习近平总书记曾指出"一个现代化的社会，应该既充满活力又拥有良好秩序，呈现出活力和秩序有机统一"，又指出"不是什么法都能治国，不是什么法都能治好国"。反观秦一朝，为实现"民不作乱"的表面秩序，统治者不惜厉行严刑峻法压制人民自由，使百姓普通的饮食起居、生产生活时刻潜藏违法风险，而一旦违法便是灭顶之灾，不得不惊惧度日。看似"有法可依""执法必严"，但法律的实践后果与广大人民期盼的"公平正义下的社会安全"已经相差万里。法治成为束缚人民的枷锁，损害人民安全的原因，更全面篡夺了社会活力。这样的法律显然不能称其为"良法"，自然也就达不成"善治"。一种传统的观点认为，秦律在秦的速亡问题上发挥了一定作用。汉高祖刘邦入咸阳后，与当地父老约法三章，即"杀人者死，伤人及盗抵罪"。除此之外，"悉除去秦法"显示了汉初对秦律的反动。

秦的暴政部分体现于其与人民立场不相适应的"法律暴政"。秦的法律不仅未能从根本上保障人民利益、表达人民意志、增进人民福祉，到了后期越发走向与民为害，不断损害人民利益和人民安全，危及人民追求美好生活的基本权利，致使怨气冲天，社会四处潜藏动荡的种子。最终，陈、吴二人一夕举事后，秦依靠严刑峻法等高压统治勉力维持，看似坚不可摧的"国家安全"如同在流沙中建起的高楼，很快就在人民反抗的一片呐喊声中彻底垮塌。

（二）征发浩巨伤民力

秦始皇是中国历史上著名的喜好大兴土木的皇帝，自其继位起即开工修建始皇陵，统一六国后又建阿房宫，修驰道，筑长城，凿灵渠，营造新都，加上召集大军北驱匈奴、平略岭南。每一项都是对民力物力的巨大消耗。所费者不仅有表现为各类田租丁赋的物质财富，还有以徭役兵役等形式直接占有百姓的无偿劳力，远远超出当时民力所能承受的极限。百姓不堪重负，正常的社会生产生活难以为继。

秦的徭役兵役问题向来引人注意。其治下的百姓在一定年龄限度内和身体状况下，必须为国家服一定数量的徭役，也就是无偿劳动。"徭役"是个大概念，凡劳其力者皆包括在内，举凡戍、宫室与京师屯卫、地方守备、各种工役等，都属于徭役。兵役，则视统治者军事需要随时征调，凡在籍符合条件者皆有应征义务。相较于徭役，兵役没有期限。徭役、兵役在古代中国各朝代都曾有过，并非秦首创。秦徭役兵役问题之所以为人瞩目，主要还在于其苛重程度。如董仲舒所说，（秦徭役税赋之重）"三十倍于古""二十倍于古"。尤其到了秦始皇、秦二世时期，更是登峰造极。

秦百姓的徭役之苦从其短短十五年中营造的诸多大型工程建设中即可得见。在秦代存名至今的工程项目中，作为统一的中华帝国新首都的咸阳及阿房宫基本毁于秦末农民起义；据称凿空骊山的秦始皇陵尚未真正发掘；秦驰道寸断荒没，衰草离披；秦长城则是其中可信史料兼可考遗迹较多的一处。据《史记·蒙恬列传》记载，秦长城西起甘肃省南部，东至辽东半岛东北部一带。大部分修筑在河流的分水岭上，沿溪亘岭，东西无极。有学者考证后认为其全长约 1500 公里。从几处保存较好的遗迹来看，长城高 3 米有余，底宽 4 米有余，顶面可能在 1.5 米左右；每隔 0.5—1 米有垛口、小城障等配套措施，形制恢弘。修筑方法除土块石片垒砌以外，还有"堑洛"一说，即在一些地段（如洛河沿岸）削掘河流两岸，使之竖直陡峭，作为防御工事。修筑时，除了因势利导、修缮利用春秋战国时北方列国故长城外，也花极大力气新筑段落。不仅如此，秦长城本身并非孤立存在的巨型防御工事。长城、九原郡、秦直道"三位一体"才构成了秦王朝北疆的整体军事战略布局。九原郡是秦将匈奴驱逐出阴山以南后，在后河套地区新设的行政区划，包括一气在黄河南岸新修的几十座县城，而后大力移民屯戍，为前方大军建立稳固的政治经济支点，避免秦军过于突入北境。又修秦直道，自咸阳直通九原郡，全长 1500 余里，以提升军队的远程投送能力。一旦事态危急，精锐部队即可直接从首都驰援抗匈前线。这一军事战略布局显示出秦高度重视边境安全，为之殚精竭虑且思虑周全，但就建设而言却意味着巨大的投入。况且，尚有阿房宫、骊山陵、数条驰道等同时建设。在不具备现代工业化生产条件的古代中国，这些工程所需人力必然可观，同时于这些劳动现场劳作的丁男丁女、囚犯戍夫数量必然惊人。

据传，长城是蒙恬30万大军花了4年时间修筑的；直道、驰道的修筑无具体数目；《史记》中有一处称秦动员70余万人"穿治骊山"，另一处又称有70余万"隐宫徒刑者""分作阿房宫，或作骊山"，也就是说至少有70万人在阿房、骊山的建筑现场劳作。秦二世时，陈胜的张楚政权大军一度杀过函谷关，进逼咸阳。危急之下，秦后期名将章邯仅从骊山工地即火速拉起一支大军，策应秦军精锐中尉军，一举于戏水杀败起义军几十万人马。由于秦中尉军官方编制仅2万，即便是以少胜多亦有极限。戏水之役实际上从侧面证明了骊山工地劳工数量十分可观，以致于即使是乌合之众仓促集结成军也能以数量取胜。有学者推测，保守估计秦王朝在外服役的青壮男性每年都有200万人左右，累计家属更是千万级别，而秦的总人口也仅是4000万有余而已。

秦后期如此庞大的征调规模实则显示了徭役、兵役制度本身的崩坏，并引发了一系列社会问题。实际上，法家虽重刑，却反对过度赋税和徭役，尤其强调要按制征调。《汉书·食货志》引董仲舒上疏语称，秦用商鞅之法，"月为更卒，已复为正，一岁屯戍，一岁力役，三十倍于古"。也就是说，秦律对于百姓一生应服徭役的种类、期限等有明文规定，也有停止或免除服役等条款。然而在秦统一之后，特别到了后期，扩大征发范围、延长服役时限等现象已成常态。大量史料显示，秦朝百姓一生实际服役时间远超董仲舒语。举戍役为例。戍役，即戍守边关、镇守边境，也包括修筑城墙等防务相关劳动。戍役与一般徭役的区别在于要前往遥远的边境地区。陈胜、吴广一行人往渔阳（今北京密云一带）即为服戍役。因行道艰难、驻地"不耐水土"及各种名目的延期等原因，秦朝百姓畏戍役如"弃市"（问斩），就是担心有去无回。秦二世时，右丞相冯去疾冒死进谏，敦促胡亥转变政策而行轻徭薄赋时，谈及秦百姓徭役之苦，戍役即首当其冲。《资治通鉴》中记载，因为百姓不愿服戍役，就"因以谪发之，名曰'谪戍'"，即强征一部分人行戍，以达到统治者所需戍卒人数。之后，谪戍范围逐渐扩大，"先发吏有谪及赘婿、贾人，后以尝有市籍者，又后以大父母、父母尝有市籍者，后入闾取其左"，从地位低下的罪人、贱民开始，最后"曹辈尽"，没想到这样也征发殆尽，只能进而征发普通民户，连闾左等明文规定的免除部分徭役的人群都被征发。"谪戍"的大规模施行不仅是对秦律管理制度的系统性破坏，更严重妨碍农业生产。从征调尽量兼顾家庭生产需求的"同居毋并行"（家中男丁不同时被抽调），发展至"丁男被甲，丁女转输"，壮年男子忙于兵役，壮年女子劳于运输物流等徭役，结果"戍者死于边，输者偾于道"。家庭中的劳动力被消耗殆尽，生产时间在戍役徭役的一次次延长中被耽搁，终至"男子力耕不足粮饷，女子纺绩不足衣服"。人民难以安生，意味着生产力发展之路被断绝。早在陈、吴之前，秦的败相已然难以遮掩。

在秦王朝进行的这些建设、开边的伟业中，除阿房宫、骊山陵有纯粹为统治者挥霍享乐而作之嫌外，以长城为首的北部边疆军事防御工事、灵渠、咸阳新都营造等都有一定的公共服务功能；开疆拓土，移民戍边，促进了今日中国疆域内不同族群之间的交流融合，更将中原地区先进的文明与生产力传播四域。钱穆更因此认为，秦末生灵涂炭仅是"一时的政治失调"，"其时中国民族精神，则正弥满活跃，绝无衰象"，大加赞赏秦的种种物质和精神发展成果。然而，后世继承并肯定秦发展成绩的同时，也须认识到当时占总人口绝大多数的秦朝百姓为这一发展付出了实实在在的代价，却并未得到相应的回报。经大争之世，休养生息，恢复生产显然是民心所向。秦的统治者却反其道而行之，在全境范围内频繁征调，酷使民力。人民饱受滋扰，不仅正常的生产活动难以维系，更苦于统治者好大喜功带来的税赋、劳役、兵役负担。大众从秦的发展中所获甚少，付出甚多。这样的发展不但没有帮助秦夯实国家安全的基础，反倒促进其走向灭亡。思忖其因，在于秦的发展为君不为民、驱使压榨人民而不是依靠人民、发展成果则由统治阶层占有。人民安全在错位的发展观面前沦为空谈。而有什么样的发展观，往往就会有什么样的发展实践，导向什么样的政治结果。当人民的基本安全因为统治者贪图"发展"而得不到保障，安居乐业成为奢求，国家根基自然为之动摇。始皇帝驾崩后，新君非但没有迷途知返，反而变本加厉，终致官逼民反。阿房宫未成，社稷已崩，只有早一步修好的长城还在守望这片即将易主的天下。

（三）愚民弱民损国本

自商鞅之后，秦制的全部精神都系于富国强兵；从战国乱世中胜出的秦国本身就是一个典型的军国主义国家。统一之后的秦王朝也基本延续了秦国制度。深入检视秦制，绕不开商鞅及其信徒编纂的《商君书》。《商君书》一书围绕"国与民"一对核心矛盾，总结概括了商鞅等人的政治理念和治国方略，从中可窥见秦这架设计严密的国家机器运作的基本原理。从此书出发，比照秦具体的政治实践，不难发现秦中央王朝的基本行为逻辑之一，就是将国家安全与人民安全对立起来。"弱民以强国。"国家的强盛建立在侵害社会大多数成员利益的基础上。帝国膨胀得越快，控制的土地越多，内部矛盾越尖锐，社会潜藏的反抗力量就越大。从一开始，就为秦暴兴之后的速亡埋下伏笔。

《商君书》原书29篇，现存24篇，几乎篇篇谈民。治民是商鞅政治哲学的核心，而法仅为治民手段。商鞅等人认为，国家、政府与士农工商四民之间，存在根本利益上的冲突。国与民的关系，不是同一主体的不同表现（"人民就是江山，江山就是人民"），不是密切相关、互相成就的关系（"得民心者得天下"），而是尖锐对立、互相斗争的关系。《商君书·说民》中称，"民胜其政，国弱。政胜其民，兵强"，政治之道本质上是国家与民众谁能战胜谁、谁能驾驭谁的问题。国家的强盛，依靠的是对社会，尤其是对普通百姓政治、经济、思想文化等权利的全面剥夺。在此基础上,《商君书》演绎出一整套旨在"弱民以强国"的"治国之道",毫不掩饰其"辱民、弱民、贫民"的目标,将人民彻底资源化而"易使",最大限度地榨取民力,瓦解民间反抗,从而实现专制君主的"长治久安"。

作为一个以农业为基础的军事政权,秦驱使百姓做的主要两件事是"耕"和"战"。《商君书》认为,民的本性是好逸恶劳,趋利避害;勤农、力战都不是民众所喜;要悖人之所喜、赴人之所恶只能依靠严苛的政治制度,也就是有组织的国家暴力。彼时,其他诸侯国也都在想方设法地动员民力支持兼并战争,也都或多或少进行了军事化改革。商鞅变法的许多措施并非其首创,甚至在他国亦有实践,但都不似秦国做得彻底。经由变法,秦首先打击封建贵族,分化家庭宗族,加强中央集权,确保君主全面垄断国家资源,使百姓除国家机器外无可依附,为调配举国之力推行农战奠定基础,而后关闭整个社会除"耕""战"之外的所有安身立命的渠道,"利出一孔",确保全部民力归于耕战。"利出一孔"是《商君书》中关于驱使民力的基本思路,近似于"集中力量专攻一点",时至今日仍被部分企业视为高明的管理策略。不同的是,秦为确保实现"利出一孔"采取了不少极端且近乎野蛮的措施。禁止礼乐诗书只是其中一部分,《商君书·靳令》提出:"六虱:曰礼、乐;曰《诗》《书》;曰修善,曰孝弟;曰诚信,曰贞廉;曰仁、义;曰非兵,曰羞战。"就算脱离了传统儒家道德观视角,这些东西仍是人类文明的基本表现。但商鞅却称之为"六虱",亦即国家的寄生虫,须以强力驱之,以免分散人民的注意力,干扰耕战。再如提倡重赋剥削。在《商君书》看来,受其好逸恶劳天性影响,人民丰衣足食后必走向违法堕落。富裕还会使得人民轻视君主封赏而不受君主驱使。因此,加重赋敛,剥夺人民多余的生活资料,使其永远保持赤贫的状态,才能让人民服从君主命令,不懈耕战。比照今日中国为"脱贫攻坚"付出的巨大努力,着实令人唏嘘。"弱民"之外又"愚民"。商鞅等主张有意识地引导百姓不去追求知识,广泛地限制博学之士和一般百姓的交游,避免两者接触,这样即使是那些天生聪明的农民(知农)也没有机会接触到知识,也就没有机会放弃农业生产;尤其不可让百姓有机会通过知识来"改变命运",提升社会阶层。久而久之,人民就会很自然地鄙视学问,专心务农,"力耕不辍"。如此,国家就会强盛。

鉴于这套"人民越贫弱愚昧,国家越强大稳定"的基本逻辑,为了尽可能有效治民,商鞅甚至提倡对战争善加利用。《商君书·靳令》中宣称,"国贫而务战,毒生于敌,无六虱,必强;国富而不战,偷生于内,有六虱,必弱"。国家贫弱,多多进行对外战争是有利的,既能损害敌国利益也能保证本国没有"六虱",国家就会强大起来;反之国家富强却不对外扩张,百姓生活安逸,就开始讲究起道德文化生活来了,就会反对战争,国家就会转弱。只有以外攻内,持续地将百姓的财富和力量用于战争,才能使他们一直弱小下去,国家的统治秩序才能保持稳定。

在这个逻辑下，战争非为攫利反为消耗。有学者指出，秦本质上是一个奇特的"自攻之国"，以消耗自身内部社会的物质、精神财富为己任，生机勃勃之时早已埋下了衰败之因。

表面上看，秦灭亡于一统天下，大规模兼并战争结束之后，似乎与《商君书》所说的"国富不战而弱"不谋而合。但若仅从消耗民力的角度而言，秦统一后大兴土木，征调不断，压榨民力的程度比之战争并无不及。况且秦在军事上也并未完全止戈休战。北驱匈奴，南征百越，动辄数十万大军。统治者或因一己贪欲，或因制度惯性，显然依旧在"兢兢业业"地消耗民力，并立下"从始皇到万世"的豪言壮语，希望国家社稷千秋万代，永远稳固。可惜事与愿违。尽管秦的统治者运用国家机器压榨和控制民力一刻不放松，但秦的统治还是在短短十五年内迅速崩溃了，宣告了《商君书》治民理论的根本性破产。

（四）启示：人民安全是国家安全的宗旨

有人戏言，古代中国每一个朝代的灭亡似乎都与人民反抗脱不了关系，秦在其中并不显得特殊。但事实是从未有过一个朝代如秦王朝一般，毫不遮掩地视百姓为仇寇，以持续钳制社会为己任，从制度到实践全面而系统地推行所谓"弱民以强国"的治国之术，将国家安全堂而皇之地建立在广大社会成员的不安全之上。简单地说，秦是直接建立在人民对立面的国家。其覆亡固然是多种社会矛盾叠加的结果，但国与民之间尖锐的冲突依然是其中最直接有力的解释。个中原因令人深思。

从国家安全的角度而言，秦朝往事首先昭示的就是人民安全的基石地位。国家安全不仅在于城池牢固，更在于人心向背。百姓不仅是国家赖以存续的社会基础，更是国家最终和最根本的实质，正是"江山就是人民，人民就是江山"。国家的安全和利益不可能脱离人民而孤立存在。背离了广大人民的利益，国家利益亦无从谈起；离开了人民安全，国家安全也不可能实现。

国家安全一切依靠人民。人民是维护和实现国家安全最强大的力量，决定着任何国家或政权的前途命运。纵观历史，国家安定、政治昌明的时代一般都是国与民关系融洽、良性互动的时代，而秦则以其政治实践的失败证明了《商君书》"国与民对立"理论的破产。陈、吴二人举事后，天下一呼百应，局势变化如雷霆一般。恰恰是《商君书》畏之如虎，却又不断轻视的人民，直接将秦王朝送上绝路。

人民安全强调的是国家安全的人民立场，从而为准确认识国家安全政策的性质乃至最终走向提供了可靠依据。秦的"以法治国"与"发展建设"，本都具有相当的正面意义，但几乎被众口一词地称为"暴政"，被认为在加速秦灭亡的问题上厥功甚伟。其症结正在于两者的初心使命都与"人民立场"南辕北辙，必然从根本上违背人民利益，遭到反噬只是时间问题。当秦王朝大厦将倾之时，连秦国旧民都"大喜"，"惟恐沛公不为秦王"，丝毫不留恋秦的统治。秦在人民安全上留下的这些教训，直到千年之后，依然振聋发聩。

二、汉朝：忽视经济的恶果

中国自汉朝开始，就成为有世界影响力的大国强国。两汉作为中国历史上承上启下的重要发展阶段，在政治、经济、历法、社会结构等方面，成为此后两千多年中国封建王朝的基本政治范式，对后世产生深刻而久远的历史影响。

尽管一时盛极的大汉王朝走向灭亡的原因是多方面的，但穷兵黩武、赋敛加重、豪强做大、土地兼并等与经济发展相关的因素，无疑是最根本原因。总体来看，汉朝没有解决好经济安全问题，忽视与偏离了民生之本，没能够统筹好发展与安全的关系，最终走向了灭亡。

（一）轻徭薄赋与文景之治

秦统一华夏，建立起大一统的中央王权，但经过秦末多年的农民战乱，社会残破，民不聊生。汉王朝统治者吸取了秦二世而亡的教训，推行一些有利于生产发展的政策，激发起农民的生产热情。西汉初期，国家很快就恢复了生机，财富大幅增长，粮食堆满仓廪，多得陈陈相因，"腐败而不可食"，钱多得花不完，"贯朽而不可校"。中国出现大一统后的首个王朝"治世"。包括汉武帝初期，统治集团重视经济民生，采取了"轻徭""薄赋""节俭""省刑"等与民生息政策。司马迁曾描述这一时期的人民生活："百姓无内外之徭，得息肩于田亩，天下殷富，粟至十余钱，鸣鸡吠狗，烟火万里，可谓和乐者乎。"（《史记·律书》）后世把"文景之治"当作中国传统政治的最高境界。

政治上尊崇"黄老之学"，主张"无为而治"。思想意识对社会历史的发展会产生重要影响。科学合理的思想意识和思维方式能够确保社会制定正确的方针政策，建立一个先进的社会体制，促进经济发展。

汉初，统治集团为适应社会需要，采用道家的"黄老之学"，主张"无为而治"。这一政策很契合当时贫困凋敝的社会现状，取得了较大的社会成效。社会秩序很快得以恢复，经济民生得到发展。于是，道家哲学成了汉初统治集团的主流意识形态。道家思想独占鳌头，儒家思想逐渐被边缘化，文人士大夫均对道家思想津津乐道。统治者选择道家思想，除了道家的主张与社会现实需求相吻合之外，还与汉高祖刘邦不喜欢儒学、儒士有关。这些都从思想层面确立了汉初统治集团的政策取向，即将权力部分下放给民众，让人民自主恢复社会生机。正如老子所倡导的：君主若能做到无为，百姓就可以自化。作为一种学问和治世之术，汉初统治高层将"黄老之学"作为政治工具，化术为道，使之成为从汉高祖到文景时期前后 60 年的治国思想。

经济上重视农桑，推行农本主义。经历长期战乱，统治者认识到，乱世无疑将成为新王朝的隐患，社会需要休养生息，而"牧民之道，务在安之而已矣"。西汉初期，社会凋敝，土地荒芜，民不聊生，中央财政匮乏。连汉高祖刘邦坐的马车都找不到纯一色的四匹马，将相只能坐牛车上班。在自给自足的自然经济占主导地位的时代，统治者必然要优先扶持发展农业，让人民拥有基本的生存条件，固本培元。

基于此，汉初历代帝王都非常重视农桑之事。汉文帝多次下达重农之诏，要求各地方官吏重视农业，关心农业生产。他表示："农，天下之本，其开籍田，朕亲率耕，以给宗庙粢盛。"意思是农业是天下的根本，在京师设置"籍田"，由皇帝亲自率领农民耕种，收获的粮食用作供奉祖庙的供品。汉景帝即位后曾多次对大臣说："农，天下之本也。黄金珠玉，饥不可食，寒不可衣……其令郡国务劝农桑。"为鼓励农民耕种，统治者还允许百姓从土地贫瘠地区迁往土地肥沃地区，以利农业生产，并"租长陵田"给无地少地农民。汉景帝还以法律手段，打击那些擅用民力的官吏，保证正常的农业生产。

民生上蓄养民力，实施轻徭薄赋。后世常把古代帝王的仁义之举称为"德政"。"德"的一个主要涵义是"得"，让人民有所得，才是"德政"的核心。汉初统治者深谙这一点。汉文帝时，提出"务省繇费以便民"的主张，采取了一系列减轻农民负担的措施。"释放奴婢皆免为庶人"，让战乱中卖身为奴者获得自由，成为庶人，不仅提高了奴婢的社会地位，收拢了民心，也极大地缓解了阶级矛盾。此外，汉初还推行"有功劳行田宅"政策，根据官兵职位高低、功绩大小，赐给数量不等的土地，让其退役后有田可耕。通过这些举措，汉初事实上实现了"耕者有其田"，普通农户都能保有一定数量的土地，过着小富即安的生活。

国家授田的完成和低税赋政策的刺激，是汉朝初年经济快速发展的重要因素。据《汉书·食货志》中记载，"汉兴，接秦之敝，诸侯并起，民失作业而大饥馑。凡米石五千，人相食，死者过半。……上于是约法省禁，轻田租，十五而税一"。即农户将收获的 1/50 用来纳税。汉文帝时期发布"田租减半"之诏，实施三十而税一，且有 13 年"除民田之租税"，即免征土地税。这在中国封建社会历史上绝无仅有。汉景帝时正式将田租定为三十而税一，并成为定制。

除减免税赋外，王朝统治者还采取多种举措蓄养民力。汉文帝时期，放宽社会经济管制政策，允许私人开采矿山，自由冶铸，促进了西汉冶铁业发展；开放货币铸造业，承认私人铸币流通；撤除关津检查，增加农副产品流通，促进了商品经济发展。正所谓"汉兴，海内为一，开关梁，弛山泽之禁，是以富商大贾周流天下，交易之物莫不通，得其所欲"（《史记·货殖列传》）。

财政上压缩开支，躬行节俭。在自然经济占主导地位的时代，普通百姓只能维持温饱，并不富足。王朝统治者倡导节俭，皇族、公卿士大夫和各级官吏率先躬亲是最好的号召。据史载，汉文帝登基后，废除了自古以来帝王贵族进餐时乐队从旁伴奏的礼仪，压缩皇帝出行时车马仪仗队的规模，节省了皇族开支。从最新考古发掘看，汉文帝确实是个节俭皇帝。生前他曾要求，死后的"霸陵"开凿于山崖之中，不起坟，陪葬物只用陶器，禁用金、银、铜、锡。除匈奴袭扰外，国家一般仅保留小规模的军队，采用灵活机动的防御战略，大大节约了蓄养常备军的开支，减轻了人民负担。汉景帝曾两次下令，禁用谷物酿酒，禁止内郡以粟喂马。推迟男子服徭役的年龄，缩短服役时间，让士卒回乡务农，大大节省了劳动力资源。

统治者还通过兴修水利、奖励开垦、改变耕作技术等方式，扩大耕地面积，提高农作物产量。王朝统治者的系列举措，极大地解放了生产力，加速了社会经济发展。可以说，相较于两汉中后期，西汉初期还是比较注重经济与民生安全，无论从宏观政策导向、土地制度，还是在税赋制度、节约社会资源等方面，都采取了前所未有的举措，取得了较好实效。强大的国力为汉初威服四方，提供了重要物质基础。

（二）黩武扩张与天下虚耗

历史上，有强汉盛唐之说。汉武帝能够打击匈奴，是建立在汉初 60 多年休养生息的基础上，但任何事物都是物极必反。汉武帝好大喜功，超出社会发展用度，频繁发动战争，过度追求军事安全，大量消耗社会财富，百姓不堪重负，没有将经济安全、人民安全与国家利益有机结合起来，导致后期迅速衰落。

以战止战，重视军事征伐。西汉初期的隐忍战略并没有完全实现边防稳定，王朝面临的最大威胁仍然是西部、北部的匈奴袭扰。但是，经过前朝国力蓄积，到汉武帝初期，国库充盈，实力大增。汉武帝作为一代有名帝王，拥有雄才大略，历史功绩卓著。他即位后，致力于稳疆拓土，急于沟通与西域三十六国联系，打开通往西域之路，进而在战略上合纵连横，共同抗击匈奴。建元三年（公元前138年），张骞奉汉武帝之命出使西域，历尽磨难，经历十余载，不仅完成"凿空之旅"，也成为"中国走向世界第一人"，开辟了"丝绸之路"。

在军事上，汉武帝采取以战止战策略，决定对匈奴实施重点打击。其中，有几次战役取得了对匈奴战争的空前胜利，对平定北部边患、安边定邦具有决定性意义。汉武帝先后发动了数十万大军，深入匈奴腹地，主动迎击匈奴，不仅收复河套地区，设立多个北部边郡，阻断了匈奴与羌人联系，为西汉沟通西域开辟了道路。此后，匈奴势力逐渐衰落，远遁漠北，王朝边疆威胁得以减轻。在收复南越以及征服朝鲜的过程中，汉武帝也是大军攻伐，劳师远征。

汉武帝在位54年，发动战争时间长达50年，几乎贯穿其整个在位期间。每次战役投入的人数众多，少则万骑，多则几十万骑。战争破坏巨大，汉武帝初年，国家经济形势很好，但到汉武帝统治进入第三个十年初，就出现了"用度不足""天下少马"的困境。连年大规模的战争，造成的影响是多方面的。其中，最为突出的就是军费浩繁，财政支出庞大，社会财富被大量消耗，以至于"大司农陈臧钱经用，赋税既竭，犹不足以奉战士"，拖累了国家经济发展。

古代从军打仗，大部分都是青壮年，即所谓壮丁。战争杀戮，直接导致西汉人口大量减少，"承孝武奢侈余敝师旅之后，海内虚耗，户口减半"（《汉书·昭帝纪》）。此外，行军打仗需要物资供应保障，运输补给也需要耗费大量人力，压减了从事生产劳动的人口。

汉武帝过度重视军事征伐在维护王朝安全中的作用，将国家变成一台战争机器。旷日持久的战争使西汉元气大伤，开始走下坡路，社会危机四伏，农民起义时有发生。公元前89年，汉武帝对既往政策得失进行反思，承认"朕即位以来，所为狂悖，使天下愁苦，不可追悔。自今事有伤害百姓，靡费天下者，悉罢之"，发布了《轮台诏》。这标志着汉武帝的统治重心从对外征伐转为对内安民，但王朝统治集团并没有从根本上理解"治世"与"安天下"的核心要义。

盐铁官营，政经"一石二鸟"。盐铁自古就是百姓生产、生活不可或缺的物资。盐铁业的发展与国家经济、政治、军事密切相关，关乎国计民生。从增加财政收入的角度看，控制了盐铁业，就等于控制了一半的社会经济命脉。西汉对盐铁官营的全面推行并非一蹴而就，而是一个逐步展开、不断深入的过程。

汉武帝采用法律强制和经营管理相结合的手段，在全国出产盐铁的封国郡县设置盐铁官，专司盐铁事务。随着盐铁官营利润大幅增加，汉武帝决定，将以往由少府掌管作为"山海池泽之税"重要组成部分的盐铁业收入，交由大司农掌管，即把盐铁业收入由以往的皇家私财变为国家公财。一方面，汉武帝依靠法律和行政手段，将汉初的盐铁私营改为盐铁官营，阻断了盐铁业富商大贾的获利之途，国家收入大幅增加，缓解了财政困乏问题。正如《盐铁论》所述："四方征暴乱，车甲之费，克获之赏，以亿万计，皆赡大司农。此……盐铁之福也。"

另一方面，借盐铁官营，强化中央王权，打击封国势力。铁作为"天下之大用"，不仅是制造农具的重要原料，也是制造兵器的原料，一旦被地方势力掌控，很容易成为"奸伪之业"，对中央政权构成威胁，必须由国家掌控专营。为此，从采矿、冶炼、铸器到运输销售，完全控制在中央政府手中。汉武帝通过盐铁官营的经济政策，对打击豪强地主，尤其是打击封国势力、有效控制地方、强化中央王权，发挥了积极作用。基于此，汉武帝在全国设立盐铁官配置时，设在封国里的盐铁官数量，远多于设在中央直属郡县内的盐铁官数量。

汉武帝还下令，严禁私人及郡国铸币，将铸币权收归中央，成立专门国有铸币机构，铸造五铢钱作为唯一流通货币，将以往私铸货币尽行收缴和销毁。

巧立名目，大肆赋敛。西汉初期，私营经济处于开放状态，以纺织为代表的手工业得到空前发展，冶金、纺织等手工业生产效率大幅提高，纺织技术达到很高水平。手工业的发展，又促使商品经济繁荣起来，为西汉社会经济增添了活力。

汉武帝时期，因战祸不断、天灾频发，农民的收入大幅减少，但对手工业的影响相对有限。为增加财政收入，应对战争和自然灾害，汉武帝加大了对普通农民的各项税赋，对私营手工业也实施高税收政策，侵害了农民、手工业者和商人的利益。

在古代农业社会，除宋元等朝代之外，田赋是国家税收的主体。汉武帝在税赋制度方面基本沿袭前朝做法，将税赋分为土地税和人头税。土地所有者向国家纳税，税率为十五税一或三十税一。人头税，分为算赋和口赋。算赋依据人丁征收，由成年男女缴纳。为"补车骑马"，汉武帝时大幅增加了算赋。口赋是儿童税。汉武帝将口赋起征年龄由 7 岁降至 3 岁，就是连 3 岁的孩子也要征税，加重了人民负担，"故民重困，至于生子辄杀"。

汉武帝还施行算缗告缗、均输平准等多项经济政策。这些政策一方面增加了中央财政收入，另一方面也遏制了以中小手工业者为主体的商业发展。"算缗"是向大商人、大地主征收的财产税，规定凡财产每 2000 钱抽税一算（算是汉代律法中的税收单位，一算为 120 钱）；手工业者因为利润比商人薄，故每 4000 钱抽税一算。为防止隐匿或虚报财产，汉武帝还发布"告缗"令，对那些隐瞒不报或虚报者，鼓励揭发，故称"告缗"。凡揭发属实，将没收被告发者的全部财产，并罚戍边一年，奖励给告发者被没收财产的一半。后来"算缗""告缗"均发生了变化，税收范围由原来以现钱和车船为主，扩大到包括田宅、畜产、奴婢在内的一切财产，将全部财产按一定价格折合成现钱，以充作纳税基数；纳税对象由最初的"只为商贾居货者设"，扩大至"凡不为商贾而有蓄积者"。

元封元年（公元前 110 年），汉武帝在各郡国设立均输官，将各郡输往中央的贡品，除部分供京师需要外，其余拿市场上销售，卖得钱款交给中央政府。这样，既减少了运输不便，又增加了国家财政收入。"平准"即在都城长安设立平准官，统管各地均输官运往都城的货物，除供朝廷需用外，根据长安物价行情，贱买贵卖，进而达到控制物价、增加朝廷收入的双重效果。

汉武帝时期，王朝统治集团在经济领域实施以盐铁官营为核心，以统一货币、算缗告缗、均输平准及酒类专营为补充手段，通过"张公室、抑私门"，不仅实现王权对社会商业资源的控制，也引起社会经济运作机制的变化。这些政策，把"重本抑末"从观念变成了制度，商人、手工业者遭到沉重打击，其地位比农民还要低下。汉武帝实施国家垄断、抑商政策导致大量的商人、手工业者破产，工商业陷入萧条，大大侵蚀弱化了"文景之治"建立起来的经济基础。

封禅巡游，徭役苛重。汉武帝晚年，大兴土木，修宫室，凿瑶池，备极豪华。登基 30 年后，汉武帝怀着"欲放黄帝以尝接神仙人蓬莱士，高世比德于九皇"（《史记·封禅书》）的双重目的，多次在泰山举行封禅大典。前后 20 年间，汉武帝 8 次赴泰山，7 次行封禅大典。每次巡扈官吏军队多达十余万。从都城长安到泰山长途跋涉，往返沿途要征发大量民工徭役，所需资财只能从民间搜刮，故"征发烦数，百姓贫耗"。汉武帝为寻得长生不老，多次各地游弋，遍访名山大川，求仙时间之长，涉及范围之广，参与人数之多，在中国古代帝王中堪称第一。

人祸横行，天灾也频繁。据统计，汉武帝时期共发生过 24 次洪、旱、蝗、震等大规模自然灾害，平均两年一次。天灾人祸叠加，国内出现"天下虚耗，人复相食"的惨剧。到西汉中后期，政权已经处于崩溃边缘，社会动荡加剧，豪族地主趁机壮大势力，成为寄生在国家肌体上的"毒瘤"。

（三）土地兼并与王朝覆灭

土地是人类最基本的生产资料，王朝治理、社稷安危，都系于土地制度的兴废。秦统一中国后，"令黔首自实田"，从法律上承认了封建土地私有。汉代土地，分为国家土地所有制、地主土地所有制、自耕农土地所有制三种形式。西汉中后期土地买卖、兼并开始出现，到东汉后期成为普遍的社会经济现象，且愈演愈烈，土地两极分化的危害开始显现。

豪族并起，东汉尾大不掉。豪族世家自战国以来逐渐兴起，汉武帝时成为一种普遍存在的社会势力，东汉时期发展壮大。东汉豪族可分为外戚豪族、宦官豪族、官僚豪族、富商豪族。可以说，东汉王朝建立在豪族社会基础之上，其起落兴衰与豪族有着极为密切的联系。光武帝刘秀就是南阳豪族势力的代表。

以外戚、宦官为首的地主阶级，是东汉豪族阶层的重中之重，代表着不同的豪强势力。东汉前期的外戚豪族多是功臣宿将之家，炙手可热，后期宦官豪族开始发迹，逐渐与外戚豪族争权夺利，形成对峙格局。这些豪族在权力争夺、土地并购的斗争中，相互倾轧，彼此残杀。他们通过操纵皇帝，交替控制中央王朝，形成中国历史上最黑暗的统治时期。

官僚豪族是继外戚豪族、宦官豪族之外的第三种政治势力。他们从采邑内成百、上千乃至上万户的农民手中收取人头税和土地税。在政治上，通常是一人当朝为官，万人鸡犬升天，整个家族形成一个利益集团。

作为富商豪族前身的富商地主，通常与官僚集团相互勾结，钱权交易，"入谷补官"。在财富与权力交换中，富商地主是最大收益者，逐步走上豪族的道路，形成集地主、工商业者、官僚多元于一体的富商豪族。他们通过控制市场价格和生产资料流通，垄断生产资料，牟取暴利。

豪族是封建土地所有制建立和发展的结果，具有政治宗族性、土地兼并性、商业垄断性、武装割据性等多重特征，成为瓦解小农社会、破坏东汉经济基础的危险势力。一方面，那些拥有大量土地和武装的豪族，凭借实力割据一方，正所谓"豪右往往屯聚""大姓各佣兵众"（《后汉书》卷七十七、卷十七）。当中央王权控制无力时，豪族就会成为割据势力的政治支柱和经济基础，成为国家统一的对立面。另一方面，豪族地主与中央王权形成各种利益关系。他们并不满足于经济势力的增强，还有意识地利用不断积累的财富左右国家政策、法令的调整，慢慢提升自己的地位，攀升为公卿士大夫。有的凭借外戚宗亲，巩固政治地位；有的通过官宦入仕，接近皇权体系；有的通过控制"察举""征辟"的选官制度，垄断人才晋升通道。上述各种豪族集团长期把持王朝政权，形成累世公卿的局面。

田庄经济做大，削弱王权根基。田庄经济是豪族势力的基础，构成东汉经济的一个特殊现象，在国家经济整体中占有很大的比重，制约东汉经济社会发展。这种现象又不断促使豪族田庄兼并土地，导致东汉土地、人口过度集中，豪强势力越来越大，不仅有"奴婢千群，徒附万计"，还有"馆舍布于州郡，田亩连于方国"，成为富可敌国的一方势力。据《后汉书》卷七十七《酷吏列传·李章传》记载："赵、魏豪右往往屯聚，清河大姓赵纲遂于县界起坞壁，缮甲兵，为在所害。"汉末董卓在郿筑坞，"积谷为三十年储"，号曰"万岁坞"。"坞中珍藏有金二三万斤，银八九万斤，锦绮缯縠纨素奇玩，积如丘山。"董卓自恃有了郿坞，"事成，雄据天下；不成，守此足以毕老"。(《后汉书·董卓传》)

东汉时期的豪族在田庄中隐瞒大量田产和劳动力，并对佃农征收高额租税，有的高达 50%。在国家税赋未变的情况下，佃农创造的财富大部分不是纳入国库，而是作为地租被田庄主所攫取，影响了国家财政收入，削弱了中央王权的经济实力，使得东汉经济发展的最终结果，不像西汉那样表现为王权强大，而是王权衰落和政治不稳。中央政府所能直接控制的土地和剥削的对象越来越少，国家经济实力自然孱弱不堪。

田庄经济在政治上削弱了中央集权，使统治阶级内部时常发生尖锐的矛盾，有的豪族支持纵容地方割据势力，导致地方政治结构发生变化，王权从统治阶级内部开始分化瓦解。

土地改革失败，兼并不可遏止。西汉末期，王莽篡权，借推行王田制，恢复井田制。历史上，井田制被视为土地私有制的对立物，代表着公平、平均分配和占有土地的理想。但土地私有经过长期的历史发展，已经成为封建土地所有制的主导形式，占有土地的不仅有贵族、官僚地主和富商大贾，还有广大的个体中小农户。王莽借托古改制，强令禁止土地私有、奴婢买卖，恢复土地国有，解决土地兼并和农民奴隶化问题，但因不具备社会条件，改制只能以失败告终。

到东汉时期，王朝统治者尊崇儒学，标榜"以柔治天下"，对土地买卖和兼并，采取了宽容、放纵的态度，已不像西汉那样致力于限田活动，更无力消除土地兼并的沉疴痼疾。不仅如此，统治集团还和豪强势力、富商大贾打成一片，加入到土地兼并的行列中。被视为国计民生根本的土地制度问题，上到皇帝，下到公卿士大夫，无人再敢触碰，成为统治集团的禁忌。在任何朝代，土地制度问题不单是个经济问题，更是一个政治问题。东汉土地兼并不仅导致国家失去大量纳税服役人员，也动摇了王权政治的根基。

大土地所有制继续发展，豪强地主的庄园经济不断扩大，大批个体中小农户纷纷破产。东汉后期，天灾不断，遍地旱蝗，赤地千里，军阀混战，盗贼滋起，国家无力保护中小农户的生命和财产安全，导致中小农户把自己的土地主动交给田庄，以求荫庇，沦为依附于豪族之下的佃农，成为事实上的奴隶。破产失地的农民，成为"上无片瓦、下无立锥之地"的无产者，最终演变成一股暴怒的反抗力量。经济基础坍塌，自然危及上层建筑。国家荒于治理，政权风雨飘摇，"社会渐被视为不可以人力控制之物，只能听其迁流所至"，最终也只能在农民抗争中倾覆。东汉末年的黄巾起义，目标指向土地兼并、贫富悬殊、尊卑贵贱等弊端，提出了"平均""平等"的革命性要求，如实反映了当时社会的核心矛盾。

（四）启示：经济安全是国家安全的基础

历史总有规律可循。每当改朝换代，新王朝的创立者从维护王朝长治久安的角度考虑，会自觉地从前朝吸取教训，励精图治。但到王朝中后期，生于后宫的皇帝，承平日久，既没经历"打天下"的拼杀磨难，更不懂得"治天下"的艰难困苦，加之戚宦干政乱权，以及其他社会矛盾叠加，王权政治渐趋腐败，社会衰微，民生凋敝，国家危机四伏。

两汉前后历时 400 余年，其历史演变轨迹呈现前兴后衰、前强后弱、前治后乱的局面。若单从"以经济安全为基础"的视角分析，有三方面重要原因。

从统筹发展与安全的角度来看，汉王朝统治者没有把与民生息的政策贯彻始终，文景两朝虽励精图治，国家积累起巨额财富，但汉武帝超出国家承受能力，追求绝对军事安全，以至于穷兵黩武，后期痴迷于巫蛊谶纬，为寻求长生不老，巡游封禅，空耗国力，破坏了国家经济发展和经济运行安全的社会环境。

从经济社会可持续发展的角度看，汉王朝统治者为增加财政收入，过度敛赋，竭泽而渔，"重本抑末"，不仅损害了中小手工业者的利益，阻碍了商品经济发展，也扼杀了经济发展活力。

从生产资料与国家政治秩序稳定角度看，东汉中后期，豪族势力侵蚀了国家政治经济权利，大大加深了王朝危机，尤其是土地兼并，不仅成为最突出的社会矛盾，也成为国家经济生存和发展的直接威胁。

三、唐朝：政治秩序的失控

唐朝被公认为是中国历史上的盛世，也是中国古代对外影响力达到巅峰的时期。唐朝疆域广大，极盛时国土面积达 1273 万平方公里。长安为当时世界最大的都市，人口超百万。唐代经贸繁荣。得益于疆域扩大和南方开发，唐玄宗时期全国耕地总

面积 6.6 亿亩，人均占地 9 亩多。杜甫回忆长安"稻米流脂粟米白，公私仓廪俱丰实"，足见其富庶。长安的市场分东、西两市，东市多为中原商人，西市主要是来自西域、波斯、大食的客商，"买东西"即由此而来。唐朝对外影响力较强。唐朝的外交和军事影响力深入西域，曾在那里设置了安西和北庭两大都护府。大唐盛世引得四方来朝。很多外国人在唐朝做官，为朝廷效力。高句丽人高仙芝任安西节度使，日本人阿倍仲麻吕任安南都护、御史中丞。那时的唐朝是一个非常开放自信的国度。

但是，唐自天宝后期以来，皇帝用人失察，统治集团内部矛盾凸显，引起政治上的混乱。唐疆域辽阔，为防外患而将重兵投放边疆，内地兵力空虚。特别是边境地区的节度使掌握军事、财政、行政大权，逐渐尾大不掉，藐视中央政府。安禄山范阳起兵，唐朝一蹶不振。总体看，唐朝在经济、军事、文化等领域的安全做得尚属不错，但在政治安全这一根本问题上却存在明显的短板。

（一）藩镇割据与央地关系倒挂

唐玄宗天宝十四载（公元 755 年），"渔阳鼙鼓动地来，惊破霓裳羽衣曲"。范阳节度使安禄山举兵造反。叛军长驱直入，一个月即攻克东都洛阳，半年后占领西京长安。唐军屡败，玄宗西逃。此后，唐军与叛军陷入拉锯战，史思明等叛将在安禄山死后继续作乱，战事直至公元 763 年才告终。在安史之乱的冲击下，唐朝中断了继续强盛的进程，陷入了藩镇割据的困局，并逐步走向衰弱。这场破坏力极强的叛乱看似乃突然发生，实则具有一定的必然性，凸显了中央如何有效管控地方这一帝制时期存在的政治安全难题。

唐承隋制，实行"州—县"两级行政区制度，本无节度使一说。随着唐初开疆拓土，守卫边境的任务日益繁重。中央派兵轮换戍边已经不足以应付，需要有大将率领相对固定的兵团驻防和作战。唐廷遂委任干将在边疆重地担任节度使，节制调度军兵和军需物资，同时也管理与军事高度相关的屯田事务。由此可见，节度使已经逐步掌握了边地重镇的兵权及一定的财权。唐玄宗在边疆设立十大节度使，共辖兵员 49 万，而当时中央禁军不过 12 万，中央与地方的军力对比已不太平衡。加剧这一不平衡局面的是，唐廷有时让一名官员兼任数个节度使职。比如开元天宝之际的唐朝名将王忠嗣一度兼领河西、陇右、朔方、河东四镇节度使，掌握天下劲旅，威权重于一时。王忠嗣忠于唐廷，顾忌功高震主，很快辞去朔方、河东节度使。野心勃勃的安禄山则不同。天宝元年，安禄山升任平卢节度使，天宝三载兼任范阳节度使，天宝十载再兼河东节度使。他下辖三镇18万士兵，占当时全国节镇总兵力的1/3，包括战斗力较强的骑兵。显然，身兼三大节度使、手握重兵是安禄山野心膨胀、敢于挑战唐廷的底气所在。

唐廷平定安史之乱曲折艰难，很多情况下是采取招安叛军将领的办法。在一定程度上可以说，安、史等叛军头目虽死，但安史之乱并未真正结束，而是以藩镇割据的形式延续下来。对安禄山的老巢，唐朝未武力收复，而是同意由安禄山的三位部将瓜分：李怀仙任范阳节度使，李宝臣任成德节度使，田成嗣任魏博节度使，即所谓的河北三镇。三位叛将与唐廷心存隔阂，表面上服从中央，实则搞独立王国。河北三镇最显著的特征有三：一是政治上，节度使不由中央派遣，而由本镇自立。魏博、成德、范阳三镇节度使前后共计57人，其中唐廷任命的仅4人，其余都是父死子继、兄终弟及或部将上位。其中，成德节度使由王氏家族控制达80余年，魏博节度使由田氏家族控制达50余年，堪称土皇帝。二是财政上，赋税截留本镇，不上交朝廷。《旧唐书》说田承嗣"户版不籍于天府，税赋不入于朝廷"，李宝臣"以七州自给，军用殷积"，李怀仙"贡赋不入于朝廷"。三是军事上，拥兵自重，与中央分庭抗礼。安史之乱后，河北三镇不仅未裁减兵员，反而修缮兵甲，武装力量不弱反强。唐代宗大历年间，河北三镇兵力达 20 余万，超过安禄山时期的数量。且三镇之间常常配合呼应，联合作战，使得唐廷向三镇施压时顾此失彼。

藩镇不止于河北三镇。为了抗击安史叛军和收拾乱局，唐廷增设了大量军镇，任命节度使，使得藩镇扩展至全国境内。这些藩镇并没有脱离朝廷控制而实现割据，但不同程度地具有河北三镇的某些特征。比如西北边疆和中原一带的藩镇都很少上交赋税，且手握重兵。唐廷也曾致力于削藩。其中最著名的是唐宪宗时期讨伐多名节度使，尤其是元和十二年（公元 817 年）官军平定淮西，生擒淮西节度使吴元济，是一场振奋人心的大捷。但削藩成绩水分颇多，不能持久。唐朝平定淮西靠的主要是其他藩镇的兵力，也就是靠听话的藩镇打不听话的藩镇，而不是靠一支强有力的中央军。唐廷以藩制藩，勉强延长着国祚。一个致力于大一统和中央集权的王朝，还得靠内部各节镇之间的相互制衡来维系统治，足见王朝统治基础之衰颓。

最初为了解决边疆安全问题，进而成为处理央地关系的藩镇模式并不成功，甚至被认为是唐亡的主要因素之一，其教训不可谓不深刻。第一，藩镇体制下，封疆大吏的离心倾向相对较强。节度使最初只拥有军权，但逐渐管理辖区内的州县事务，集军事、财政、人事、司法等权力于一身，俨然一方诸侯，较容易产生独立倾向。第二，藩镇体制下，中央与地方的军力对比发生大逆转。唐前期的兵力布防是内重外轻，即在首都及其周边布置重兵，而地方兵力偏少。故唐前期发生的地方叛乱皆不能成功。节度使和藩镇崛起后，唐朝的兵力布置转为外重内轻。在中晚唐的多数时间里，唐廷就缺乏压制藩镇的军力与实力。第三，藩镇体制下，割据地区对中央王朝的认同逐步沦丧。这主要体现于河北三镇。从安禄山经略三镇开始，到其部将长期割据，华北东部一带不受唐廷中央直接控制长达百余年，当地社会出现了接受异族文化、风俗习惯的"胡化"现象。加之河北三镇的节帅多出身胡人，整个地区对唐王朝的文化认同逐渐退化。文史大家陈寅恪就指出，唐自安史之乱后"虽号称一朝，实成为二国"，"除拥护李氏皇室之区域……尚别有一河北藩镇独立之团体，其政治、军事、财政等与长安中央政府实际上固无隶属之关系，其民间社会亦未深受汉族文化之影响，即不以长安、洛阳之周孔名教及科举仕进为其安身立命之归宿"。推而广之，中唐以后乃至宋、明等中原王朝对中国东北地区的掌控长期处于偏弱状态，恐怕与该地区对中央的认同偏弱不无关系。

（二）宦祸党争与集团私利

治理天下须有一精诚团结之统治集团。在中国古代，皇帝一般依靠文武百官治国理政，在一定的条件下也会仰仗外戚、宦官乃至后妃等群体。如果官僚、宦官等群体掌权过重乃至形成小集团、小圈子，则会削弱皇帝与朝廷权威，甚至祸国殃民。

中国历史上东汉、唐、明三代都出现过宦官专权，以中晚唐最为严重。出现这一局面有其必然性。唐代初期皇位继承屡生变故，先有李世民发动玄武门之变，后有武则天以后妃而当皇帝，故中唐以后的皇帝对皇子宗亲、后妃外戚戒防甚深。安史之乱后，皇帝深感文官武将皆不足信，遂以贴身的宦官作为可倚重的对象。可以说，唐廷重用宦官的本意是要加强皇权和恢复中央权威。但很快，任用宦官的做法走形变样，导致宦官权力迅速膨胀。一是掌控禁军。安史之乱中，唐肃宗命令驻守西部防御吐蕃的神策军驰援内地，参加对安史叛军的围剿。战后，神策军在西部的根据地为吐蕃侵占，这支军队遂归当时的大宦官鱼朝恩领导。公元763年，吐蕃进犯长安，唐代宗出逃，鱼朝恩率神策军迎驾护驾，立下大功，神策军遂常驻京城并成为禁军主力。唐德宗时期任命宦官窦文场、霍仙鸣为左、右神策军护军中尉，标志着宦官正式掌控禁军，所辖兵力达20万，且神策军还拥有给养丰厚、不受监察、军将优先升官等特权。掌控禁军之后，宦官实际上掌控了朝廷的政治主导权，拥有了操弄政治的本钱。同时，由于麾下禁军的存在，宦官也不再是严格意义上的皇帝家奴，而是成为拥有可观政治权力的小团体。

二是废立皇帝。宦官控制内廷、掌握兵权之后，便能在皇位继承之际发挥决定性作用。拥立于己有利的新皇帝，以求日后飞黄腾达，便成为宦官们最自然不过的权力逻辑。唐宪宗因长期服用丹药而罹患重病，但诸多迹象显示他在重病之际遭宦官陈弘志、王守澄等弑杀。唐宪宗死后，唐代皇帝基本由宦官拥立：唐穆宗由梁守谦、王守澄等拥立，唐文宗由梁守谦、王守澄、杨承和等拥立，唐武宗由仇士良、鱼弘志拥立，唐宣宗由诸宦官拥立，唐懿宗由王宗实拥立，唐僖宗由刘行深、韩文约拥立，唐昭宗由杨复恭、刘季述拥立。宪宗之后唯一以太子身份继位的唐敬宗，则因宴游无度、喜怒无常而得罪诸人，当了3年皇帝便遭宦官刘克明谋杀。文宗、武宗时期权倾朝野的大宦官仇士良退休时向送行的宦官们赤裸裸地传授经验："天子不可令闲，常宜以奢靡娱其耳目，使日新月盛，无暇更及他事，然后吾辈可以得志。慎勿使之读书，亲近儒生。彼见前代兴亡，心知忧惧，则吾辈疏斥矣。"如果说玄宗朝的权宦高力士还是忠心辅佐皇帝的话，那么时至仇士良的时代，宦官已自成一代代相因的利益集团，为了本集团的私利，不惜愚弄皇帝、操弄朝政。

三是压制百官。宦官掌权，皇帝和官僚集团也曾设法反击，其中以"甘露之变"最为著名。公元835年，唐文宗任命李训为宰相，提拔郑注为凤翔节度使，以李、郑为首的一批官僚密谋铲除仇士良。这年冬天，有奏报称金吾卫仗院后的石榴树上夜降甘露，文宗派左、右神策军护军中尉仇士良、鱼弘志前去查看。李训则设伏兵于军营，欲趁机诛杀宦官。结果一阵风吹来，仇士良等瞅见藏于帷幕后的士兵，又听到兵器碰撞声响，迅即撤退，并劫持唐文宗退回宫中。随后，仇士良调集禁军反扑，关闭皇宫各门，逢人便杀，各级官员600余人惨遭屠戮；又派兵在京城内搜捕涉事人员，滥杀千余人，长安城内狼藉涂地。时任宰相的王涯、舒元舆、贾𬤊、李训均被捕杀。"甘露之变"本是官僚集团反击宦官集团的一次行动，却演变为宦官集团对百官的诛杀与震慑。"甘露之变"后，"天下事皆决于北司，宰相行文书而已"，唐廷进入了彻底的宦官专权时代。

在宦官集团崛起之际，唐廷的官僚们没能抑制宦官、匡扶皇室，却出现了党派并立、相互倾轧的局面，即唐史上著名的牛李党争。9世纪上半叶，唐廷官僚集团出现以牛僧孺、李宗闵等为首的牛党，及以李德裕、郑覃等为首的李党。宪宗朝，牛李党争逐步酝酿形成；文宗朝，两党参差并进，竞争最为激烈；武宗朝，李党全盛，牛党多遭罢免；宣宗朝，牛党全盛，李党纷纷被贬为地方官；宣宗以后，党争逐渐消弭。在近40年的党争期间，一党得势，另一党必失势，这表明两党不光是在政策观点上有争议，更是形成了党同伐异的恶性循环。史学界关于牛李党争素有不同的解读。有的认为两党的主要区别在于出身或阶层不同，牛党重科举而李党重门第，或曰牛党代表新兴的庶族地主，而李党代表传统的门阀士族。有的认为两党的主要区别在于政见，尤其对藩镇、边患问题的政策，牛党维持现状、主和，李党积极进取、主战。亦有观点认为，牛李两党的出身或政见差异并不显著，只是因为各种关系而结成小团体，个人权力地位和恩怨情仇在其中起了重要作用。

更重要的是，牛李党争不仅是官僚集团内斗，更牵动内外朝的政治运作。根据陈寅恪等史家的研究，在牛李党争尚未正式出现的顺宗时期，就出现了内廷宦官与外廷官僚党派相勾结的情况。唐顺宗有痼疾不能上朝理政，朝政即为宦官把持，宦官中又分李忠言、俱文珍两派。宦官各与外廷士大夫联手，以王叔文为首的一批官员与李忠言结好，韩愈等官员则与俱文珍交结。最终俱文珍胁迫顺宗退位，拥立宪宗。王叔文被杀，王叔文集团的骨干全部被贬，其中就包括著名文人柳宗元和刘禹锡。自此之后直至牛李党争消逝，唐廷就成为宦官集团之不同派别与外廷官僚之不同党派相互勾结竞争的舞台。宦官群体中甲派进、乙派退，官僚集团中也就对应有甲党进、乙党退，反之亦然。这表明，诸如牛党、李党之类的官僚派系，无论其差别是在成长背景、政策理念抑或个人恩怨，最终结果都是形成了利益集团或小圈子政治，使得宫廷政治分歧蔓延扩大，极大地干扰了王朝政治运转和政治决策。

（三）文化多元与思想混乱

唐代在中国历史上以格局宏阔、兼收并蓄外来文化而著称。至少在中唐以前，唐朝对本土与外来的主要政治思想或宗教均采取容纳甚至扶持的政策。用今天的视角来看，唐代的意识形态管控似有过度宽松、杂糅无章之嫌。

儒学是中国古代最具代表性的政治思想与意识形态。唐立国之初便推崇儒学。唐太宗尊孔子为"先圣""宣父"，唐玄宗封孔子为"文宣王"。在皇家的推动下，唐代全国各地纷纷修孔庙、塑夫子像。唐太宗还下令硕儒孔颖达牵头编纂《五经正义》，将儒家经典的原文与历代注释集合成书，该书也成为后来科举考试的官方参考书。不过，儒学在唐代还未实现复兴。唐代科举取士分"明经""进士"两科，前者主考儒家经典，后者主考文学辞章，士人多认为明经科死板无趣，热衷投考"进士"。后来韩愈提倡古文运动，强调以文章宣扬儒家导通，其背景便是儒学在有唐一代的文化与思想领域远未占据绝对优势。

宗教是古代政治意识形态的重要载体。李唐王室自恃与老子（原名李耳）同姓，亲近道教。唐高宗封老子为"太上玄元皇帝"，唐玄宗更是封老子为"大圣祖高上大道金阙玄元天皇大帝"，推崇至极。唐太宗还曾下令"至于称谓，道士女冠可在僧尼之前"，把道教置于佛教之上。唐代鼓励修建道观，安史之乱后全国道观达 5000 座，道士人数达到 3 万。佛教在唐代也盛极一时。李唐皇室认为佛教的果报、慈悲等理念有助于在大乱之后巩固统治，遂大力支持佛教。除允许兴建寺庙外，唐代还支持玄奘等僧人译经，助力佛教传布。安史之乱后，佛教寺庙因为享有免赋税等待遇，吸纳大量田地和僧众人口，以至对国家经济和朝廷权威构成强有力的威胁。唐宪宗时派使者前往凤翔迎佛骨，长安掀起信佛热潮。韩愈毅然上《论佛骨表》劝谏，认为供奉佛骨荒唐，要求将佛骨烧毁，不能让天下人被佛骨误导，引得宪宗大怒。韩愈也遭贬官。这恰恰说明了当时佛教对宫廷与皇帝的影响之大。除道教、佛教外，唐朝对外来宗教也持开放态度。中国历史上有"中古三夷教"之说，即是指主要于唐代从西域传入中国的祆教、景教和摩尼教，其中又以前两者流行程度更高。祆教又称琐罗亚斯德教、拜火教，原是波斯国教，信奉善恶二元论。该教随波斯王族东逃入唐而有所流传，长安据称有四座祆教寺庙。唐廷还给中国内地的祆教首领或信奉祆教的粟特商人领袖评定官阶品级，让他们管理其寺庙与商队。景教则是唐代对东方基督教聂思脱里派的称呼。聂思脱里派在东罗马帝国遭打压，却在东方世界流传甚久。西安发现的《大秦景教流行中国碑》中说，景教僧人阿罗本到长安后，受到唐太宗及其之后五朝皇帝优待，唐高宗时期"而于诸州，各置景寺……寺满百城"。所言或有夸张，但反映出景教一度发展较快。

各种宗教、思想混杂发展对朝廷权威的冲击，以及佛教寺院经济对正常经济秩序的破坏，终于逼得唐廷采取反制措施。唐武宗统治期间采取系列灭佛措施，拆毁寺宇，勒令僧尼还俗。综计当时拆毁大寺4600余所、小寺4万余所，僧尼还俗26万余人，收回民田数千万顷。在灭佛同时，唐廷也下令景教、祆教僧众还俗，裁撤相关寺庙。不过，武宗灭佛只是昙花一现。武宗死后，继位的唐宣宗取消灭佛政策，继续鼓舞佛教发展。如此反复之后，已经很难找出一个被唐廷定于一尊的主导意识形态。

多元散漫的政治意识形态所滋养的是唐人开放的社会生活姿

态。大量胡人入唐，唐人大量使用胡货，社会层面的汉胡融合如火如荼。李白诗云"胡姬貌如花，当垆笑春风"，就是唐代长安代表性的胡化景象之一。然而，物质生活中的胡化如若蔓延到选官用人等政治层面，也会带来风险。这方面最大的教训还是安禄山。史书记载，安禄山"本营州杂胡"，通晓多种语言，为人机灵，被唐幽州节度使张守珪提拔当官，后逐步攀附高力士、杨贵妃等人，获玄宗青睐。在向玄宗大表忠心的同时，安禄山利用胡商网络向河北一带输送经济物资，以蕃兵蕃将为叛军主力，安禄山还自称为"光明之神"的化身，主持粟特聚落的祆教祭祀活动，将自己打造为胡族百姓的宗教领袖。这是安禄山能够煽动叛乱的重要宗教和政治背景。安史之乱后，唐朝思想界和民间出现对胡人的攻击和排斥，但唐廷对胡人将领的依赖仍在延续。据史学家钱穆统计，有唐一代胡人出身的藩镇节帅约有 80 人，且中晚唐尤多。同时，唐廷并未获得这些胡人将领百分百的政治忠诚。朝廷与胡人将领之间的不信任增加了变生肘腋的风险。比如，在打击安史叛军中立下赫赫战功的契丹族名将李光弼长期为唐廷所倚重，但他晚年驻节徐州、拥有重兵，却与朝廷有隔阂。公元 763 年，吐蕃袭扰长安，李光弼不派兵驰援；此后，唐廷任命李为东都留守，李亦拒绝就任。再如，同样在镇压安史之乱中军功卓著的铁勒族名将仆固怀恩，其家族世代仕唐廷，可谓满门忠烈，但在安史之乱后亦与唐廷相互猜忌。最终，仆固怀恩于公元 765 年引吐蕃、回纥兵造反，后被郭子仪打败。总体看，唐朝任用胡人将领的确为保卫国家发挥了重要作用，但一些胡人将领居功自傲乃至叛变也让唐廷吃了不少苦头。

（四）启示：政治安全是国家安全的根本

世言唐朝衰亡有三大因素：藩镇割据、宦官专权、朋党之争。此说不虚，但历史自有更复杂深刻之处。藩镇、宦官、朋党都是唐代之初没有的现象，其自无到有缘于特殊的国际背景与国内因素。唐自玄宗开始大规模设置节度使，乃是因为拱卫边疆的需要。边疆地区的藩镇也确实发挥了御边治边的重要作用。不过，唐廷设置节镇时却没想到后来藩镇做大威胁唐廷统治，铸成"强枝弱干"之局面。中晚唐皇帝重用宦官，是在唐廷受安史之乱冲击、对朝政控制力下滑时采取的变通手法，本意是加强皇帝权力。不料宦官做大，家奴反过来驾驭主子。牛李党争中的牛僧孺和李德裕，皆一时俊杰，其政策主张各有道理，有分歧实属正常，并非刻意损害唐廷利益。问题在于，双方由政见不同升级为党见对立，党争又与内廷宦官内部的斗争相纠缠，化作侵蚀最高权力的政治窝斗。至于唐代在思想和宗教领域采取的兼容并蓄态度，促进了唐朝中国的对外交往，推动了胡汉民族、胡汉文化的融合发展，丰富了大唐民众的物质和精神生活。然而，在推动儒、释、道共同发展的同时，唐廷缺乏一个主流或主导的政治意识形态；在放手胡汉融合的过程中，唐廷则因在军国大事上用错胡人而铸成大错。

上述一切问题由最初合理地产生到最终演变为唐亡的重要因素，究其根本，是唐廷在制定政策及执行中忽视了政治安全。只关心短期的边疆安全，只在乎快捷地加强皇帝权力，只考虑胡人将领一时好用，而有意无意地忽视这些做法可能随着情势发展而威胁政权安全，才是唐朝衰亡的真正原因。

以唐朝的教训观之，维护政治安全这个基础至少应该处理好以下四对关系。一是央地关系。中国历来以地广人多为最重要的特征。对庞大的地域和人口实施有效管控，是古代王朝最核心的关切之一。简言之，这就是如何实施中央集权的问题。秦朝废分封、开郡县，初步实现了中央集权。汉朝实施州郡县三级行政体制，但汉末出现州牧做大、群雄并起的乱局。唐代设置节度使，导致藩镇割据，反受其害。宋代借鉴前代之失，进行了制度创新，将省级行政区的权力分割为行政、财政、军事、司法四块，四块的负责人分别向中央负责。这大大强化了中央对地方的控制力，其做法为元、明、清三代所沿用。晚清时期，边患加深，孱弱的中央政府不得不赋予封疆大吏以广泛的权力，以维系帝国的统治。这一情况最终发展成民国时期的军阀割据。由此看，适度限制省级大行政区的一揽子权力，确保中央政府居重驭轻，尤其是确保军权在中央而非地方，对中国这样一个大国的政治安全极为重要。

二是中外关系。中国是在与外部文明、文化不断交流互鉴中发展壮大的。借鉴外部文明的优秀成果，利用外部世界的优秀人才，吸纳外国的先进科技与思想，可以实现国家的富强。然而凡事皆有度。如果把利用外部成果变成对外部科技的单向依赖，或者把用好外国人变成对外国人的过度信任乃至放任，恐怕会危及自身安全。在"胡风东渐"的大背景下，唐代把利用胡人打仗御边，变成了在军事安全上对胡人兵将的过度依赖，变成对安禄山等胡人将领的过度放任，亦是安史之乱爆发的重要原因。在这个意义上说，尽管古代儒生提倡的"夷夏之防"有其狭隘偏颇之处，但"以夷变夏"的风险却值得警惕。

三是执政集团中整体与部分的关系。执政集团心往一处想，劲往一处使，堪称中央政权稳定的最基本要求。现实中，执政集团由不同的部分和部门组成，各部分、部门的利益与行动是否能与整体协调一致，就成为一个问题。因为时势的需要，执政集团中的某些组成部分甚至一些个人，可能在国家的政治、经济或军事运转中占据更重要的位置，如果任其发展而不加制衡，则可能出现部门发展为利益集团、部分挟持整体的现象，导致最高权力的异化。唐代的宦官与朋党，就按照各自的轨迹异化为利益集团，其中的头面人物拉帮结派，立山头、树圈子，侵蚀皇帝权威，破坏朝廷纲纪。中国历史上曾多次上演外戚、宦官专权，以党争为名义的"小圈子政治"亦不鲜见，这都对帝制时期的政治安全构成了致命的戕害。

四是思想与意识形态上的主辅关系。一个时代有一个时代的精神，一个国家在不同时期根据其不同的需要也应有主流的思想导向和意识形态。百花齐放、百家争鸣固然是好，但同时也需要一个主旋律、主基调，来发挥凝心聚力、天下归心的作用。秦国为了开疆拓土，让民众保持强悍的战斗意志，推行法家的严刑峻法。汉初为了休养生息，恢复经济，实行道家的黄老之术。汉武帝对内要强化集权，对外要打败匈奴，罢黜百家、独尊儒术。宋、明、清等朝，为巩固统治尤其是管理不断增长的人口，将宋以后逐渐成熟的新儒学（理学）作为正统学说加以推广。相比之下，唐代虽有思想开放多元之美名，但实际上缺乏强大的主流意识形态。以此观之，确立和维护主流意识形态，并处理好主流意识形态与其他思想潮流、宗教的主从关系，对王朝的政治安全亦颇具重要性。

习近平总书记在谈到总体国家安全观时曾多次指出，维护国家安全要以政治安全为根本。唐朝未能做好政治安全的教训值得深思。需要指出的是，国家安全的各方面、各领域相互联系，并不存在一个孤立的、抽象的政治安全。唐代最开始为了应对边患而起用胡将，继而重用宦官，后来出现朋党，一步步种下政治安全的祸根，就体现出军事安全、边疆安全、国际安全向政治安全的传导效应。也正是因此，总体国家安全观中所体现的总体性原则、系统性思维以及统筹兼顾的方法论更加显示出其超越性的价值。

四、宋朝：枪杆不硬，家国不宁

宋朝是中国历朝历代中发展与安全反差最强烈的一个朝代。宋朝经济强、科技强、文化强，商业、手工业、科技、文化、艺术、城市化建设和对外贸易等方面都极度发达，被许多人认为是我国历史上经济最繁荣、科技最发达、文化最昌盛、艺术最高深、人民生活水平最富裕的封建朝代，达到了封建社会的顶峰。著名史学家陈寅恪说："华夏民族之文化，历数千载之演进，造极于赵宋之世。"

基于这样的强大实力，宋朝实际上具备很强的维护国家安全的物质基础。但囿于统治者的狭隘考虑，未能统筹好经济安全、科技安全等与军事安全的协调发展，军事上软弱不堪，外战鲜有胜绩，对外妥协苟安，甚至连皇帝也沦为敌国人质，最后惨死他乡。看似强大的宋王朝最终在抵御外敌中败下阵来，让人哀叹。

究其原因，主要在于宋朝吸取五代十国武人当政的教训，在国家根本制度的总体战略方面，存在严重的重文轻武倾向，较为突出地忽视了军事安全的保障，导致经济实力和文明成果未能有效转化为军事能力，富起来了却并未强起来，故仍免不了到处遭受欺凌的悲惨境地。

（一）"杯酒释权"与重文抑武

唐朝灭亡后，中国陷入了半个世纪的混乱。从 907 年到 960 年这短短五十余年间，竟出现了后梁、后唐、后晋、后汉与后周五个所谓短命的"王朝"，和前蜀、后蜀、南吴、南唐、南汉、楚、吴越、闽、荆南、北汉十个划地称王的地方政权，史称"五代十国"。"五代十国"一个显著的特点就是王朝寿命短、帝王遍地且武将乱政。赵匡胤发动陈桥兵变建立宋朝后，为防止藩镇割据的重演，避免成为五代十国之后第六个短命的朝代，其借助"杯酒释兵权"解除了高级将领的兵权。

历史记载，当时太祖召集石守信、王审琦等禁军将领饮酒作乐，酒酣耳热之后，他屏退侍从，对这些将领哀叹："没有你们，我就成不了皇帝，你们的功劳真大。可当皇帝也不如想象中那么潇洒，我现在每天连个安稳觉也睡不了。"众人问："何故？"太祖说："这个位子这么好，谁不想坐？"众人惶恐说："如今天命已定，谁还敢有异心？"太祖说："你们没有异心，难保你们手下没有贪图富贵之人，一旦他们将黄袍披到你们身上，你们想不干也不行啊！"这相当于把对将领们的猜忌挑明了，众人一边叩头一边流泪，说："是我们愚昧没想到这一层，请陛下哀怜，指点一条生路。"太祖见火候已到，说："人生如白驹过隙，不过求点富贵，自己能好好享乐，子孙也不至于贫乏。你们何不释去兵

权，多购些田宅，为子孙置长久之业，再多置歌儿舞女，每日饮酒作乐，以终天年。我们君臣之间互不猜忌，上下相安，岂不更好？"众人立刻拜谢："陛下英明，替臣下们考虑得周到，真可谓让死人复生，白骨长肉啊！"次日，石守信、王审琦等纷纷上书称病，要求解除兵权，太祖将他们全部派驻地方担任节度使。这就是历史上著名的"杯酒释兵权"事件。

宋太祖通过这种和平收权的方式，解除了禁军对皇权的威胁。同时，宋太祖还实行"更戍法"等制度。"更戍"，就是禁军定期变动驻地，将领不随之同行，形成将领与所统领属军之间不断更换的"兵无常帅，帅无常师"的体制，使得兵将分离，虽然这彻底了消除唐末五代军事将领以武力称雄一方的隐患。但这也导致兵将之间互不熟悉，难有默契，主将对自己的部队缺乏威信，士兵更不知听谁指挥，作战效果可想而知。

宋太祖整治禁军的措施，归结起来其核心思想就是"猜防"武将，避免后者权势过大危及其统治。为此，宋自太祖起便实行"重文抑武"政策的，这也导致军事建设长期停滞。公元962年，太祖在太庙立下誓碑，刻下三条誓词：柴氏子孙有罪不得加刑，不得杀士大夫及上书言事人，子孙有逾此誓者天必殛之。由此可见士大夫的地位，进而推广到"士大夫治国"。宋太祖时明确提倡"兴文教，抑武事"的方针，广开科举文选，大开科举之门，个人科举的成功胜过任何军功，成为踏上仕途的最重要的途径，以至于北宋名人尹洙称："有状元登第，虽将兵数十万，恢复幽蓟，逐强虏于穷漠，凯歌劳还，献捷太庙，其荣亦不可及也。"于是读书成了社会竞争、获取功名和得到社会承认的主要途径。赵匡胤不止一次地对大臣说："宰相须用读书人。"不仅在中央的许多重要职位由文人担任，在地方也是这样。就连军队也由文人统领。过去由武将把持的行政、财政、司法权回到文臣手中。即使武官担任要职，也是经常受到文人的排挤和压制，如北宋时的名将狄青，堪称国之柱石，是"出将入相"少有人才。但终因出身行伍而备受歧视，当时曾与其共事的韩琦尽管官阶和他相等，但根本不把他放在眼里，使他多次蒙羞，为此狄青叹道："韩枢密功业官职与我一般，我少一进士及第耳。"宋代重文抑武的方针，使得武人地位降低，军备长期遭忽视，武器质量低下，士兵训练难以保证。

此外，宋朝还实施"守内虚外"的消极防御政策，这也极大影响了军队信心，军事安全更加得不到保障。宋太宗说"国家若无外忧，必有内患，外忧不过边事，皆可预防，惟奸邪无状，若为内患，深可惧也"，故实行"守内虚外"消极防御的对外政策，并为后代皇帝们所继承。但这种消极的防御只能镇压内患，难有效抗击入侵之敌。宋朝的历史，很大程度上也是一部抗击外敌的历史。一旦防御失败，只能求和苟安。"澶渊之盟"开启了宋朝和议的历史。此后，宋与金、西夏等都签署过类似协议。宋签订这些协议中，每一次都吃了大亏，不仅输纳大量的岁币和绢，甚至奴颜婢膝地称臣称侄。这些协议非但未能真正换来和平，反而暴露了宋朝的软弱,激发了敌国贪婪的野心,还造成了宋军将士的怯战、怯敌心理。如庆历二年(公元 1042 年)的定川寨之役,主将葛怀敏指挥不动士兵,葛怀敏以剑击不听命者,结果士众溃散,葛怀敏率众逃跑,跑不过二里多远就被西夏军包围,而其余二万人或在定川未动或据堡寨以守,但都不出兵相救,结果宋军近万人被俘。宋军未经重大战斗而败,"大军无斗志"是其失败的根本原因。

(二)"澶渊之盟"与妥协苟安

宋朝虽然终结"五代十国"乱世,却并未从疆域上统一全国,一直在辽、西夏、金、蒙古的夹缝中生存,外患尤为强烈。太祖、太宗一度雄心壮志,试图收复河山,统一天下,但随着北伐失利,神宗时终与辽签订城下之盟,宋朝自此外战疲于奔命,狼狈不堪,甘于苟安,全无大国风范。"澶渊之盟"先得从"燕云十六州"说起,因为正是儿皇帝石敬瑭向契丹割让的这块战略要地,导致北宋的安全屏障和国防资源存在先天不足,以致"燕云十六州"始终成为中原汉人心中抹不去的痛,一直试图收复。公元 936 年,石敬瑭起兵反对后唐皇帝李从珂。由于与官军势力存在差距,石敬瑭无法在战场上占据优势,遂向契丹皇帝耶律德光求援。双方签订密约,石敬瑭许诺灭后唐后尊奉耶律德光为"父皇帝",并割让"燕云十六州"土地入契丹。契丹随后依约南下助石敬瑭击败后唐军队，并册封石敬瑭为后晋皇帝。937年，石敬瑭攻陷洛阳，后唐灭亡，温顺地于次年交出十六州，每年还向契丹上供纳绢30万匹。"燕云十六州"东西宽约600公里，南北长约200公里，居高临下，拥纳古长城与燕山、太行山北之要地。中原政权在失去这一地理屏障后，北部边境面临长久的入侵风险，对兵力、财力都构成巨大的潜在负担。从那时至1368年，中原汉人王朝始终未能收复燕蓟之地。周世宗柴荣959年曾兴兵北伐，攻下两州，但很快就因病逝世。赵匡胤一年后发动"陈桥兵变"黄袍加身，宋接过北伐的重任。赵匡胤登基后制定了先南后北的统一战略，消灭了南部几大割据政权后，随即准备向北方进军，但赵匡胤很快神秘去世，太宗赵光义即位才开始全面实施北伐计划。

公元979年，宋军攻下北汉都城太原，随后跨越太行山东进、直驱燕州，试图一举收复燕云失地，但在城北高粱河一带被辽军主力击败，全线撤退，太宗本人也被射中两箭，最后落荒而逃。过了7年，即986年，太宗再度兵发三路大军，试图利用辽圣宗少年继位、根基不牢一雪前耻。但宋军战术失败，遭辽军痛击，不仅未有斩获，还将周世宗夺下的两州葬送。此后宋军在北方由攻转守，只能消极抵抗辽的攻势。

公元1004年秋，辽圣宗发兵20万南下，一路攻至黄河北岸的澶州与宋军对峙。宋朝内部一时手忙脚乱，立刻分为两派，一派以参知政事王钦若和知枢密院事陈尧叟为代表的避战派，主张迁都金陵或避难成都；另一派以宰相寇准为代表的主战派，真宗当时征求其意见时，寇准称："若用此二策，则人心崩溃，敌骑深入，天下岂能保有？"寇准认为，不管是迁都还是避难，只会导致国民失去信心，敌人长驱直入，大宋王朝也就不保了。为此他坚决要求真宗亲征，以鼓舞士气，安定民心。但真宗对其父太宗亲征高粱河的惨痛经历一直心有余悸，亲征之心并不强烈。最后在雪片般的告急文书和寇准等人的催促下，真宗才决定上路。

5日后，真宗到达澶州。澶州城跨黄河而建，分为南北两城，北城直面辽军，南城则相对安全。寇准等人建议真宗巡视北城，以鼓舞士气，后真宗在多名将领簇拥下出现在北城城楼，宋军立刻士气大振。但真宗做完秀后就悄悄跑回南城，将军事大权交给了寇准。随后宋辽两军在澶州相持10余日，宋军守城以逸待劳，又有城墙之力，辽军孤军深入，劳师靡饷难以持久，形势越来越偏向宋朝一方。最后萧太后提出议和，真宗积极回应。经过深入谈判，辽宋双方终于达成协议：宋辽边界以白沟河为界，宋放弃对燕云十六州的领土要求，辽亦不得南侵。作为回报，宋每年向辽提供银10万两，绢20万匹的岁币（仁宗年间增加到银20万两、绢30万匹），两国君主约为兄弟，承认彼此的合法性。此就为著名的"澶渊之盟"。

关于"澶渊之盟"的影响，史上评论的角度很多，争议很大，积极消极的都有，但从军事防卫和维护国家安全的角度来讲，此举可谓宋朝历史上极大的败笔，为宋朝的最终灭亡埋下了隐患。宋太祖、太宗二人，虽然未曾统一中国，但都怀揣收复河山的强大抱负，但自神宗开始，宋朝便缺乏军事上的狼性和雄心，屡遭外敌欺侮。可以看到，和约虽然为宋换取暂时和平的局面，但却滋长了宋朝"花钱买和平"、妥协苟安的思想，并造成一系列危机的出现。北宋名臣富弼曾痛心地指出，"则知澶渊之盟，未为失策。而所可痛者，当国大臣，论和之后，武备皆废。以边臣用心者，谓之引惹生事；以缙绅虑患者，谓之迂阔背时。大率忌人谈兵，幸时无事，谓敌不敢背约，谓边不必预防，谓世常安，谓兵永息，恬然自处，都不为忧"。这表明，"澶渊之盟"后，宋廷上下一片"歌舞升平"，认为已渡过难关，不再需要军队建设，不用积极备战，辽也不会背盟，麻痹思想严重。但后来的历史却狠狠扇了宋朝一耳光。西夏建立后见宋软弱，也与宋朝开战，宋军武备废弛，战斗力低下，最终仍以类似的"庆历和议"化解与西夏的冲突。同时，辽朝也在宋、西夏激战之际趁火打劫，派使臣以索要关南之地为名，向宋廷进行经济讹诈。而北宋不敢放弃因与辽议和带来的北部安全感，无力改变北部被动防御的战略与军事部署，遂不得不每年再向其增加岁币数量，至银绢 50 万两匹。

（三）"靖康之耻"与亡国血泪

宋朝苟安许久，转眼进入徽宗统治时期。徽宗是历史上有名的风流皇帝，不善朝政，吃喝玩乐却样样精通，折腾大宋王朝同时，未能察觉天下变化大势。彼时辽朝开始衰败，宋、辽和西夏三足鼎立的趋势逐渐瓦解，女真人取代辽，建立金朝。金朝也觊觎宋朝繁华，灭辽后即出兵宋。宋军战斗力弱，战略又不得当，京城汴京很快就被金人攻破，徽宗与其儿子钦宗双双被擒，北宋就此灭亡，教训惨痛。

辽圣宗去世后，辽深陷内乱纷争，国力日渐衰落。而此前长期遭受辽压制的女真部族强势崛起，开始对辽发起复仇之战。在骁勇善战的女真人的进攻下，辽军节节败退，灭亡指日可待。宋朝此时却误判形势，不顾唇亡齿寒的后果，企图与金朝联合攻打辽，然后借女真人的力量收复燕云十六州，徽宗不顾朝中反对与金朝签定"海上之盟"。朝中不少人认为，金人尚未开化，骁勇善战，连同为少数民族的契丹人都打不过，宋军又怎是刘手。一旦金人灭辽，宋将直面金的威胁，宋朝面临的危险将更大。但徽宗却固执己见，根本听不进去。徽宗此举很快又遭打脸，宋朝苟安太久，军队久疏战阵，不谙战事，不仅遭强弩之末的辽军接连痛击，而且金人在战斗中对宋朝孱弱的军事实力有了充分了解，灭辽后借故挥师南下，北宋政权摇摇欲坠。

面对强大的女真军团，宋军毫无抵抗之力，金军一路攻克州县，兵锋直指汴京。徽宗惊恐之下，慌忙传位给儿子赵桓，是为宋钦宗。宋军在李纲等大臣的指挥下，齐心防御，金军数次攻城但都无功而返，金军开始遣使议和，提出条件：钦宗尊金太宗为伯父，宋朝将太原、中山、河间三镇割让给金朝，纳给金朝金 500 万两、银 5000 万两、牛马等各万匹、绢帛百万匹，并须以亲王、宰相做人质。李纲对此坚决反对，但钦宗执意求和，允准了所有条件，派康王赵构、宰相张邦昌前往金营，并大肆收刮民财，以供求和纳币之用。后来，宋朝援军悉数赶到，金军担心孤军被围，遂在钦宗答应割让三镇，以肃王赵枢代替赵构、张邦昌升任太宰做人质的情况下，带着宋朝搜刮而来的金银珠宝满意北归。第一次的汴京之围也算告一段落。

好景不长，钦宗就好了伤疤忘了疼，认为与金合议已定，无需担忧，不仅不加强战备，还与徽宗争权内斗，并将主战派功臣李纲等革职，给金军再次入侵找到了缺口。不久，金军再次南下，钦宗仍然怀揣求和美梦，曾派康王赵构和刑部尚书王云前往金营，企图割地求和，但王云被反对割地的民众所杀，赵构也被日后的抗金将领宗泽劝回，求和之举未获成功。此后，金军已渡过黄河，遣使要求钦宗以黄河为界，黄河以北归入金朝。钦宗如惊弓之鸟，全部答应，派人再赴金营议和，但出使途中被爱国士兵所杀，议和再度失败。

没过多久，金军围困汴京，钦宗无奈只得抵抗，忙传此前被贬的李纲回汴京主持防务，又任命康王赵构为天下兵马大元帅，让其领兵进京护王。但为时已晚，李纲回京路上汴京就已经沦陷。终于，在钦宗满心求和期望中，宋朝 160 多年的京城彻底落入金人之手。

汴京沦陷，宋朝满城君臣百姓性命全握在金人之手，只能任人宰割。宋朝献上降表，上缴大量金银美女，但金人也未能放过宋朝君臣。靖康二年（公元1127年）正月，金军将钦宗、众亲王及大臣悉数囚禁。二月六日，金人还下诏将钦宗废为庶人，次日又将徽宗及宗室、宫人押往金营。三月七日，金人册封此前作为人质的宰相张邦昌为帝，国号"大楚"，与金朝以黄河为界，作为统治南方的傀儡政权。四月一日，金军席卷着徽、钦二帝和后妃、宗室、大臣、工人等十万余人北撤，随之掳去的还有不计其数的金银、布帛、马匹、古玩、礼器等。北上途中，两位皇帝和大臣们分乘八百多辆牛车，一路饱受磨难。金人一路不供应粮食，宋朝俘虏走一路死一路，徽宗一个儿子也饿死途中，金人随便就将其埋了。有一次，徽宗看到路边的桑树上有桑椹，赶忙摘来充饥，结果吃得太急，差点被噎死，侍从赶紧给他拍打。徽宗说，我当年做端王的时候，在王府里看见乳娘吃这个东西，我也跟着吃，吃了几颗就被乳娘抢了过去，说这不是王爷吃的东西。这么多年，我早忘了它什么味道，没想到今天吃起来竟如此鲜美。说罢潸然泪下，侍臣也痛哭流涕。徽宗、钦宗一路受尽折磨才到达金朝首都上京，被勒令朝觐金朝宗庙，行献俘之礼。此后，金朝封徽宗为昏德公，封钦宗为重昏候。这样的封号，显然是为了侮辱他们，不可能让他们享受到真正公候的待遇。金人给他们修了两间小屋，都是半地下的，条件极其简陋。同时，两帝后妃三百余人被废为洗衣奴婢，其余宫女沦为性奴，男子则被用作苦役劳力。徽钦两帝被掳,北宋灭亡,这就是历史上著名的"靖康之耻",给宋朝留下难以治愈的伤痛。宋徽宗即位时,宋国内富庶繁华,外与辽、西夏也能勉强维持平衡,但却在金人铁蹄之下毫无还手之力,最终人俘朝灭,再一次暴露其军事能力的重大缺陷。

(四)启示:军事安全是国家安全的首要保障

宋朝的经济不可谓不发达。经济空前繁荣,并不一定能够转化为国家安全稳定。宋朝就是这样的典型例子。北宋时国家税收峰值达到 1.6 亿贯,约占世界经济比重的 1/4。英国著名经济史学家麦迪森写道:"早在公元 10 世纪时,中国人均收入上就已经是世界经济中的领先国家,而且这个地位一直持续到 15 世纪。"根据他的测算,以 1990 年美元为基准,赵匡胤建立宋朝时,中国人均 GDP 为 450 美元,至宋末达 600 美元。而处于中世纪黑暗中的欧洲,仅为 422 美元。北宋时期,全国人口约 7000 万—8000 万,占世界人口的 5%,汴京、临安人口都超过百万,10 万以上城市近 50 座,而当时的伦敦、巴黎、威尼斯和佛罗伦萨等人口都不足 10 万。宋代还拥有人类历史上最庞大的帆船舰队和商船队,与 50 多个国家有贸易往来。

宋朝的科技不可谓不进步。我国的四大发明——造纸、指南针、火药、印刷术到宋代全面成熟并广泛应用。指南针已用于航海，火药在战争中广泛使用，北宋时期毕昇发明的活字印刷，可反复使用，简便易行，这些技术变革对世界文明产生巨大影响。

宋朝的文学艺术不可谓不兴盛。宋朝重用士大夫，重视科举，文人辈出，宋词是中国文学史上的又一个高峰，唐宋八大家中，宋朝占据6席，书法上苏轼、黄庭坚、米芾、蔡襄合称"四大家"，宋徽宗的绘画、书法"瘦金体"都有很高的造诣。在国际体系的视野下，宋朝的思想文化更是达到了中华文明的新高峰。唐代佛教、道教广泛传播兴盛，极大冲击了儒家思想。宋代儒学吸收融合道家、佛教学说，出现了"新儒学"，即"理学"，朱熹是这方面的集大成者，重新确立了儒家在思想界的地位。后世一千年儒家思想影响深远，包括对日本、朝鲜等国也产生极大影响。可以说，正是宋代的文化兴盛，造就了今天的整个东亚文化圈和儒家文化圈。

让人意想不到的是，宋朝虽然富起来了，甚至富甲天下，科技、文化等方面也不可谓不强，但北宋亡于金，南宋亡于元，都是被经济、文化远远落后于自己的政权所灭。北宋由"陈桥兵变"建立政权，又鉴于唐藩镇割据的教训，重文轻武，严防将领长期掌握军权，甚至由文职人员担任军队统帅，导致将不如兵，兵不知将，严重损害了军队战斗力。宋朝从立国开始，就先后遭受辽、西夏、金、元的不断侵扰，安全上一直得不到有效保障，导致最终失去发展成果。宋朝发展的经验教训表明，必须推动经济、文化、科技等与军事的同步协调发展，一个国家在富足同时，更要强起来，更需要军事力量来拱卫安全，只有军事力量强大了，方能为国家提供稳定的发展环境，国家也才能长治久安，前进道路才能行稳致远。

五、明清：文弱则国衰

文化是一个国家、一个民族的灵魂。每到重大历史关头，文化都能感国运之变化、立时代之潮头、发时代之先声。文运同国运相牵，文脉同国脉相连，文化安全是国家安全的重要保障。

什么是文化？学界一般的定义是"人在社会实践中认识、掌握和改造客观世界的一切物质活动和精神活动及其创造和保存的一切物质财富、精神财富和社会制度的发展水平、程度和质量的总和整体"。文化不仅限于"观念"层面，如语言文字，还包括"器物"和"制度"层面，如各国的政治制度、法律体系设计，这是一国一社会运行的底层架构。可以说，文化既是显而易见、无所不在的，也是最根本、最潜底的人类智慧和力量的体现。

在地理大发现以前，地球上不同地方的人们按照各自的方式生产生活，特别是如果以大洲为单位来衡量，彼此基本上相互隔绝，交流交往随距离的增加而递减，高山大川、汪洋大海几乎是难以逾越的屏障，许多文明、国家之间的联系甚至是偶发性的，时断时续。1500 年以后，伴随欧洲新兴强国前赴后继的航海冒险，不同文明之间的直接近距离接触和碰撞大幅增加，使文化的比较有了全球的视野、横向的参照，只是西方推动主导的这场大规模"文明见面"，以一种暴力征服的方式开始和进行，葡萄牙、西班牙、荷兰、英国、法国、德国等国家相继走上殖民扩张的道路，美洲、亚洲、非洲、大洋洲等土地上的人民及其文明体则遭遇了极大的冲击。中国这一绵延数千年的古老文明，亦不例外。

（一）锁国之祸

中国传统治国理政以儒家思想为主导，注重内圣外王，讲究仁政德治，对外不尚侵略扩张，认为"治安中国而四夷自服"，对外扩张用兵则是靡费国家、烦扰社会之举，即使占领了远方的土地，也于国家安全无益，徒增动荡和损耗。从根本上讲，这种政治思想和战略文化建立在农耕经济基础之上，只要守住了华北、江南等主要产粮区，即可确保中原王朝的政权稳固，至于四夷周边等游牧地区，中原王朝即使占之也难守之，而且还要耗费粮食、民力不断支援，所以一般不为古代王朝的统治阶层所偏好。

西方近代的殖民扩张则遵循的是完全相反的政治经济逻辑。无论是葡萄牙、西班牙，还是荷兰、英国，这些早期崛起的西欧霸主都是海洋国家，以贸易立国、贸易兴国，在具备一定的资本主义积累和航海技术后，乐于拓土殖民，一面是获取海外原材料和廉价劳动力，一面又是为本国的资本和商品寻求海外市场，如此形成"资本和市场"的良性互动，犹如滚雪球般日盛一日。18世纪西欧诸国相继开启工业革命之后，海外殖民扩张的动力更加强劲、规模更加庞大，直至将全世界囊括进来。

可以说，明清时代的中国，是保守自闭的华夏农耕经济及文化的末世时光。1500年以后的西方世界，是开放冒险的海洋贸易文明的旭日升起。西方压倒东方、统治全球的时代开始了。历史大变局的帷幕徐徐拉开，中国已经不自觉地被卷入到西方主导的世界史进程，但是明清两朝还闭塞、沉浸在几千年来的传统文化中，没有认清大变局，更没有对此做好准备。

当开放的西方遭遇闭关的中国，他们碰撞出的第一个"火花"是澳门。1553 年，葡萄牙人从广东地方官员手中获取了澳门居住权，自此占据达 400 多年。澳门是近代西方在中国稳定攫取的第一块殖民地，也由此开始成为沟通东西方经济的重要商埠。从 16 世纪 80 年代起，澳门进入"黄金时代"，一跃成为葡萄牙在印度、中国、日本等东亚各地开展商贸的中转枢纽，开辟了澳门—马六甲（马来西亚）—果阿（印度）—里斯本（葡萄牙），澳门—长崎（日本），澳门—马尼拉（菲律宾）—阿卡普尔科（墨西哥）等诸多航线。澳门的转口贸易，把中国卷入全球贸易网络之中，使中国首次面对全球经济的新格局。

值得注意的是，澳门是中国对外开放的一个"例外"，是明清两朝总体闭关锁国政策下的保留"窗口"，而且很大程度上还是由西方殖民者强行打开。自明太祖朱元璋开始，即实行严厉的海禁政策，除了政府与海外国家保持朝贡关系外，其他民间海上私人贸易一概禁止。朱元璋一再下令"禁濒海民不得私自出海"，"禁濒海民私通海外诸国"。明成祖朱棣虽有支持郑和下西洋的壮举，但仍把"海禁"政策当作不可违背的"祖训"，吊诡的是，其官方理由乃自以为是的安全因素，"海道可以通外邦，故尝禁其往来"。明朝于隆庆元年（公元 1567 年），宣布一定程度上取消海禁，开放了福建漳州的月港一处口岸，允许民间贸易，史称"隆庆开关"。但"隆庆开关"的基本出发点，不过是"于通之之中，寓禁之之法"。就是说，通过给予有现实需求的走私贸易开设一个合法窗口，更好地贯彻其他大部地区的海禁政策。终明一代，闭关是其政策主流，导致明朝事实上被海洋封闭起来，不能及时获悉世界的发展变化，以隔绝"里通外国"的危险行径为由，实际上造成了更多更大的安全隐患。

清兴明亡，满洲人入主中原，其统治阶层依然大体继承了明朝的闭关锁国政策。1685年，康熙皇帝曾实行"开海贸易"政策，在东南沿海设立粤、闽、浙、江四大海关，作为管理海上对外贸易的行政机构。四大海关的设立，便利了中国与世界的贸易往来，但并未真正触及清王朝封闭运行的系统。1757年，乾隆皇帝便收紧了这些对外开放的"窗口"，下令封锁全国对外口岸，仅保留广州珠江粤海关。有名的广州十三行就在"夹缝"中发展壮大，所谓"十三行"是清廷特许经营对外贸易的专业商行，得益于清廷只允许广州"一口通商"的闭关政策，十三行一度垄断了当时中国的进出口贸易，拥有通往欧洲、拉美、南亚、东亚和大洋洲的贸易航线。每年欧美商船抵达东方，在澳门登记后，通过指定航道，来到广州黄埔港。船员不得随意上岸，船长在粤海关完成登记后，可乘舢板前往广州城外的十三行商馆暂居到贸易季结束。

随着中西贸易的开展，明清时期的优质商品广受西方欢迎，中国长期处于贸易顺差之中。中国出口的商品大头是生丝，西欧诸国输入中国最多的则是白银，这被人们概括为"丝—银"对流。这些白银由墨西哥、秘鲁新发现的银矿生产，再由葡萄牙、西班牙等欧洲商人运往中国。白银数量之庞大，以至晚明时期的马德里商人说，葡萄牙人从里斯本运往果阿的白银几乎全部经由澳门进入了中国。据弗兰克所著名作《白银资本》一书研究，16世纪中期至17世纪中期的约100年间，美洲生产的白银3万吨，日本生产的白银8000吨，二者合计3.8万吨，最终流入中国的白银达7000吨至1万吨。如果换算成中国的"两"，大约是2.24亿两至3.2亿两。也就是说，在这100多年中，有3亿两白银货币流入中国，大体相当于明朝国库税银收入的总和。粗略估计，中国通过"丝—银"贸易获得了当时世界白银产量的1/4至1/3。这一数字基本被史学界接受。

为什么闭关的中国反而赚了开放的西方的银子呢？最重要的原因就是当时中国处于自给自足的农耕经济社会，封闭的生活方式，加之贫困的生活状态，使得中国人几乎不需要外来的产品。以至清朝中后期，英国人发现，除了鸦片，似乎没有东西能够卖进中国。

"问渠那得清如许，为有源头活水来。"一个国家、一个民族要想保持先进地位，就必须开放，经济只有开放连接，用好国内国际两种资源，才能动力不竭。文化只有开放包容，取其精华，去其糟粕，才能活水不断。明清两朝闭关锁国，无视时代发展潮流，实际是"夜郎自大"，最后的结果只能是被时代所抛弃，陷入被动落后的不利地位。

（二）愚昧之灾

1793 年，英国使节马戛尔尼出访中国觐见乾隆皇帝，这可能是鸦片战争以前中西两大文明最重要的一次官方交往。所谓"先进"和"落后"的文化差别，在互动中也有了直观的对比和呈现。

当时的英国，已完成"光荣革命"100 多年，议会制政体运转有序，为资本主义发展提供了有力的制度保障；自由市场经济体制活力无限，以蒸汽机改良带动的早期工业革命如火如荼；海外殖民快速扩张、贸易资本大幅增加，在北美、印度次大陆等地建立了广袤的殖民地，世界上最大的商船队和最强的海军舰队游弋在大西洋、太平洋和印度洋；牛顿奠基的现代科学乘势突飞猛进，物理学、天文学、数学等竞相迸发新发现新突破，标志着人类对自然的认识和利用达到前所未有的新高度。"日不落帝国"犹如朝阳，正喷薄而出，蒸蒸日上。

当时的中国，清王朝统治建政已有 100 多年，历经康雍乾三朝正处在所谓"盛世"末期，君主集权空前提高，全国亿兆生民沦为清朝皇权的"奴才"；自给自足的小农经济依然占据主导地位，"靠天吃饭"、丰年和凶年交替是百姓生活的常态，总体上的闭关锁国隔绝了所谓外部安全隐患，也脱离了世界特别是西方日新月异的进步大潮；儒家思想统治着中国社会文化，衍变成一套指导人们行为的繁文缛节并到了近乎"教条主义"的地步，科举取士、八股文章，中国读书士子的聪明才智陷入到"皓首穷经""训诂考据"之中，西方科学发明的种种新鲜事物在士大夫们那里是不屑一顾的"雕虫小技"。老大的清帝国徒有一副空架子，其实沉疴满身，虚弱和落后才是其本来面目。

正是在这种时刻，两大文明"见面"了，英国自有"海上霸主"的意气风发，清王朝也有"天朝上国"的骄傲自满。因此，双方在围绕马戛尔尼所应遵守的礼节问题上展开了激烈的讨价还价，诸如马戛尔尼的身份是"贡使"还是"钦差"？马戛尔尼觐见乾隆皇帝是"三跪九叩"还是"单膝跪地"等等此类，不一而足。这种礼仪之争既是中英的文化价值观之争，也是两种不同的国际秩序之争。英国认为，对待当时西方人"印象中的东方大国"，应当采用欧洲通用的民族国家间交往准则，提出设置使馆、通商贸易等诉求；清廷却试图将英国等同于亚洲朝贡体系下的其他国家，采用朝贡的模式和准则，认为出使中国的行为是"朝贡"，身份是"贡使"，所带礼物是"贡物"。基于这些不同认知，可想而知马戛尔尼和清廷官员打交道时，双方都感到种种"别扭"和"不快"。在马戛尔尼的坚持下，清廷的礼仪要求被不同程度打了折扣，包括允许他觐见时行"单膝跪地"礼，乾隆皇帝及其大臣们也认识到了英国是万里之外的"厉害角色"，不可等同于一般的番邦，但这些都没有撼动和改变清朝统治精英的对外认识体系和行为模式。

在礼仪之争外，最能体现中英两种文化的不同，可能就是互送的礼品了。为展现英国的先进，马戛尔尼精心挑选了使团成员和礼品，使其能够代表当时西方的科学、艺术成就。随同他一起来到中国的有外交官和贵族，更有天文学家、医生、画家、技师、乐师等许多专业人才。他带来的礼品清单，有展示地球在宇宙中存在的天体运行仪，标注各大洲、海洋、岛屿和航海路线的地球仪，还有榴弹炮、迫击炮和各种便携式武器：卡宾枪、步枪、连发手枪，以及赫歇耳望远镜、秒表、韦奇伍德瓷器、帕克透镜、布料、油画等等。清廷的回礼是什么呢？几件代表性的传统工艺品：玉雕、丝荷包、细铜作胎外填珐琅彩釉如今被称为"景泰蓝"的瓶子。地球仪和景泰蓝，这是多么奇妙的文化象征！

从出访的结果看，马戛尔尼失败了，英国提出的要求被清廷一概拒绝。但从另一个角度讲，马戛尔尼的出访绝非"无功而返"，他一路深入观察中国的政经社会、人情风俗，特别是返程时由陆路从北京到广州，获得了大量一手信息，为英国准确研判认知清朝的国力提供了坚实依据，甚至可以说，这次出访已经埋下了日后鸦片战争、炮舰征服的"种子"，因为英国人亲眼看到、亲身体会到了中国的虚弱和落后。

马戛尔尼得出结论："至于科学，中国肯定远远落后于欧洲。"中国人"对天体轨道、每年和每日的运行及普通天象还是有初步的认识，但对于物理、天文学却完全是外行"。"中国官员没有一个人关注水压、光学原理、透视法、电气等等，尽管他们好几个人曾看到排气机、电动机器、望远镜、幻灯、戏箱。总之，可以说前来参观地球仪、天体运行仪、气压计和圆明园安装的吊烛灯架的官员们，都漠然视之，好像这些都十分寻常，没有什么稀奇。"印刷术，中国古已有之，但"他们的印刷术仅仅是木刻，可以说是在平板木牌上的浮雕，当涂上墨汁，印在纸上，就显出反转的刻印本，因排版的每页都不能变动，过程缺乏准确性，以及制作麻烦，不宜随时改版，所以中国不能像欧洲那样很快通过报纸、杂志及其他这类有意义的文艺刊物传播知识"。在马戛尔尼的私人日记中，以其"科学的眼光"打量中国社会运行中的种种现象，不乏此类"彼不如我"的记述，虽未必完全准确，但足可管中窥豹。清朝的王公贵族们乃至整个社会重视学习礼仪、伦理以及本国历史，忽视科学的知识和训练，许多封建迷信大行其道，这是不争的事实。

同时，马戛尔尼使团事务总管约翰·巴罗在其中国行纪里还记载了普通百姓"惊人的贫困"，封建王朝所谓的"盛世"与普通民众的"获得感"之间形成鲜明反差。巴罗看到，农舍"大多破烂、肮脏。破旧的房屋，有的用半烧制的砖，有的用泥土修造，屋顶用稻草或芦苇搭盖，有的茅屋四周有泥墙，或者用粗制的芦苇、高粱秆围起来"。人们的衣着十分简陋、单调，"普通百姓戴大草帽，穿蓝色或黑色的棉袍，宽棉裤，厚粗鞋，有的是用草做的。有些人穿粗棉袜，有的人则光腿。大多数人全身真正只有一条衬裤"。乾隆皇帝下旨沿途地方官好好招待英国人，地方官送来牛、羊、猪、鸡和果品时蔬等许多食物，由于许多家畜家禽在运送途中碰撞死去，英国人"弃之入海，但中国人忙着把它们捡起来，洗干净，用盐腌上，等过年再吃"。英国人常把吃不了的食物送给中国船夫，他们"总是千恩万谢，甚至连英国人喝剩下的茶叶，都要过来，煮开接着喝"。

英国乃至其他欧洲国家逐渐认识到，中国再也不是马可·波罗笔下那个"富裕文明"的东方大国，而变成了马戛尔尼口中"愚昧落后"的集合体。西方国家从"仰视"中国转变为"俯视"中国，直至成群结队派出军舰来到中国划分势力范围。

马戛尔尼出访仅仅47年之后，鸦片战争爆发，英国用"地球仪"礼物办不到的，便改用坚船利炮，轰开中国的大门。在英国策划鸦片战争的过程中，马戛尔尼使团中副使的儿子——12岁的小斯当东，当时是英国下议院议员。正是他在下议院竭力摇唇鼓舌，力主进行鸦片战争。只是经历了工业革命之后，卷土重来的英国与中国之间的文明代差更大了，军事技术、战力战法就是其中一个鲜明的体现。

历史上，先进的军事技术对于任何一个国家都是关系生死存亡的大事。一旦国家之间、民族之间的军事技术差距拉开，那么落后就要挨打。西方著名史家麦克尼尔在《1450—1800年的火药帝国时代》中说："武器和军事组织方面的任何巨变都会使一些民族比以前更容易实现目标，却也让其他民族面临前所未有的困难，由此影响政治与社会。火器技术正是这样一种引发巨变的力量。"

这时的清廷又拿什么应对呢？道光皇帝派出的钦差大臣杨

芳，在广州用粪桶、内裤对付洋枪洋炮。杨芳兵败后的继任者奕山，到杭州西湖关帝庙求神拜佛，抽签"不遇虎头人一唤，全家谁敢保平安"，于是让士兵装扮成虎头人在虎年虎月虎时虎分出兵，实际上情报早已透露给敌人了，怎能不败。

落后并不可怕，如果认识到差距，主宰国家命运的统治者知耻后勇，学习先进，还能及时迎头赶上，抗拒外侮。可怕的是，在差距面前麻木不仁，甚至顽固僵化，颠倒先进和落后的认知。当西方进入工业文明，基于科学认识而改造世界，中国还停留在封建迷信、邪教盛行的年代，固步自封、愚昧封建、怪象频频。西方工业文明对垒明清的农业文明，构成的是"降维打击"。中国需要"赛先生"，明清时代的中国没能和科技革命接轨，一落后就是"百年"的差距，没有先进的科学文化，形成文明代差，就是最大的不安全。

（三）散沙之痛

1840 年的鸦片战争，成为中国历史发展的分水岭。自此以后，中国的骄傲和自信被一次次打击得近乎荡然无存，一度到了"亡国灭种"的危机边缘，古老的中华文明开启了艰难的现代化转型。其间，有过诸多探索和尝试，充满艰辛和彷徨，最终才迎来中华民族的觉醒、自立、自强乃至伟大复兴的光明前景。

世界之有民族国家，也是近代以来的事情。以后世的眼光看，国家早已存在，但传统社会中的国家，其含义与近现代根本不同。欧洲中世纪，人们认为"君权神授"，神是国家的主体；中国封建社会，人们认为国家是君主"私产"，君主是国家的主体。

只有到了17世纪，欧洲才逐渐确立了民族国家的立国之本，使国家成为世界体系的基本玩家，每个国家都享有不可侵犯的主权，自此没有国家再是某个君主的私人领地，而是公有的政治实体，国家也成为民族政治精神的展现。民族取代传统国家，是欧洲现代化的重要内容，这一风习也随着西方的扩张流传全球，一切样式的政治组织，无论是传统的民族部落、殖民地，还是附属国、帝国等等，终将接受民族国家的行为方式和权力建构。

近代西方列强与明清王朝的对垒，从早期的葡萄牙、西班牙、荷兰，再到后来的英国、法国、德国等，不只是"坚船利炮"的科学文化这一"器物"层面的搏杀，也是"民族国家"的政治构建这一"制度"层面的竞争。民族国家，讲究的是"主权在民"，国家是全体国民集合而成，为国家即是为民族，因此具有高度的集体荣誉感、强大的社会动员力。1789年法国大革命的《人权宣言》宣称："各民族均享有独立主权，无论其民族大小，人种为何，疆域何在。人民的主权不可擅加剥夺。"明清两代，特别是近世的清王朝遭遇西方民族国家的挑战时，面临的不只是"器物"不如人的危机，还有制度文化方面深刻的安全威胁。

中国地域虽广、人口虽多，但若不能很好地组织动员、以强大的文化感召力凝为一体，散沙一般如何对抗以民族国家面目出现的西方"铁拳"？

鸦片战争中，英国舰队突破虎门要塞，沿江北上，两岸聚集了许多中国百姓，平静地观看着自己的朝廷与外国侵入者的战事，好似在观看一场与自己不相干的战斗。

第二次鸦片战争中，英法联军打入北京城，火烧圆明园，有不少中国人也做了帮凶。晚清著名报刊出版家汪康年记述，当联军下令放火时，一些华人欲趁火打劫，纷纷拿来火种，"将携来之火线秫秸一切引火之物，齐集以待，一俟纵火之命下，即可施其技矣"。

八国联军入侵中国，德、英两军中的中国雇佣军"表现优异"，尤其是英军中的"华勇营"更是"声名显赫"。1898 年英国强租威海卫后，决定把他们在印度的经验搬到中国，组建雇佣军担负威海卫的防务，"华勇营"应运而生。担任过"华勇营"训练军官的巴恩斯在其回忆录中说道："尽管'华勇营'背叛自己的同胞、皇帝及本国军队，在异国官员的指挥下，为异国的事业而战，但他们毫不逊色地承担了自己的义务。""华勇营"成军后，最早的军事行动便是镇压威海卫当地的抗英斗争，其"毫不犹豫地向自己的同胞开枪"，执行英军军官的指令。在义和团运动爆发后，"华勇营"正式纳入英军建制，并按照以组建地为部队命名的惯例，被称为"第一中国军团"，在攻打天津、进占紫禁城等系列战役中，发挥了"重要作用"。

西方列强入侵中国时，百姓一次次充当"看客""帮凶""背叛者"，种种光怪陆离之象，凸显清朝皇权统治下朝廷与民众的离心离德。一般的民众没有对清政府的"国家"认同，只知有朝廷不知有国家，"知有一己而不知有国家"，亿万小农家庭的任务就是耕田卖粮交税，能够维系全家的温饱都已不易，朝廷的事自有"肉食者谋之"，即使换了皇帝，也还是一样的循环往复的生活状态。与虚无缥缈的国家相比，家庭、家族的观念和利益却是百姓所异常重视的，为了家族甚至可以牺牲自我。可以说，中国人的家族观念，是中国农耕文化的直接产物，长久以来，一个家族即一个劳作单位一个小型社会，个人只有依附于家族才能获得认同与尊严，中国人形成了特别尊崇祖宗、遵守家法的观念。家庭、家族是"小集体"，民族、国家是"大集体"，封建社会下的中国人"小集体"观念强，而"大集体"观念弱。

梁启超在《论近世国民竞争之大势及中国前途》一文中论述了国家竞争与国民竞争的区别，国家竞争特指"君主"权力之间的斗争，国民竞争才是民族力量之间的大对决，近代清廷是以"国家"竞争应对西方列强的"国民"竞争，不败才怪。他写道："哀哉，吾中国之不知有国民也。不知有国民，于是误认国民之竞争为国家之竞争，故不得所以待之之道，而终为其所制也。待之之道若何？曰：以国家来侵者，则可以国家之力抵之；以国民来侵者，则必以国民之力抵之。国民力者，诸力中最强大而坚忍者也！欧洲国民力之发达，亦不过百余年间事耳，然挟之以挥斥八极，亭毒全球，游刃有余，贯革七札。"如何才能变国家竞争为国民竞争呢？那就要使国家成为国民共有的政治共同体，不能再将国土视为皇帝的"一家私产"，将国际交涉视为"一家私事"，将国耻视为"一家私辱"，彻底改变"民不知有国，国不知有民"的不堪状态。

近代以来，无数仁人志士奔走在救亡图存的道路上，逐渐认识到不仅要学习西方的先进科技，也要吸收西方的思想文化，从器物到制度各个层面都要改革更新。从魏源著述《海国图志》睁眼看世界，提出"师夷长技以制夷"，关键是要学习"夷之长技"有三：一是战舰，二是火器，三是养兵、练兵之法。到张之洞等洋务派提出"中体西用"，以中国伦常经史之学为原本，以西方科技之术为应用。再到康有为、梁启超等维新派主张实行君主立宪，孙中山等革命党人提出"驱逐鞑虏、恢复中华"主张实行共和制，都是不同程度向西方的政治制度"看齐"。以至20世纪初的"新文化运动"，知识精英大声疾呼"改造国民思想"，革除国民劣根性，其核心之一仍是唤醒民族意识、培育民族精神，以西方的、现代的思想重铸古老的中华文明之魂。

只有激发民族共同体的磅礴伟力，才能将亿万中国人团结如钢，爱国主义与民族精神向来是一体两面。中国成其为中国，正在于有千千万万中国人生于斯、长于斯，情感系于斯、认同归于斯。

习近平总书记在一次讲话中，曾提到过民国著名教育家张伯苓的"爱国三问"。1935年9月17日，张伯苓在南开大学新学年"始业式"上问了三个问题："你是中国人吗？你爱中国吗？

你愿意中国好吗？”当时日本侵犯中国的铁蹄踏起，东北沦亡，华北危急，整个中国都有被灭亡的危险。张伯苓说："最近几年，特别是最近几个月，有个很不安全的感觉。我们自以为是一个国，而这个国可是没有门，没有墙，这怎么好！"国没有"门"，是指国防无力，国民政府对外不抵抗，门户洞开。"墙"则是指支撑国家的各方面力量，残缺不足。最令张伯苓感慨的，是已处于危墙之下，人们还不能团结一致。不仅如此，很多人甚至没有意识到"不安全"。

张伯苓还曾面对小孩子做过一次讲演。张伯苓问他们："中国人多不多？"小孩子们说："多。"又问"中国强不强？"说："不强。""为什么不强呢？"小孩子们回答："不能团结。"张伯苓感慨道，小孩子都懂得的道理，但实际上很多中国人却做不到。

现代化的西方国家以民族为认同基础，构建民族国家，国家向心力和凝聚力大为增强，战争动员力和战争意志也大为增强。明清两朝仍是以封建家族文化为主，一般的百姓只知有家、不知有国，民族共同体的意识缺失，便如同一盘散沙。

正是在一次次战争失败、割地赔款、丧权辱国之后，在无数的仁人志士救亡图存、启蒙呐喊下，中华民族意识大觉醒，"中华民族"日益成为 20 世纪团结全体国民的精神旗帜。在经历了民国的动荡彷徨、抵抗日本的浴血奋战之后，中华民族涅槃重生。只有到建立新中国，在中国共产党的领导下，中国才彻底、根本、永久性地告别一盘散沙的格局，中华民族才真正团结凝聚为多元一体。

（四）启示：文化与科技安全是国家安全的重要保障

习近平总书记指出，"中国有坚定的道路自信、理论自信、制度自信，其本质是建立在 5000 多年文明传承基础上的文化自信。"文化自信，是更基础、更广泛、更深厚的自信。文化安全，是更根本、更深层、更持久的安全。文化强则国强，文化弱则国弱，文化灭则国亡。

近现代以来，西升东降、西方压倒东方，中国的明清王朝被时代所"落下"，饱受西方列强的欺辱、瓜分，这是科技的落后、军事的落后、社会的落后，最关键的还是文化与文明的衰微与不济。对于一个国家和民族而言，文化僵化乃至消亡才是最大的安全危机。

文化只有始终扣准时代进步的脉搏，把握世界发展的潮流，开放包容、吐故纳新、与时俱进，才能强健有力、生生不息。明清时期的中国文化，因其闭关锁国、骄傲自满，所以封闭守旧、停滞不前，幻想着"天不变、道亦不变"，最终失去了革新更张的历史机遇，使长期领先世界的中华文明由先进变成了落后，国家安全也因此遭到西方文明的"降维打击"。

一个民族要自立自强于世界，既需要强大的物质力量，也需要强大的精神力量。中国人在近代经历了战乱频仍、山河破碎、民不聊生的深重苦难，一直被人欺负、看到很多地方不如西方，文化的自卑与不安达到顶点，甚至出现了"全盘西化"的极端论调。

新中国的成立，使中国人民真正站起来、富起来、强起来了。现在，中华民族迎来伟大复兴的光明前景，中西力量对比再度发生了历史性巨变，东升西降、东方平视西方。中国人从精神上的被动转化为完全主动，中国文化、中华文明从比较中的黯然失色转化为大放异彩。

第三篇

从列国成败看"五个统筹"

洞察时势，调护国运是国家安全的大课题。面对国势起落，总有人先人一步、技高一筹，也有人棋差一招、畸重畸轻。国之幸哉，在这百年未有之大变局的关键时刻我们有了总体国家安全观。总体国家安全观为我们把脉当今时代、观察国家治乱提供了睿智融通的思想透镜，也为我们把握安全内涵、筑牢安全防线提供了科学辩证的实践标尺。

如果说理解总体国家安全观的内核在于"总体"二字，那么践行总体国家安全观的妙义就在于"统筹"一词。"统筹"意味着要谨慎戒惧，把握节奏，实现通盘谋划、有效链接；意味着要拿捏分寸，掌握火候，既不能操之过急，也不能松弛懈怠；意味着要遵循规律，善作善为，做到久久为功、长治久安。"统筹"是动态平衡、良性互动，反映了发展、联系、辩证的马克思唯物主义世界观，体现了"十个指头弹钢琴"的系统思维和方法论，是新时代中国特色国家安全道路的方向舵。

在党的十九届六中全会通过的《决议》中，我们党提出了"五个统筹"，即统筹好发展和安全、开放和安全、传统安全和非传统安全、自身安全和共同安全、维护和塑造国家安全。这是从党的历史经验出发，对总体国家安全观在"第二个百年"的理论升华和实践指引，是在新发展阶段积极构建新发展格局和新安全格局的必经之路，是在新时代抗击大风险、创造大机遇、全力护航中华民族伟大复兴的内在要求。

回顾历史上诸多国家的兴衰成败皆关涉对统筹的理解和把握。苏联视安全高于一切，将安全置于发展之前，貌似坚不可摧的超级大国轰然垮塌；民主德国修筑柏林墙，主动隔离以求安全，却逃不脱被并入联邦德国的命运；英帝国乘工业革命的东风而崛起，在富国强兵的基础上开疆拓土，一度在政治、军事、科技、金融上独领风骚，成就"日不落帝国"，但却在面对非传统安全挑战时大炮打蚊子、牛栏关猫，最终溃于蚁穴，走向"日薄西山"；以"山巅之城"自居的美国将自身安全凌驾于他国安全之上，在追求"绝对安全"的歧路越走越远，以致实力衰减、霸权遇困；开辟新航道、开拓新世界的西班牙帝国，以大无畏的勇气和制度创新建立了史无前例的海外帝国，但在维护殖民体系过程中固步自封，缺乏灵活策略和塑造能力，最终分崩离析。

一部近代人类的世界史，也是各国驾驭国力、纵横捭阖的竞合史。纵观世界舞台，列强有如城头变换大王旗，你方唱罢我登场。而探究国家成败的轨迹，可以深刻感觉到，国运浮沉的背后是对国家安全形势的综合判断及对其应策的平衡把握。国家治理离不开全球视野，国家安全需要科学统筹。本篇以"五个统筹"为视角，从苏联、民主德国、英帝国、美国及西班牙帝国五个国家的兴衰史中，努力发掘维护国家安全多与少的平衡点，勾画出真与假的临界线，描摹出态与势的横切面，以飨读者，以资镜鉴。

一、苏联："先飞机大炮，后胶鞋面包"

2021 年 12 月 12 日，在苏联解体 30 年之际，普京总统在俄罗斯国家电视台的纪录片《俄罗斯·现代史》中不无惋惜地表示："所谓苏联解体，实际上是经千年历史所形成的俄罗斯的崩溃。"毫无疑问，苏联时期是俄国史乃至世界史上令人印象极其深刻的一段篇章。作为世界上首个社会主义国家，它在政治上傲然独立，经济上自成体系，文化上独具特色。不可否认的是，对国防军工业的高度重视既保障了新生的苏联在极短时间内迅速实现各领域工业化，又帮助其取得了艰苦卓绝的卫国战争胜利，更强有力地支撑着苏联与美国在冷战中分庭抗礼、对抗争霸 40 余年。然而，这样一个看似坚不可摧的超级大国却在没有外敌入侵的情况下走向了自我覆亡。尽管苏联解体的原因是多方面的，但其未能统筹好安全与发展两件大事的教训显然极其深刻。

（一）压倒一切的安全诉求

所谓安全，从客观意义上来讲，是指所拥有的价值不存在现实的威胁，从主观意义上来讲，是指不存在价值受到攻击的恐惧感。这种安全包含主观与客观的要素，不仅有客观条件，还有主观感受。但安全的核心内容都一样——免受危险与威胁。

理解苏联领导人的决策及其如何看待、处理安全与发展的关系，必须深刻理解苏联的安全观。作为一个概念，安全观应该包括三个基本方面：一是如何看待本国的安全威胁与界定威胁的来源；二是如何理解国际环境和时代主题；三是如何获得国家安全。纵观苏联近70年的历程，尽管不同时期的领导人有着不同的特点，但可以明显感受到，一种强烈的忧患意识如影随形，贯穿于苏联诞生、发展和衰亡的始终。这种安全高于一切，安全压倒一切的忧患意识既形成于长期客观存在的巨大外部威胁，更是自沙俄时期就相伴而生、根深蒂固的不安全感作祟。

首先，就安全威胁及其来源而言，苏联笃定认为本国始终处于帝国主义国家和资本主义制度的威胁之中。客观上看，苏维埃政权的确从诞生伊始就面临着夭亡的危险。当历史的钟摆走到20世纪初时，俄罗斯帝国就已经在国内外多重危机逼临下摇摇欲坠。一方面，与英法等欧洲国家相比，俄国仍是落后的农业国，现代化进程步履蹒跚。另一方面，沙皇越来越将对外战争作为稳定国内局势、巩固政权的有效手段。但实际上，早在1856年克里米亚战争落败后，俄国在与西方列强的争霸中就逐渐处于劣势。1905年日俄战争惨败后不到10年，俄国再次投身第一次世界大战，以至后来签署了屈辱的《布列斯特-立托夫斯克和约》才得以脱身。战场上的节节败退成为加深社会危机、引爆革命的"雷管"，把俄国一步步推向国内灾难的深渊：物价飞涨、粮食短缺，内部动荡，社会躁动，人心思变。1917年，处于复杂冲突的俄国爆发了两次震惊世界的革命——"二月革命"和"十月革命"。前者推翻了沙皇制度，后者则是列宁领导的布尔什维克党革命成功，建立了世界上第二个苏维埃政权和第一个社会主义国家。

"十月革命"胜利不久，俄国便陷入内战。英、法、日、美等协约国不惜一切代价试图扼杀苏维埃政权，从北、东和南三个方向进行武装干涉。在内战过程中，外国军队与反苏维埃政权力量的军事行动和农民骚乱错综复杂地交织在一起，使新生的苏维埃俄国处于生死存亡的境地。在苏联成立后，西方列强依然继续奉行政治孤立和经济封锁政策。1926年起，英国掀起一系列反苏挑衅，1927年5月英苏断交。苏联驻波兰大使被刺，以及20世纪20年代末30年代初资本主义经济危机爆发后引发的局部战争，更使联共（布）感到"新的帝国主义战争日益逼近"。20世纪30年代，苏联的社会主义建设仅仅进行了10多年，第二次世界大战就爆发了。斯大林本想单独与德国媾和，却在毫无防备的情况下被德国"闪击"，在付出巨大牺牲后才取得了卫国战争的胜利。美苏的战时盟友关系在二战刚一结束就宣告破裂。由于清醒地认识到本国实力的局限性，战后初期苏联对西方的政策是防御性的，但美国以政治上的杜鲁门主义、经济上的马歇尔计划和军事上的北大西洋公约组织形成了以欧洲为战略重点的对苏联的全面遏制。斯大林也因此被迫调整政策，他在讲话中表示，丘吉尔和美国盟友是苏联的顽固死敌。他们"与希特勒及其同伴们惊人的相似。美国的亿万富翁们也是好战分子，他们把战争当成利润的来源。这些侵略力量控制并引导着他们的反动政府"。随后，苏联出台了"莫洛托夫计划"，组建欧洲共产党和工人党情报局，并提出"两个阵营"理论，走上与西方进行集团对抗的道路。冷战期间，美苏形成的两大阵营政治龃龉不断，军事紧张对峙，意识形态激烈斗争，双方甚至差点擦枪走火。

其次，如何理解国际环境和时代主题，判断世界是相互依存和有机会合作，还是随时准备冲突与战争，是国家安全观的一个重要出发点。从本质上看，俄国有着根深蒂固、挥之不去的不安全感，这是由于开阔平坦、缺乏屏障而被喻为"没有护栏的婴儿车"的地理特征；也是因为欧亚大陆历史上游牧民族的野蛮入侵，尤其是蒙古桎梏给俄罗斯民族心理留下浓重的阴影。以上因素使得俄罗斯精英确信，外部世界犹如丛林般充满危险，本国始终处于不安全的境地之中。

从这种不安全感出发，基于本国的地大物博，俄罗斯自沙俄时期起就有一种"孤岛意识"。它造就了俄罗斯与外部世界之间的隔膜和疏离。俄罗斯长期在政治上自成体系，经济上自给自足，既没有依附于其他国家，也很少受到他国影响。这一点在苏联时期表现得尤为突出。苏联成立之初被西方列强经济封锁与外交孤立、二战中近 900 天的列宁格勒围困战、冷战后"两个阵营"所形成的相对封闭系统都一步步加深了苏联领导人和民众心理上的"要塞围困"感。而卫国战争的艰苦胜利更巩固了斯大林的信念，即战争是不可避免的，苏联处于资本主义世界的包围之中，一定要走"一国社会主义论"之路。1946 年 2 月，斯大林在莫斯科选民大会上发表演讲，强调苏维埃制度更有生命力，更有优越性；资本主义存在就等于战争，资本体系包藏着总危机和军事冲突，战争不可避免，苏联人民要应对战争准备。赫鲁晓夫虽然认为"核战争没有胜利者，人类的唯一出路就是和平相处"，但其并不否认社会主义与资本主义的阶级对抗，也不认为两种制度可以"永久共居"，他的最终目标还是"埋葬帝国主义"，只是手段变了，主张两种制度在"和平竞赛"中解决"谁战胜谁"的问题。其目的仍是为了在竞争中同美国争夺世界霸权、扩大势力范围、展现社会主义模式的优越性。

对于苏联的这种不安全感，乔治·凯南在其著名的"长电报"中解读得十分清楚："克里姆林宫有关世界事务的神经质的看法，根植于俄国传统的和本能的不安全感——最初是一个和平的农业民族，在辽阔的平原上与凶悍的游牧民族为邻并努力生存，而产生的不安全感。随着俄国同经济上更先进的西方进行接触，又增加了它对西方更能干、更强大和更好地组织起来的社会之恐惧。后一种不安全感与其说是在折磨着俄国人民，毋宁说是在折磨着俄国的统治者；因为俄国的统治者一贯认为，自己的统治在形式上是相对陈旧的，在心理基础上是脆弱的和不自然的，经不起同西方国家的政治制度进行比较和接触。由于这个原因，他们总是害怕外来渗透，害怕西方世界同他们直接接触，担心一旦俄国人了解了外部世界的真相或外国人知晓了俄国内部的真相，便会导致某种后果。"也就是说，俄国历史上始终存在的不安全感，是苏联的行为动机或者行为根源。

（二）安全感的外向求索

关于如何保卫本国的国家安全，是回答苏联安全观的另一个非常重要问题。应该说，苏联的方式和途径延续了俄国的一贯传统，即通过外向求索和对外扩张来确保本国安全。为了保证安全，俄国的选择是通过扩大地理版图，争取生存空间，寻求与外敌对垒的资本。事实也证明，宽大的防御纵深在俄国历次决定命运的重要战争中都发挥了以空间换取时间的关键性作用。然而，对安全的追求就又催生出了对宽广空间的渴望和迷恋，催生了俄国在形成统一国家路程上持久的扩张。俄国著名的历史学家克柳切夫斯基曾一针见血地指出："移民和国土的开拓是我国历史中的主要事情，所有其余的事情都和它们有或近或远的关系。"列宁也指出，"(俄国)专制制度的全部历史是一部掠夺各地方、各省区、各民族的历史"。

沙俄用了不到 400 年的时间，通过不断向四周扩张，从一个偏安东欧一隅的莫斯科公国，扩展为地跨欧亚两洲、面积最庞大的帝国。到苏联时期，它已经拥有 15 个加盟共和国，西邻挪威、芬兰、波兰、捷克斯洛伐克、匈牙利、罗马尼亚，南与土耳其、伊朗、阿富汗、中国、蒙古国、朝鲜接壤，西和西南濒波罗的海和黑海，北邻北冰洋，东濒太平洋的白令海、鄂霍次克海、日本海及太平洋西北部部分水域。东西长 1 万公里，南北宽约 5000公里。面积 2240 万平方公里，约占地球陆地总面积的 15%。苏联时期成为俄罗斯千年历史中领土面积最大的时期。然而，在上述主客观因素的作用下，苏联领导人仍感到极度不安，解决本国安全问题的方式仍然是对外"扩张"。这时的"扩张"已不是简单的领土侵占，而是具有更多维度的含义。

在意识形态上，表现为输出世界革命。自苏维埃政权始建，出于意识形态和维护国家长治久安的战略需求，布尔什维克领导人就致力于推动世界革命，期望俄国社会主义革命的火花燎原于西欧的资本主义世界。布尔什维克领导人始终认为，无论如何国际帝国主义都不可能与苏维埃政权和睦共处，冲突不可避免，只有把俄国一国的革命转变成世界革命，俄国革命的成果才能得以巩固。斯大林的最高战略目标是推进世界革命，期望并促进世界各地爆发反对资本主义的革命，尽快打破以主要资本主义国家为核心的国际格局，建立苏联模式的社会主义体系；最低目标是保证苏联"一国社会主义论"有和平的建设环境，使战争不在苏联领土上进行。支持世界革命在苏联的对外战略中在不同时期有不同表现，但都是为了保卫苏联、加强苏联和扩张苏联这一对外战略目标服务的。斯大林的理论被后来的继任者们所继承，影响深远。在这方面，勃列日涅夫"有限主权论"就更为露骨，他表示"每个社会主义国家的主权不能够同社会主义世界的利益，同世界革命运动的利益对立起来"。这一理论成为苏联控制、干涉其他社会主义国家的工具。

在地缘政治上，表现为建立缓冲区和势力范围。鉴于历史上遭受的几次大规模入侵都来自西部，苏联对自己的西部边界安全环境非常敏感。二战后，苏联利用国际威望空前高涨、军队留驻东欧之机，在东欧建立安全带，实质是在东欧建立听命于苏联的共产党政权，把苏联模式推广到东欧。斯大林力图把东欧这条入侵苏联的危险走廊变成保卫苏联的安全地带。1952 年，斯大林曾对印度大使说："苏联只关心自身安全和建立一条由对苏友好国家组成的缓冲带。"因为特别强调自身安全，特别是格外关注通过战争所建立起来的西部安全屏障，斯大林也特别不能容忍东欧国家出现被西方国家引诱分化，或者滋长靠向西方国家、寻求独立性或摆脱苏联控制的任何事实或想法。1956 年匈牙利事件和 1968 年"布拉格之春"就是例证。在苏联领导人看来，东欧出现的问题对苏联的权威地位和苏联的制度提出严重挑战，也是对苏联内部稳定的一种威胁。

在全球战略上，表现为实施全球扩张。勃列日涅夫时期，苏联军事实力增强，但与此同时，美国实力相对衰落，实施战略收缩，对外战略由攻转守。勃列日涅夫把这看作推广苏联社会主义模式的好时机。他声称："地球上没有哪个角落的情况不以某种方式加以考虑。"苏联海军司令戈尔什科夫也夸口："在世界海洋图上难以找到苏联舰只航行不到的地区。"苏联在全世界采取了积极进攻战略，除了控制自己的阵营外，还向第三世界扩大影响力，到处伸手，甚至直接动用武力：在中东，重新武装埃及、叙利亚、伊拉克；在亚洲，重点经营印度和越南，并公然入侵阿富汗；在非洲，以安哥拉为切入口，军事援助莫桑比克、纳米比亚、津巴布韦以及南非等；在拉美，以古巴为中心，重视秘鲁和智利，以排挤和削弱美国的影响。总体看，这一时期，苏联的扩张态势实际上超越了俄罗斯的任何一个历史时期。但肆无忌惮地向外扩张、与美国争夺第三世界，给苏联自身并没有带来多少实际利益，反而带来了严重利益损害。这种以粗放耗费资源和低效率经济、牺牲人民生活水平为代价恶性膨胀发展军事力量的行为，让苏联的国力元气大伤。盛极而衰，过度扩张，必然导致败亡。

（三）发展和安全的错配

安全高于一切、安全压倒一切和本国安全通过对外扩张实现的安全观，以及由此而实施的对外战略、军事战略在很大程度上决定了苏联的经济发展道路。苏联国民经济的发展始终被置于"时刻准备迎击来战之敌"的大前提之下，服务于其试图大肆扩张的野心。

首先，苏联社会经济发展的目的不是为了人民，而是为了赶超和备战，为了推进世界革命和体现社会主义优越性，实现对外扩张。社会主义的宗旨是不断提高人民生活的质量与水平，对外战略应该服从和服务于这一宗旨与原则。但苏联的做法却与之恰恰相反，国内发展是备战需要，从属于对外战略。从斯大林时期起，苏联国内发展的目标就是"超英赶美"，似乎只有在工业发展上实现赶超，才算是体现了社会主义制度的优越性。第一个五年计划实际上成为在短期内赶超美国的目标，一个以打仗为目标的计划。"直接工业化"所追求的目标是赶超先进国家，体现社会主义的无比优越性。因此，经济发展始终在两个基本问题上做文章，一是强调要在一些生产指标上赶超英美，比如钢、煤等指标的制定和执行；二是在增长速度上强调高速和超高速，一年比一年快，却把发展新军事技术放在一边。"直接工业化"用美妙而空洞的言辞掩盖了这种发展模式给苏联国家带来的严重后果。

在斯大林的决策里，备战是第一位的，为了备战，增强国防能力和国防现代化是第一位的。为此，他要求农民"纳贡"，要求人民勒紧裤腰带，要求整个社会在低水平上发展。他总是把国内和国际形势描绘得十分紧张，让国家在一个隔绝于世界历史进程的阵营里发展。

其次，苏联的发展是极不均衡的发展，是经济结构比例严重失调、为了"大炮"而牺牲"黄油"的发展。在客观环境和主观认定双重因素影响下，苏联社会动员方式始终以安全为导向，优先发展重工业成了苏共不可动摇的总路线，军事工业是发展的核心，"重军抑民""国防优先"是其基本原则。军事安全考虑与政权稳固、制度优越性紧密地联系在一起，成为国家建设最重要的问题。在 70 年的时间里，赶超战略集中体现在国防建设领域，国防建设也因此由安全和外交需要塑型为国家工业化发展的路径依赖，形成了一种极具特色的苏联模式：国防工业构成了国家工业化发展的基础并以其完整性、系统性和规模庞大构成了国民经济的主体。

尽管苏联曾短暂实行过"新经济政策"，但从 1924 年起，在对战争威胁的强烈担忧和军工行业的强大游说下，苏共中央形成了加强军工生产的决策立场，自此走上了一条军事工业优先、快速发展的"直接工业化"道路。1928—1937 年，苏联开启"社会主义工业化"的第一个和第二个"五年计划"，集中力量进行枪支、弹药、飞机、大炮和坦克为主的军工生产。所谓的工业化是"先飞机大炮、后胶鞋面包","先重工业、后轻工业"的工业化，或者说是工业的国防化。二战期间，苏联战时经济更是全力发展国防工业，集中全部力量生产武器和军火。二战进一步坚定了斯大林对"战争不仅是不可避免的，而且是随时都有可能再度爆发的"的判断，他认为苏联在战前所执行的直接工业化和农业全盘集体化路线是正确的。因此，冷战开始后就加速研制原子弹、火箭武器，竭尽全力研制各种武器，实施以军工业为主的经济发展路线，苏联经济又习惯性回到战前轨道上。苏联国防预算中很大一部分用于加强国家的"防御"能力、研制导弹、运载火箭和其他新式武器并向其他国家尤其是"华约"国家出口。根据官方资料，苏联时期生产资料的生产比重从 1928 年的 40％增加到 1990 年的 73％，而整个消费品生产的比重则相应降至 27％。在国家机器制造业的全部产品中，有 60％以上是具有军事意义的商品，耐用消费品的比重仅占 5％—6％。国家发展科学的拨款中 75％用于军事科研的需要。国民经济中采掘和加工工业全部工人的 1/3 从事武器及军事技术装备生产，而美国为 12％—14％，西欧各国为 6％—7％。虽然很难准确估计苏联军事经济的规模，但其无疑是世界上军事化程度最高的经济，是一种典型的战时经济。

再次，苏联的发展是不可持续、过度透支的发展。苏联在过于沉重的外部负担下耗尽了自己的力量。表现为：一是不能自拔的军备竞赛。由于需要始终在军事上保持对美国的均势甚至超过美国，苏联需要长期把军费开支的年递增速度保持在 4％—5％的水平上。苏联的军费负担在国民收入中所占的比重始终居高不下，处于世界最高水平。勃列日涅夫 1968 年在会见捷克斯洛伐克国民议会代表团时表示："如果不在国防和加强华约上耗费大量资金，那么我们的人民会生活得更好一些。现在，用于这些目的的正式支出占苏联年度预算的 23％。"一般认为，20 世纪 70 年代，苏联的军费开支占国民生产总值的 12％，而 20 世纪 80 年代这一比例可能要上升到 13％—14％。更重要的是，军事部门吸收了最好的原料、设备、技术和科技人员，这对国民经济带来的影响是无法用简单的比例来计算的。到了 20 世纪 80 年代，美苏的军备竞赛由数量方面转到质量方面，里根出台"星球大战"计划，苏联需要付出更大的代价，进一步研制更加先进的、对方难以对付的进攻武器和防御武器，这对苏联经济来说是难以承受的，也成为拖垮苏联的"一根致命的稻草"。

二是不堪重负的对外援助。由于自认为是社会主义大家庭的首脑和世界反帝国主义力量的带头人，苏联承担了大量的"国际主义义务"。从 20 世纪 50 年代起，为了与美国争夺世界霸权、扩大势力范围、展现社会主义模式优越性，苏联积极干预第三世界事务，给予亚非拉国家大量经济、军事、技术和医疗援助。仅以古巴为例，苏联在 1960—1990 年给予古巴包含贸易逆差贷款、发展贷款和价格补贴在内的经济援助高达 651.19 亿美元；1961—1979 年向古巴提供的军事援助达到 38 亿美元，根据苏联官方数据，截至 1989 年年底，古巴欠苏联的债务为 154.906 亿卢布。1979—1989 年的十年阿富汗战争，官方统计直接耗费 450 亿卢布。截止到 1989 年，苏联共向 12 个社会主义国家和 49 个第三世界国家提供了 858 亿卢布贷款，大致相当于苏联国民经济生产总值总量的 8% 左右，远远超过美、英、法等国对外援助与国力的对比。难怪尼克松曾说："帝国使克里姆林宫变穷而不是致富了……莫斯科的帝国领土使克里姆林宫每天耗资 3500 万美元以上。"

三是不计后果的粗放发展。为了迅速赶超和随时备战，苏联的经济也缺乏科学发展。二战时期，由于战时经济的特别需要，对森林、矿产等开采和利用，对生产资料和弃置物的处理是非常粗犷的，这为后来的经济发展带来严重问题。勃列日涅夫时期的"石油天然气繁荣"同样是一种粗放式的经营。在"保证快速回收成本"的指导思想下，苏联政府对西西伯利亚油气资源的破坏性开发、无度浪费和部门协调管理等问题日益突出，导致油气田生产快速萎缩。早在 20 世纪 70 年代初已有苏联专家警告说，当地最大的萨莫托洛尔油田衰落的直接原因在于长期实行大规模注水促产的做法。但由于当时苏联石油工业正在蓬勃发展，决策者沉浸于巨大的油气开采成就之中，并未对这些问题予以足够重视。除了滥勘滥采外，西西伯利亚石油生产商石油提取技术也相当落后。注水方法比较廉价，但苏制泵质量相对较差，且设备供应期往往落后时间表甚至长达 10 年之久，结果到 1985 年仅在萨莫托洛尔就有大约 2000 口油井几乎处于停产状态。直到解体前，苏联经济仍基本上粗放发展，经济效益没有提高，落后的经济增长方式注定了它不可能实现持续稳定的经济增长，随着斯大林经济体制模式的功效日益衰退，苏联经济增长率出现了从高速、低速、停滞到危机的递减。

总而言之，苏联的国内发展战略背离了造福于民的宗旨，始终服务于对外安全战略的需要。军事工业吸干了苏联的投资，挤占了发展农业和轻工业的资源，极大地限制了人民生活水平的提高。一方面，农业发展始终存在困境，全盘集体化使苏联农业大伤元气，二战使农村劳动力资源大量丧失，大牲畜、农业工业和机械大量损失。1945年全苏农业总产值只有1940年的60％。沙俄时期曾是"欧洲粮仓"的国家在20世纪发生了三次大饥荒（1921年、1932—1933年和1946—1947年），究其原因并不只是天灾。1950年，苏联居民年均肉消费量较1913年少3公斤，粮食少28公斤。赫鲁晓夫时期虽然在农业方面实施了一些积极改革，但粮食短缺问题并未彻底解决，始终困扰着民众的日常生活。1963年后，苏联成为粮食净进口国，到20世纪70年代超过日本成为世界上最大的粮食进口国，20世纪80年代中期，每3吨粮食食品中就有1吨是用进口的粮食加工的。戈尔巴乔夫进行民主化、公开性改革产生的政治动荡，加之国家油价暴跌，致使苏联最终爆发了粮食危机。除了粮食以外，苏联的其他日用品也因行业衰退而日益短缺。有俄罗斯学者讽刺道："那个时候的报纸、广播电台和电视台经常报道农村劳动者在人均肉类和牛奶产量方面赶上美国的激动人心的消息——但是，商店的食品却越来越少，尤其是肉类和奶制品。"为了弥补不足，苏联不得不采取以"分配"代替销售的办法，凭票购物排长队成为苏联 20 世纪 80 年代后期的"独特风景"。一个资源丰富的大国捧着"金饭碗"挨饿，一个号称"为人民服务"的政党却长期无视人民的基本生活需求，这其中暴露出来的问题引人深思。

另一方面，苏联的偏远地区和农村基础设施建设仍然十分落后。1974 年，在勃列日涅夫早就宣布建成"发达社会主义"的背景下，布良斯克、奥廖尔、高尔基等州以及楚瓦什、摩尔多瓦自治共和国，只有 1/4 的公有化住房安装了自来水、地下管道和中央供暖设备。即使是在西西伯利亚的富油区，当地所需的多种工业品、机器设备和许多日用生活品、食品都依靠从外地输入，区内社会性基础设施落后，居民的一系列生活质量指标低于全俄平均标准。在拥有 40 万居民的秋明市，几乎没有超市或者大商场。当地半数宿舍都缺少餐饮设施（设备），住着的至少 10% 都是石油工人。较差的路况以及糟糕的天气使货物从出厂到远东和北极地区的商店要长达 18 个月甚至 2 年时间，在偏远地区连续工作 2 周以上的石油工人无法购买所需商品。这些地区的衰败景象与苏联强盛的军事实力、进取的对外扩张形成了鲜明的对比，也为苏联的最后解体留下了注脚。

1991 年 12 月 25 日，苏联的社会主义大厦轰然倒塌了，可谓"其兴也勃焉，其亡也忽焉"。30 年后回头看，苏联亡党亡国的原因固然是多方面的，但是未能统筹协调好安全与发展的关系，显然是其中无法回避的因素之一。往者不可谏，来者犹可追。对于正处于中华民族伟大复兴关键时期的中国而言，安全和发展是一体之两翼、驱动之双轮。偏废其一，社会主义现代化事业就无法顺利推进。习近平总书记指出，发展是安全的基础，安全是发展的条件。《中华人民共和国国民经济和社会发展第十四个五年规划和 2035 年远景目标纲要》提出，统筹发展和安全，把安全发展贯穿国家发展各领域和全过程，防范和化解影响我国现代化进程的各种风险，筑牢国家安全屏障。这是以习近平同志为核心的党中央站在"两个一百年"的历史交汇点上、全面开启第二个百年奋斗目标新征程之际作出的重大战略部署，具有深刻的方法论意义和丰富的实践内涵。事实雄辩地证明，没有安全的发展是脆弱的、不稳定的，没有发展的安全是短暂的、不可持续的。苏联在统筹安全与发展方面的教训值得我们认真汲取。

二、民主德国：从柏林墙的修筑到倒塌

1961 年 8 月 13 日，一夜之间，东西柏林间拉起了一圈铁丝网，举世闻名的柏林墙拔地而起。1989 年 11 月 9 日，也几乎是在一夜之间，柏林墙轰然倒地，被誉为"社会主义橱窗"的民主

德国走上了穷途末路。柏林墙是民主德国的符号，也是梦魇，是民主德国在开放与安全之间纠结往复的体征，也是病灶。事实上，民主德国在处理开放与安全问题上常常按下葫芦浮起瓢，始终不得其法，这也成为其走向衰亡的关键因素之一。

（一）高筑墙带不来真安全

柏林位于民主德国的心脏地区。在德国一分为二的初期，东西柏林之间和西柏林与民主德国其他地区之间一共 164 公里的边界上，既无安全措施，也无检查，边界线蜿蜒在街道、树林、花园或河道中间，每天至少有 50 万人在边界上来来往往。与此同时，大量民主德国居民经由柏林逃往联邦德国。根据联邦德国"难民部"公布的数字，从 1949 年至 1961 年柏林墙开始修建前，从民主德国逃往联邦德国的总人数达 260 万人，占民主德国总人口的 16.5%，其中一大半人是经由东西柏林之间和西柏林与民主德国其他地区之间的边界上出逃的。1961 年，"难民"数量显著攀升：6 月为 2 万人，7 月升至 3 万人，8 月上旬几乎每天出逃1500 人。这一情况在民主德国领导人的眼里是可怕的安全隐患。民主德国的领导人昂纳克在《我的经历》一书中称，在西柏林，"至少有 80 个间谍机构和恐怖组织在那里干着不可告人的勾当，大肆进行货币投机，试图瓦解民主德国的经济；成立机构，招募民主德国的劳动力"。

1961 年 8 月 12 日，民主德国部长会议通过决议，宣布"把欧洲的社会主义和资本主义之间尚处于开放状态的边界有效地控制起来"。当天下午 4 时，民主德国国务委员会主席、国防委员会主席瓦尔特·乌布利希签署了《关于民主德国与柏林西区以及与联邦德国之间边界安全措施的命令》。1961 年 8 月 13 日零时，东西柏林之间、西柏林与民主德国其他地区之间的边界被封锁了。在这个炎热的夏天，多数欧洲人正在度假之际，一座冷战之墙赫然出现在了欧洲的腹地。后来经不断修葺，柏林墙成为以水泥墙为主，高达 3.5—4.2 米，全长近 170 公里的隔离带。民主德国沿柏林墙共修筑了 290 个瞭望塔、137 个地堡、274 个警犬桩，并派驻近 2 万名士兵。此外，还建有 108 公里长的防汽车壕和防坦克路障、123.5 公里长的电网和一触即发信号的铁栅栏，以及同样长度的巡逻道，还有一些布雷区和自动射击装置。这座令人生畏的水泥墙，也被称为"乌布利希长城"，将东西冷战推向了高潮。

修墙容易护墙难，再精致的高墙也是简单化的安全。柏林墙的建造并没能一劳永逸地解决民主德国的安全问题。在建墙后的一段时间内，柏林危机一度紧张升级，西柏林市政府组织了 30 万人举行集会抗议，美国下令 1500 名美军、250 辆坦克开赴西柏林，英国也宣布加强其驻德武装。尽管柏林墙的修建客观上造成了两个德国的事实，也在一定程度上形成了相对稳定的往来秩序，但对民主德国而言，柏林墙确立的同时也树立了一座标靶。西方反苏反共势力挖空心思，围绕柏林墙大做文章。联邦德国政府规定，离开民主德国到联邦德国的人，一旦踏上联邦德国领土，就自动享有公民权。各类所谓"公民团体"以柏林墙为目标，将挖墙洞、闯关卡视为核心任务，一门心思搞破坏。柏林墙下的勃兰登堡门成了西方政要喊话的舞台，从肯尼迪的"我是柏林人"的宣言到里根的"戈尔巴乔夫先生，请您把这堵墙拆了"的呼喊，柏林墙成就了美西方所谓"自由世界"的"美誉"，落入意识形态斗争的陷阱。民主德国不仅要承担维护柏林墙的代价，而且要承受封闭暴政的骂名，安全成本居高不下。

事实上，柏林墙人为划界，阻隔东西往来，使比邻如若天涯，违背了天理人情。机枪电网挡不住人员外逃、人才外流、人心外向。人们对这堵阻断自由往来、割裂民族的高墙极度不满。每年都有为数众多的民主德国公民冒着生命危险非法翻越柏林墙。就在修建柏林墙当天，从紧挨封锁线的住宅后院或花园翻墙逃跑，或者从运河和哈维河漂渡过去的有 1500 多人。在柏林墙存立的 28 年岁月里，几乎每天都上演着一幕幕惊险的逃亡大戏。有人从距离柏林墙很近的住宅窗口或楼顶沿着绳索下滑，有人驾驶汽车冲过边检站，有人自制热气球飞渡两德边界，有 36 名学生耗时 6 个月，硬是挖出一条长 145 米的地下通道，成功帮助 57 人逃亡。据《每日镜报》报道，从 1961 年 8 月 13 日至 1982 年 6 月 30 日，超过 18.7 万民主德国公民逃离，其中还有 2000

余人是边防部队成员。想离开民主德国的公民人数更多。据估计，到 1988 年 9 月，至少有 25 万名民主德国公民以书面方式提出迁居联邦德国的申请，其背后有迁居意愿的公民更是多达 600 万人，约占民主德国总人数的 1/3。1989 年 12 月 12 日，民主德国德意志通讯社报道称，在民主德国建国 40 年的历史过程中，先后有 340 万人离开了这个国家。从两德人口发展趋势看，1939 年时，后来成为民主德国的地区居住着 1670 万人，到了 1980 年，民主德国人口还是 1670 万。与此同时，联邦德国人口则由 4300 万人增长至 6170 万人。单就人力资源的富足程度而言，民主德国的国力已然落后于人。

在这些外逃人口中，科技人才外流更令民主德国伤筋动骨。实际上，逃往联邦德国的人大多数是掌握某种技术、受过良好教育的高素质劳动力。出于经济上的考虑，包括更好的物质生活和职业前景是他们离开民主德国的主要动机。科技人才的外流无疑给民主德国的经济发展造成了严重损害。据民主德国统一社会党最后一任总书记埃贡·克伦茨回忆称，"开放边界给民主德国带来的损失高达 1000 亿至 1300 亿马克，约相当于第一次世界大战后德国向战胜国支付的赔偿"。

为了进一步筑牢安全防线，民主德国向意识形态领域寻求安全栏，在柏林墙建立后一步步闭合了通向两德统一的大门。1968 年 3 月，民主德国在其新宪法中明确规定："在平等基础上建立和维护两个德国的正常关系和合作，是民主德国的民族要求。"1974 年，昂纳克执政下民主德国通过新宪法，从国家根本大法上正式确认，不仅德国已经分成两个国家，而且德意志民族也分成了两个"水火不容"的民族，即"资本主义的德意志民族"和"社会主义的德意志民族"。但这种违背客观事实的强行划分却得不到民众的认同，尤其是两德百姓之间存在着血浓于水的关系，每年数百万人在边界线上穿梭往来。在事实面前，"两个民族论"显得空洞乏力，与德意志人民渴望统一的愿望背道而驰，引发了民主德国民众的广泛质疑，也让坚持"民族统一"立场的联邦德国趁势占据了道义的制高点。"两个民族论"犹如一道灰色的伤疤横亘在两德人民的心头。民无信不立，当民主德国政府的领导人执迷于脱离现实的理论时，也失去了人民的信任，"猜疑成为了民主德国棺材上的一根钉子"。

与西方先进市场的自我隔绝也造成了一定程度的经济孤立，销蚀了民主德国的竞争力。用东欧国家的标准来衡量，民主德国属于经济上的优等生，但自 20 世纪 80 年代以来，民主德国经济实际上就已经在走下坡路。据估计，从 1984 年到 1988 年，其经济增长率下降了一半。民主德国通过经济互助委员会（简称经互会）以优惠的价格从苏联等国获得大量的廉价能源、原材料和科学技术，与经互会成员国签定的贸易协定也保证了其出口商品的70%以上拥有长期销售市场。但经互会是封闭型的合作体制，这种内部交流往往是低水平的循环，缺乏竞争机制；经济一体化主要局限在生产领域的专业化协作，高科技难以得到交流和发展，阻碍了技术进步和国际经济交流，使其长期忽视在自力更生基础上实行开放政策，也错过了积极利用国际间经济技术交流与合作的机会，最终造成民主德国经济和科技发展同西方的差距日益拉大。到20世纪80年代后半期，民主德国的产品已很难进入国际市场，一度曾是民主德国王牌的机械制造业，其产品在国际上沦为"三等品"，民主德国向经济合作与发展组织国家出口的机械设备从1973年的3.9%降至1986年的0.9%，甚至低于墨西哥等国家。闭门造车造不出"大众"车，经济上孤立导致民主德国逐渐落后，削弱了国家安全的经济基础。民主德国的居民长期通过无线电广播、电视频道和西边的访客，对西方的消费水平有直观的认识，也形成了对联邦德国马克、旅行自由和西方名牌高档消费品的追求。1989年到1990年冬天，两德边界刚刚开放，来自民主德国的小汽车就汇成了采购洪流，疯狂抢购香蕉、橘子等稀缺商品，凸显了两德之间的经济差距，也反映了被封闭抑制的欲望对安全的冲击力。

在对西方资本、市场设限设防的同时，自给能力有限的民主德国在经济上单向度地倒向了苏东集团，加深了对苏联的依附性。在经济上与苏联紧密相连，是民主德国经济的基本支柱。第二次世界大战后，苏联对重型机械制造产品的需求，从一开始就构成了民主德国经济体制的特点。这种独特现象反映在两国之间达成的长期供货协议之中。来自苏联的石油、天然气、冶金和化学原材料及其产品，构成了民主德国的经济基础。民主德国

70％—80％的生产能力用于为苏联生产捕鱼船、轧钢机设备、旅游列车、起重机等制成品。工业部门 400 万名就业者中，170 万人的生产活动与对苏联出口有关。这使得民主德国的经济形势与苏联为首的经互会深度捆绑，命运与共。20 世纪 80 年代末，经互会各国在全球经济竞争中停滞不前，经互会在世界贸易中的占比 1960 年为 7.7％，1970 年下降至 7.1％，1980 年为 8.1％。20 世纪 80 年代中期，苏联的工业生产增长率只有 2％左右，民主德国经济缺少腾挪空间，惨遭拖累。与此同时，由于经济上对苏联具有深度的依赖性，如果得不到苏联领导层的认可，民主德国无论在政治上还是在经济上都无法实施根本性变革，其维护自身安全的主动权也彻底交到了苏联人的手里。

（二）拆高墙带不来真开放

柏林墙的打开是一场突如其来的开放。1989 年 11 月 9 日，在柏林默伦街的国际新闻中心，民主德国政府发言人沙博夫斯基在接受意大利记者提问时，公布了一份新的旅行法草案，拟放开出入境限制，实现民主德国公民前往西方的自由旅行。在记者追问该法案的生效时间时，沙博夫斯基自作主张回答称"立即生效，刻不容缓"。这一回答石破惊天，"民主德国打开边界"迅速成为各大媒体的头条新闻，在各方人士的惊诧之中，晚上 11 时左右"柏林墙倒了"变成了现实。虽然与历史潮流背道而行的柏林墙倒塌只是时间问题，但如此仓促之下冒然而行则是令人始料未及的，也造成了一系列破坏性的后果，成为推倒民主德国的一块关键骨牌。根据多位民主德国领导人回忆，当时的民主德国从未想过会被吞并。可见，对政权安全的欠思量缺谋划是当时的民主德国从开放走向灭亡的要因。

民主德国的开放是被迫的选择，是经济上有求于人的无奈之举。在柏林墙建立起来后，两德之间并非完全断绝关系，仍存在着较为密切的贸易往来，在民主德国与西方市场经济国家贸易总额中，近 1/3 是与联邦德国进行的，且贸易条件对民主德国单方面利好。由于联邦德国拒绝从国际法上承认民主德国的国际地位，仍将两国经济往来作为国内地区间经济关系来处理，根据两德之间的有关协定，两国间不存在任何贸易壁垒，也没有关税，民主德国因此实际上成了欧洲共同体（简称欧共体）的一个"秘密成员国"，其商品可以享受欧共体共同市场的待遇。与此同时，双方还商定，若一方出现贸易赤字，另一方就会无条件地提供信用帮助。凭借着来自联邦德国的高效率供给，民主德国常常能够克服东欧国家的供给瓶颈。联邦德国也给民主德国提供了相当多的贷款。但躺平并不等于躺赢，没有自己核心的竞争力，科技力量落后，缺乏自主的能力和权力，靠借债过日子，最终受制于人。20世纪 80 年代，由于原材料价格上涨、西方的高利息政策和信贷封锁政策等因素的影响，民主德国出现了债务问题。1971 年，民主

德国的债务总额为 17 亿美元，1982 年升至 100 亿美元，随后由于实行出口创汇政策，其外债从 100 亿美元下降到 70 亿美元，但从 1985 年起民主德国的外债又逐年上升，1987 年为 101 亿美元，1989 年为 110 亿美元，1990 年初已升至 206 亿美元，其中欠"资本主义国家商业银行的总债务为 100 亿美元"，1981—1989 年民主德国在外贸中获得的出超金额还不够偿还贷款和到期应付的利息。1989 年 10 月，一份关于民主德国经济形势的分析报告指出："基于拖欠资本主义国家的债务水平的严重性，民主德国的支付能力自 1990 年开始将急剧下降，除非采取强有力的措施方能制止，例如降低生活水平 25％—30％。"其结论是民主德国在 1989 年面临经济崩溃，"实际上已丧失执政能力"。

两德特殊关系有利于民主德国经济的发展，但也掩盖了民主德国经济中的结构性问题，特别是延缓了民主德国经济改革和产业结构调整。早在民主德国成立之时，其劳动生产率比联邦德国低60％—70％，1989年时仍落后45％。根据1988年的一项民意测验，许多民主德国的公民对现状不满意，因为他们排队购买一辆汽车必须等待很多年，彩色电视机和录像机等高档消费品供不应求，甚至连进口的南美水果也无法保障全年供应。民主德国公民对联邦德国生活的向往溢于言表，在1989年11月9日宣布边界开放后的最初10天里，前往联邦德国和西柏林探亲访友、参观游览的民主德国公民就达1000多万，几乎占了民主德国总人口的2/3。由于经济发展水平跟不上，民主德国与联邦德国之间汇率相差悬殊，一度高至1∶12。换句话说，只要一个联邦德国马克，就可以在那里换到12个民主德国马克，这些钱可以在民主德国首都的一个高级餐馆里吃到一顿丰盛的午餐。这意味着倘若实现经济领域的彻底开放，联邦德国能够以极其优惠的价钱收购民主德国的资产。

对西方尤其是联邦德国严重的债务依赖，使民主德国不得不作出政治让步，同意扩大人员往来和民族联系。1983年和1984年，为获得联邦德国高额贷款，民主德国拆除了边界上部分自动射击装置、取消或降低联邦德国人员入境的货币兑换要求、放宽对两德人员往来的限制。1989—1990年，在民主德国与联邦德国的谈判中充斥着汇率补偿、经济援助等词汇，民主德国政府毫不掩饰其对联邦德国金援的渴望。与此同时，联邦德国的政客也趁势鼓噪，用"繁荣景象"和"没有人比以前生活得更差"之类的空洞许诺，以旅行自由和硬通货联邦德国马克为诱饵，向民主德国人抛出"橄榄枝"。联邦德国还向每个民主德国游客发放100马克的"欢迎费"，柏林墙倒下15年后，沙博夫斯基在接受《每日镜报》采访时，针对自己当年在新闻发布会上的表现解释称，"我们绝不想对两国（民主德国和联邦德国）关系造成负担，因为我们需要他们的钱。我们当时与破产无异！"

民主德国的开放是在意识形态极度混乱状态下的盲动，伴随着一系列自毁长城的错误举措。20世纪80年代，苏联的"新思维"运动给民主德国政坛带来剧烈的震动，也刺激了社会文化思潮的激烈演变。1985年上任的苏联最高领导人戈尔巴乔夫设想了一套"改革新思维"，主张对外缓和东西方关系，超越意识形态和社会制度的对立进行合作，放松对东欧社会主义国家的控制。戈尔巴乔夫在东西方关系上的"松动"对东欧社会主义国家产生了强烈的影响，东欧国家发生政治巨变，民主德国的居民利用东欧邻国与西方的边界开放政策，爆发了一股新的逃亡浪潮，各地同时爆发了大规模的游行示威运动，人们高呼"我们是人民"的口号，要求更多的发言权。1989年10月7日，在民主德国庆祝建国40周年的活动中，来访的戈尔巴乔夫向时任民主德国领导人昂纳克介绍苏联的"改革经验"，同时公开批评民主德国领导人，"谁跟不上形势，生活就惩罚谁"，施压民主德国实施政治改革。在"伟大的社会主义兄弟国家"的牵动下，民主德国的民主问题持续发酵。统一社会党的党员们要求增加党内民主，反对民主德国的势力组织了持续不断的抗议活动，出现了"民主论坛"和"即刻民主"等组织形式。他们要求民主德国实行民主化，要求政府与议会之间进行权力分配，要求公开讨论各种弊端，要求取消统一社会党的领导作用、解散国家安全部，并在政党竞争的基础上实行选举。共青团火炬游行变成了拥护民主化、公开化的游行示威，戈尔巴乔夫的话成为了反党反政府的催化剂。1989年12月，民主德国政府开始与主要反对派组织、教会举行圆桌会谈。圆桌会谈提出撤销国家安全部，政府遂于第14届人民议院大会上宣布解散国家安全部。由此，民主德国历史上赫赫有名的斯塔西宣告解体，民主德国的国家安全工作陷入真空期。以致于后来一些外国领导人来访时需加带安保人员，以便有效负责访问期间广泛的安保事务。几乎与此同时，民主德国新上任的汉斯·莫德罗总理认为在政府向国家负责的体制下，统一社会党的领导地位已不再适合，因此提议删除宪法第一章中"在工人阶级及马克思列宁主义政党领导下"这一节，以此"表明我们在全国深入推动民主化进程和在大联合政府中建立新型平等合作关系的决心"。执政40年的民主德国统一社会党由此主动放弃了自身的领导地位。反腐清算扩散外溢，地方政府开始解体，许多地区和市镇的管理部门宣布自我解散，国内罢工此起彼伏，黑市交易日益活跃，物价飞涨，国民经济陷于混乱，法律和秩序出现了崩溃的迹象。举国上下弥漫着对现实的茫然和对前途的焦虑，民众对自由主义思潮、西方资本主义文化完全没有抵抗力。许多民主德国的公民产生了一种幻觉，以为无论以何种方式，只要尽快实现德国的统一，就能回归正常的秩序，甚至过上田园牧歌的生活。

民主德国的开放缺乏独立性，从始至终都被安置在大国交易的背景下和轨道上，缺少维护自身利益的能力和手段。在关涉民主德国与联邦德国的谈判中，苏联常常撇开民主德国，自作主张。1989 年，在民主德国与联邦德国就人员往来和货币兑换事宜讨价还价时，苏联居然未经与民主德国的协调，单方面同意取消最低换汇数额的规定（民主德国规定进入其境内的联邦德国人需按照 1∶1 的比例换取一定数额的民主德国马克）。在民主德国的抗议下，戈尔巴乔夫仅仅回以一封特别信件，在信中安抚民主德国称"不要对这件事过于认真"。1989 年 10 月 7 日，民主德国举行盛大的 40 周年国庆庆典活动，在仪式上时任民主德国领导人昂纳克宣布"民主德国成功跻身世界十大发达工业国"，对此戈尔巴乔夫一脸不屑，公开嗤之以鼻。1989 年 11 月 1 日，新任民主德国统一社会党总书记克伦茨在莫斯科迫切地想了解苏联对民主德国存续的立场，他动情地问道："民主德国是苏联的一个'孩子'。对我来说十分重要的是想知道，苏联还是不是她的'父亲'？"戈尔巴乔夫给予了他肯定的回答，此后又以亲笔信的方式确认，"民主德国的存在和发展对于欧洲的力量平衡、对于过去与现在的和平和国际稳定，是一个至关重要的凭证"。然而，1989 年 12 月 3 日，戈尔巴乔夫就在马耳他波涛汹涌的海上为美国总统递上两德合并的计划，开放了德国统一的道路。与其说民主德国是苏联的盟友，不如说是苏联用来与西方谈判的筹码。事实上，民主德国的德国人并不是依靠自身力量建立起社会主义，而只是从苏联"进口"了社会主义，民主德国每一步政策选择都是经苏联领导人认可后方能实施，领导人的更迭也是在苏联的授意下进行。它在复制了苏联社会主义抽象模式的同时，也沦为了苏联大国棋盘上的一枚棋子。而谈判的另一方联邦德国总理科尔也是趾高气昂，直接插手民主德国末期一系列的选举活动，民主德国所谓"民选政府"尽显联邦德国傀儡之态，以致民主德国前领导人忿忿不平，称"民主德国人民议院堕落成联邦德国政治与经济利益的执行机构，民主德国许多法律在联邦德国政府的大楼里起草"。在决定民主德国命运的"2+4"模式中，这个存在了40年的国家并没有实际的发言权。它的每一步开放，貌似充分酝酿、自主选择，但实际上都是在大国的算计之中，直至灭亡。

（三）开放和安全的误算

柏林墙倒塌不到一年，民主德国就以并入联邦德国的方式宣告覆亡。柏林墙的崩塌也成为了民主德国崩溃的标志。民主德国政府对开放与安全的误算不仅搭上了自家政权的性命，而且给民主德国地区留下了一系列发展的问题、开放的焦虑和安全的阴影。1990 年后的民主德国地区并没有变得更加平等与和谐。仅仅数月之后，实现德国统一所激起的满腔热情便烟消云散。经济不振，失业剧增，福利衰减，新的赋税层出不穷。西方资本在民主德国的土地上狂欢。民主德国的财产被褫夺，其中 85% 流向联邦德国，10% 成为外国人的财产。民主德国的形象在媒体上被彻底妖魔化，成为专制暴政的象征。民主德国居民沦为本国土地上的"二等公民"，对两德合并的苦果至今心有戚戚，对联邦德国政客的花言巧语心有余悸，对联邦德国人救世主般的趾高气昂忿忿不平，对开放与安全问题的关注和焦虑更让原民主德国地区成为排外活动的多发地和反移民政党的集散区。

诚然，民主德国位于冷战苏联阵营的最前线，承受着短兵相接的安全压力，其解决安全关切的心情无可厚非，但意图通过一墙之隔维护自身安全的路径并非长久之计。反之，一拆了之的做法也不是实现对外开放的成熟之举。

对外开放是人类社会交互融通的客观要求，是不以个人意志为转移的历史过程。硬边界挡不住人民对幸福生活的向往和追求。在德国不足 35 万平方公里的土地上，分割出"两个国家、两种制度"本身就埋下了重大的安全隐患，且不论人为拦阻同宗同族的亲朋好友间正常往来违背了天理伦常，限制与联邦德国的贸易往来，转向经互会寻求资源市场也是舍近求远，有违经济规律。在战后重建过程中，联邦德国早在 1950 年就取消了生活必需品的配给制，而民主德国直到 1958 年才取消，在两德百姓走亲访友时，日常生活的差距肉眼可见。生活在民主德国的人们无法理解，为何联邦德国的商品琳琅满目、五花八门，自己可选择的产品却种类单一、品质不佳且时常断货。有学者断言，在逃往西部的民主德国人中，95％是出于生活水准的考虑，只有5％的人是所谓"投奔民主和自由"的。指挥修建柏林墙的民主德国第一书记乌布利希曾对赫鲁晓夫表示，联邦德国的经济发展是每个德国人都看到了的，这是构成10年间多达200万民主德国人离开民主德国跑到西方去的"主要原因"。躲在高墙背后的民主德国也曾试图提高人民的生活水平，一度提出了全面赶超联邦德国的目标，但却误入歧途，过于重视工业指标，忽视现实民生。民主德国的统一社会党将"只有生产好，才能生活好"作为社会动员的口号，而联邦德国则针锋相对地在社会上宣传"只有生活好，才能生产好"，让民主德国的经济建设成就黯然失色。民主德国末任总理汉斯·莫德罗认为，民主德国失败的最主要原因是经济的而非政治的，归根结底是社会主义与资本主义在经济竞争上的失败。柏林墙的建立不仅没有体现社会主义的硬实力，反而凸显了民主德国的软弱被动。客观而言，民主德国走向封闭、竞争失败的原因在一定程度上也是苏联经济理论的映射。斯大林晚期，对当时世界政治经济形势作出错误判断，在经济上提出了"两个平行市场"的理论，认为社会主义和资本主义"两个阵营的存在所造成的经济结果，就是统一的无所不包的世界市场瓦解了"，由此造成社会主义和资本主义"两个平行的也是相互对立的世界市场"。这一理论忽视了战后世界经济分工、国际贸易蓬勃发展的趋势，将一大批社会主义国家禁锢在封闭市场内，限制了利用西方国家技术资金的可能性，不利于有效提升社会主义国家生产力和人民生活水平。当今世界是开放的世界，开放是发展的必由之路，发展是安全的坚实之基。开放出盛世，封闭致衰落，闭关自守守不住人心，守不来发展，也守不住安全。

开放不是简单地放开，照抄功课，不能放任自流，不加管控。开放是一项系统工程，不单是经贸领域资金、技术、物资的交换，同时也是思想、文化、制度的碰撞交流，不仅事关经济安全、科技安全、文化安全、社会安全，而且开放搞不好，可能危及军事安全乃至政治安全，国将不国。民主德国从打开柏林墙到并入联邦德国，仅仅过了不到一年时间。从经济资源的洗髓换血，到文化社会的自我厌弃，再到政治体制的照猫画虎，从人口外流问题演变为政府的合法性危机，最终将政权拱手相让，加之统一后民主德国老百姓的心理落差和生活窘境，形成了令人唏嘘的"东德之痛"。事实上，当代世界没有哪个国家会天真地自我"放纵"，走纯粹的自由开放之路。即便是大力提倡自由贸易的国度，也会设定于己有利的隐形标准，实现自我保护。综观德国历史，主张政府干预、给自由贸易设框的"国民经济学之父"李斯特被视为民族英雄；将国家经济繁荣交托给美国融资市场，号称德国史上最开放自由的第一个民主政权的魏玛共和国则引发无数反思。

民主德国的修墙和拆墙，折射出一个国家面对开放与安全的选择决不可简单化、绝对化。对于一个国家而言，开放不仅会带来财富和机会，也伴随着风险与挑战，如何实现安全地开放是一门自主与自信的艺术。统筹好开放与安全应立足国情、着眼长远，审时度势、量力而行，坚持独立自主与扩大开放有机结合；要时刻保持"如履薄冰，如临深渊"的自觉，"既要开天窗又要装纱窗"，不断健全开放安全保障体系，为发展开放型经济构筑安全防线。正如习近平总书记在深圳经济特区建立40周年庆祝大会上所强调的："越是开放越要重视安全，统筹好发展和安全两件大事，增强自身竞争能力、开放监管能力、风险防控能力。"当今世界经济全球化、政治多极化、社会信息化、文化多样化和威胁多元化同频共振、相互激荡，走封闭自给的道路行不通，走不设防的开放之路也行不远，与其修物理的隔离墙，不如探索修筑规则、人心的防火墙。只有将竞争力、监管力和防控力三力并举，才能实现安全有序的开放，获得持续开放的安全。

三、英帝国：从"日不落"到"日薄西山"

在英帝国"如日中天"之际，它不仅是当时世界上最先进的工业国家，而且是唯一能把商业和军事触角伸到地球上每个角落的国家。据英国媒体《圣詹姆斯报》统计，维多利亚女王控制着 1 个大陆、100 个半岛、500 个海角、1000 个湖泊、2000 条河流以及 1 万个岛屿。1909 年，英帝国虽已显衰态，但其总面积占世界陆地面积的 1/4，所统治的人口也占世界总人口的 1/4。任何一个国家都不可能在世界历史上永久称霸，英国亦不例外。其衰落的直观表现是帝国殖民体系的瓦解：现在除了有限的几处海外属地，"英国"又退回到英伦三岛。此外，经济指标也是衡量英国衰落的重要标准。英国曾是"世界工厂"，1860 年时占了全世界工业制成品贸易额的 40%，但在 1973—1977 年间就下降到 9.1%。

英国的崛起与衰落是各种因素综合作用的结果，历史学家也给出了多种合理而可信的解释。英国剑桥大学历史学家戴维·雷诺兹认为，作为最早工业化的国家，英国的重大不利因素是"后起之秀"可在起步阶段就直接复制英国的技术创新；一旦工业化进程在人口更多、面积更大的国家起步，英国的相对优势必然要下降。中国学者陈晓律教授认为，英帝国尽管强大，但其母国的面积有限，要始终有效控制庞大的身躯，必然力不从心。如果我们从国家安全的维度去考察与解读，又会有别样的发现。的确，任何国家都要处理各种安全问题，这里的"安全"既包括国土安全、军事安全和政治安全等传统安全，也包括社会安全、文化安全和资源安全等非传统安全。英帝国在鼎盛之时就已危机四伏，遭遇内外重大安全挑战，其应对传统安全与非传统安全的得与失，值得重新梳理与细细品味。

（一）富国强兵的传统安全之兴

英国的主体英格兰位于欧洲西北角的不列颠岛上，物产并不丰饶。15 世纪新航路开辟后，对财富的渴求使英格兰仿效西班牙和葡萄牙，走上了殖民扩张的道路。经过几百年征战，英国先后击败西班牙、荷兰、法国等欧洲强国。到 19 世纪中期，英国的国力达到顶峰，成为世界性帝国和无可争议的海洋强国。英帝国在崛起过程中需要维护领土安全、军事安全和政治安全，而在这些传统安全领域，它确实有诸多可圈可点之处。

第一，理顺内部关系，确保政治安全。15 世纪的"玫瑰战争"是两大家族为争夺英格兰王位而发生的内战，结果是两败俱伤。17 世纪的内战是国王与议会之间的武装冲突，结果是国王上了断头台。1688—1689 年的光荣革命体现了统治阶层之间的妥协，他们邀请荷兰的最高行政长官奥兰治亲王威廉为英格兰的国王。这位威廉是被处死的英王查理一世的外孙、弃位而逃的詹姆斯二世的女婿。此后，英国政治进入了平稳发展阶段。议会掌握征税权，国王的权力受到议会的约束。国王也认清现实，与议会维系较好的关系，改变此前数百年间国王和议会长期处于紧张关系的状态。英国还逐渐确立了宗教宽容、定期选举等制度，理顺了王位继承问题。1707 年，英格兰王国和苏格兰王国正式联合成为"大不列颠王国"，这使得国内叛乱的发源地（苏格兰）基本消失。

在统治阶层内部，大多数政治活动都通过议会完成，选举程序、政党活动及大臣的行为规范进一步完善，反对党是"国王陛下忠诚的反对党"，政治攻讦常见但不会突破底线。面对英国民众的政治改革诉求，自由党和保守党意识到阻挡变革只会造成更大的动荡，最后选择了让步妥协。渐进式的改革赋予新兴阶级一定的政治权力，成功地化解了社会内部矛盾。总体看，光荣革命之后，英国再没有发生过激烈的、大规模的革命，欧洲大陆则频现"一座座火山爆发，一顶顶皇冠落地"的景象。

第二，"御敌于国门之外"，确保国土安全。在崛起的早期阶段，英格兰王室鼓励本国民众"抢外国人的钱"，特别是抢夺西班牙从新大陆运往欧洲的金银财富。海盗出身的弗朗西斯·德雷克因"成果丰富"还被封为爵士和海军上将。在后来的英国政治话语中，"海盗般的"是个褒义词。英格兰人不愿"小富即安"，开始向加勒比、北美、西非等地扩张，并因争夺殖民地或欧洲事务主导权而与其他国家发生军事冲突。英国参与的大型战争包括九年战争（1688—1697年）、西班牙王位继承战争（1701—1714年）、奥地利王位继承战争（1740—1748年）、七年战争（1756—1763年）、北美独立战争（1775—1783年）、法国大革命战争（1792—1802年）和拿破仑战争（1803—1815年）等，这些战争都在欧洲大陆或者北美、非洲等地进行，英伦三岛基本未受冲击。英国用强大的海军对敌国实施海上"封锁"，只有必要时才派遣小规模陆军登陆作战，同时向盟友或代理人提供资金和军备支持。相比之下，德意志就没有这么幸运了。三十年战争是一场欧洲国家之间的大战，在德意志的土地上进行，沦为战场的德意志因此人口锐减、大片土地荒芜、百业凋敝。

第三，金融和技术两手抓，确保军事安全。英帝国是靠战争打出来的，据皮特林·罗斯金的统计，英国（英格兰）在1100年到1900年间竟有一半的时间在打仗。常年征战意味着军费开支巨大，国债从1700年的1400万英镑增加到1815年的7亿英镑。虽然政府可以提高税收，但税收往往只够用来偿还债务利息。17世纪四五十年代，英格兰用短期债务筹集海军军费，但短贷利率较高且期限短。1694年成立的英格兰银行将英格兰政府在几乎不间断的战争中发行的杂乱短期债券变为长期债券，且降低了利率。该银行为英国政府提供的第一笔贷款为120万英镑，年利8%。到七年战争结束之际，英国国债已经彻底长期化，利率也下降至3%—4%。长期国债解决了英国的战争费用问题，是英国在大国竞争中胜出的"秘诀"。1786年，英国首相小威廉·皮特在议会下院宣布："这个民族的生机乃至独立建立在国债基础之上。"

抢占军事技术制高点是增强军事力量的有效途径。1850年，英国基本完成了工业革命，其工业产品占世界总量的28%，其中煤占60%、铁占50%、钢占70%。英国利用工业革命的成果，不断革新海军技术和装备，把蒸汽机运用于海军建设，用蒸汽机动力取代风帆动力，带头完成从帆船向蒸汽船的过渡。同期，阿姆斯特朗公司发明的后装式线膛炮大大增加了英国军舰的进攻能力，而铁甲防护则增强了英舰的防护能力。法国、美国等或许在某个军事技术领域暂时领先，但英国凭借其强大的工业实力迎头赶上，能够比任何国家建造更多、更快、更强的军舰。在 20 世纪之前，英国拥有世界上首屈一指的海军力量，凭此它可对非工业化国家进行军事上的"降维打击"。1882 年，英国舰队炮轰亚历山大港，一位英国水兵描述说："我们几乎毫发无损，他们却损失惨重。"

（二）溃于蚁穴的非传统安全之失

19 世纪后期以来，德国、美国和日本等国强势崛起，在军事、科技和地缘政治等领域挑战英国的霸主地位。对于英国而言，其外部风险挑战日益增多，国内安全风险集中凸显。英国在应对传统安全问题的同时，面临更多的非传统安全挑战。由于应对失据特别是未能妥善处理非传统安全问题，英帝国"伤筋动骨"，一蹶不振。

第一，维系帝国长期入不敷出致经济安全垮塌。英帝国无力维护其经济安全，至少有两方面的原因。一是战争掏空了财政。英国历史学家、伦敦国王学院院长阿尔弗雷德·考尔德科特在 19 世纪末就指出，"具有三百年悠久历史的英帝国可能会因为一场战争而毁于一旦，其影响力也会随之而逝"。后来的历史表明，英帝国虽然没有毁于某一场战争，但 19 世纪末的布尔战争、20 世纪的两场世界大战令其元气大伤。保罗·肯尼迪说，"只有最富裕、人口最多的工业国家才能够支付得起一场旷日持久的现代战争以及承担随之而来的损失，而像英国这样人口数量和资源都较少的国家面临的却是毁灭的危险"。在 1899—1902 年的布尔战争中，英帝国从全球各地集结了 45 万大军，仍无法完胜约 8.8 万人的布尔义勇军。这场战争的代价高昂，英军死亡 5 万多人，耗资 2.23 亿英镑。英国参加第一次世界大战的结果是"杀敌一千，自损八百"。一战结束时，英国政府不得不大幅增加税收，但财政收入只能提供年度开支的 36%，不得不大规模借贷，导致英国国债从 6.5 亿英镑攀升至 74.35 亿英镑，仅债务利息就占 20 世纪 20 年代中期中央政府支出的一半。第二次世界大战期间，丘吉尔首相提出"不计任何代价"取胜，但实际上得益于美国的大量物资援助和苏联对德军的牵制，英国才迎来最后的胜利。1945 年，英国的外债达到 33.55 亿英镑，高达 12.99 亿英镑的资产被清算，成为世界上最大的债务国。英国当代历史学者尼尔·弗格森称英国"破产"了，"大英帝国只能完全抵押出去"。

二是金融业过度膨胀。金融业一直是英国的优势产业，贡献了巨大的无形收入，维系了国际收支平衡，英国也凭借巨大的资本输出而成为世界金融中心。问题在于，英国似乎蜕变为"18 世纪的荷兰"，即从工业和贸易国家转变成一个金融国家。过度金融化造成了英国经济极大的对外依赖性。以 19 世纪至 20 世纪初期的发展环境为例，英国经济必须确保金本位制、自由贸易政策和平衡财政等经济手段的有效运行，一旦这些条件中任何一个改变，对外依赖性就会成为制约经济发展的可怕力量。英国经济史学家彼得·马赛厄斯认为，源于金融的财富源泉更不安全、缺乏弹性，更容易因海外政治危险的压力或战争的打击而陷入混乱。20世纪30年代的"大萧条"、两次世界大战、20世纪70年代的石油危机充分印证了他的论点。

第二，严重依赖海外供给形成了巨大的资源安全隐患。英国国内发展所需的资源来自横跨各大洋的殖民地，而这些殖民地通过航线与英国联系。一方面，英国本土所需的大多数粮食都需要进口。19世纪30年代，英国90％的食品还由国内生产，但到1913年时，英国国内粮食的55％和肉类的40％需要进口。另一方面，英国工业生产所需的原材料也严重依赖进口。彼得·马赛厄斯指出，1913年，7/8的原材料供应来自海外，其中包括所有的棉花、4/5的羊毛、大多数的无磷铁矿以及几乎所有的非铁金属。所有这些进口贸易都需要皇家海军的保护，为了保证资源安全，英国用海军控制了重要的海上贸易通道和几乎所有的重要海峡，包括"锁住全球的五把钥匙"——多佛、直布罗陀、好望角、亚历山大港和新加坡。问题在于，一旦外敌切断其海外运输线，英国就被捏住了"命门"。英国海军上将费希尔指出："如果我们的海军受到攻击，我们担心的不是遭受入侵而是面临饥饿。"依赖海外供应是英国的"阿喀琉斯之踵"，两次世界大战中，德国都使用潜艇攻击英国的商船船队，导致英国的货物损失惨重。

第三，进取心和道义感的消退削弱了英国的文化安全。英国作为一个资源有限的岛国，之所以能建立世界范围内的霸权，依靠的是"软实力"与"硬实力"的结合。英国在"硬实力"下降的同时，"软实力"也出现了问题。一是丧失了民族进取精神。"工业"（industry）这个词起先是指一种品质，即"勤奋"，后来才转有"产业"和"制造业"的含义。它鼓励勤劳致富和技术创新，强调踏实干活才是生存的基础。金融业容易"鼓励"负面的价值取向：由于放贷是一本万利的生意，大家都想着挣快钱，不愿脚踏实地地开展实业。英国"错失"第二次工业革命机遇就是这方面的例子。工业的持续发展离不开投资，第二次工业革命的标志性产业电气、内燃机、化工等对更大规模资本集中和投入的需求较为迫切。德国和美国的资本家在本国政府资金的支持下积极采用刚出现的新技术，实现了快速发展。英国的工业设备陈旧，但唯利是图的英国资本家不愿投资改造过时的设备，而是把资本投放到海外殖民地和新兴市场。他们仍能从传统的方法中获得充足利润，因此没有动力去开发新技术、新设备，不愿投资建设新厂。相反，越来越多的人离开了一线生产部门，成为食利者阶层。

二是"不道德"行为损害了国际形象。英国发动布尔战争是穷兵黩武的行为，严重损害了自身的国际形象。在南非征战的基钦纳将军为了阻止布尔民众对义勇军的支援，将10余万布尔人（其中有很多妇女与儿童）强行关进"集中营"，导致两万人死伤。20世纪30年代，上了年纪的英国人听到纳粹德国关押犹太人的"集中营"，立刻就想到"布尔战争"。历史学者戈德温·史密斯认为布尔战争是不必要的，"我坚信英国在英法百年战争中烧死圣女贞德之后，不曾再犯过这种道德上的错误"。二战中英国为了确保其在中东地区的利益，做出了无法同时兑现的三重承诺：在《麦克马洪—侯赛因通信》中承诺阿拉伯建立统一国家，与法国签订《塞克斯—皮科协定》划分在中东的势力范围，为向犹太金融家寻求资金而支持犹太人在巴勒斯坦建国。日本历史学家中西辉政不客气地评价说："这是一种带有浓厚衰退期帝国所特有的精神色彩，即所谓'日薄西山的不道德'。"

第四，民族宗教问题持续发酵带来社会安全问题。"爱尔兰问题"成为威胁英国国家安全的严重问题。12世纪，爱尔兰沦为英格兰的殖民地。16世纪宗教改革后，英格兰建立了英国国教，而爱尔兰仍保留天主教。不同的宗教信仰使两个民族相互仇视，爆发了多场宗教战争。1801年，爱尔兰与大不列颠在政治上实现合并，但二者的联合缺乏共同的心理、宗教基础和经济润滑。1845—1850年间，爱尔兰发生大饥荒，死亡人数超过100万。英国政府向爱尔兰拨出的救济款项只有810万英镑，人均不足1英镑，其中一半还是贷款，需要日后偿还。爱尔兰对英国的殖民统治进行了激烈反抗，爱尔兰民族主义走向激进化，甚至在英格兰地区实施炸弹袭击。爱尔兰社会也陷入分裂，其中天主教徒强烈要求摆脱英国统治实现自治，而北部新教徒则主张留在英国。

英国政府未能对爱尔兰民族自治运动做出充分反应，导致爱尔兰社会矛盾进一步激化。1919年，"爱尔兰共和军"成立，暴力活动随之升级，当年有17名警察遇害，次年则有165名警察被杀。1921年，爱尔兰南部26个郡脱离英国成立自由邦，联合王国也不得不更名为"大不列颠及北爱尔兰联合王国"。英爱分离并没有解决爱尔兰问题，爱尔兰问题变成"北爱尔兰问题"，症结在于北爱尔兰是留在联合王国还是与南部统一。在1969年到1998年"大动荡"（The Troubles）期间，北爱尔兰的暴力冲突共导致近3500人死亡。1984年，"爱尔兰共和军"在保守党召开年会期间袭击了会议宾馆，险些炸死时任首相撒切尔夫人。

（三）传统安全和非传统安全的紊乱

英帝国的衰落令人唏嘘，更耐人寻味。从国家安全的视角观察英国的衰落过程，我们会发现，英国尽管非常重视维护传统安全，但国力式微之际举措乏力，尤其是面对日益凸显的非传统安全问题，其应对之策更是顾此失彼、左支右绌。可以说，英国在国家安全遭遇前所未有的挑战时没能统筹好传统安全与非传统安全，导致屡屡陷入被动，逐渐走向衰落。"统筹"是战略与战术的结合，是治国艺术，需要悉心把握。

首先，科学评估自身实力、综合判断国内外安全环境是统筹好传统与非传统安全的前提。评估不能脱离基本国情和国际环境，而施策既要尽力而为，又要量力而行。二战结束后，英国领导人没有根据自身实力下降的事实而迅速调整英国的国际定位和角色，试图继续充当与美国和苏联平起平坐的世界强国，还妄言"英国的边界在喜马拉雅山"。这种自大的心态导致英国拒绝参与欧洲的经济、安全和政治合作，拱手将欧洲一体化的主导权让与法德两国。英国驻法大使韩德森爵士在离任报告中写道："长期以来我们过低估计了欧洲邻国的经济发展，而更长一段时间以来我们又过高估计了自己的实力及其对欧洲邻国的影响。"英国还先后在"自由主义干涉"的旗帜下参与了科索沃战争、阿富汗战争和伊拉克战争。英国历史学家西蒙·詹金斯感慨："放弃一个帝国相对容易，可摒弃创造这个帝国的思想就相对困难了。"

其次，搞好平衡，避免顾此失彼、头重脚轻是统筹传统与非传统安全的基本路径。工业革命后，钢铁、棉花、煤炭和造船等成为英国的支柱产业，为其外贸（有形贸易）奠定了坚实基础。第二次工业革命兴起时，英国制造业的成本高而收益有限，英国资本家逃避竞争而将资本投入金融等行业。英国政府倚重金融业，导致英国产业结构畸形发展。经济学家尼可拉斯·谢森在其著作《金融诅咒》中指出，金融产业的成长超过了最适规格后，便会让本应流入"制造"财富的资金流入"吸收"财富的项目之中，并逐渐吸纳国内的优秀人才，使得其他产业逐步迈向死亡。到 20 世纪 80 年代中后期，英国的产业已出现空心化的形态，其直接后果是劳动密集型产业工人大量失业。英国制造业从业人数从 1966 年的 900 万下降到 2011 年的 300 万。在英格兰北部地区，产业衰败导致数万计的制造业工人"下岗"，该地区也成为英国的"铁锈带"。英国的教训显示，只有坚实的制造业基础才能为一个国家提供大量稳定的就业机会，进而推动和实现一国经济社会的可持续发展。特雷莎·梅执政时期，英国推出了新版产业战略，其目的就是要"纠偏"，以提振已经衰败的制造业。

再次，与时俱进，及时调整应对策略是统筹传统与非传统安全的精髓要义。英国自 1846 年废除《谷物法》后就坚持自由贸易政策，但其竞争对手却逐渐走上了保护主义之路。19 世纪末，由于美国、德国、法国和俄国等通过提高关税保护本国工农业，英国对这些国家的出口大幅减少。以对德国的棉制品出口为例，1872 年英国的出口额约 600 万英镑，但 1880 年就骤降为 150 万英镑。面临不利的竞争局面，英国国内主流仍坚持自由贸易政策，直到 1932 年出台"帝国特惠制"后才予以调整。当然，英国也有正面的例子：英国的军事建设一直是将资源与主要注意力集中在海军上。随着飞机的发明，海军已无法有效阻止大陆国家的侵袭，发展空军成为必然。1922 年，"帝国防务委员会"的一个分委员会认为来自欧洲大陆的频繁空袭将对英国造成巨大损失，只有建立防空力量才能应对这样的危险，内阁因此同意成立"首都防空部队"。1938 年，按照拨款衡量，皇家空军由第三大军种上升为第一军种。可以说，如果没有这些前期的防空准备，英国不可能在二战初期挺过德国的狂轰滥炸。

最后，统筹传统与非传统安全还需要做到未雨绸缪，关注不同安全要素之间的关联与转化，做到趋利避害或适当引导塑造。非传统安全问题与传统安全问题之间没有绝对的界限，二者往往相互交织、相互融合、相互影响和相互转化。由于过度金融化，英格兰地区的发展也出现了两极分化：英格兰南部以金融和外贸为主，日益繁荣；北部是老工业基地，城市凋敝，公共服务不振，民众普遍失业。本杰明·迪斯雷利在小说《西比尔：或，两个国家》中曾指出："当茅屋不舒服时，宫殿是不会安全的。"他描写的"两个国家"在一个多世纪之后仍然明显地存在。很多生活在英格兰北部地区的民众感觉社会不公，进而形成了反精英、反体制的心态，这是他们在 2016 年公投中支持"脱欧"的重要原因。可见，经济安全在特定条件下会转化为社会安全和政治安全。

二战后，由于经济复苏需要大量劳动力，英国吸纳了大量西印度群岛和南亚等地区的移民。一些移民无意像长辈那样接受英国价值观，他们坚持自己的文化和宗教，其中极端者甚至将英国本土居民视为"异教徒"。英国文化具有非常强的开放性和包容性，但凡事过犹不及，过分包容则其核心价值观容易受到外来文化的侵害而丧失主导地位。英国政府提倡所谓"多元文化"，不愿旗帜鲜明地宣传核心价值观，这为后来的极端主义、恐怖主义兴起埋下了伏笔。2005 年，伦敦发生地铁爆炸案，在国王十字地铁站实施自杀式袭击的4名年轻人全都是英国土生土长的巴基斯坦裔移民后代,《每日电讯报》称之为"这是自北爱尔兰停火协议后首次发生的英国人以自杀方式袭击本国同胞的事件"。这是文化安全转化为社会安全的例子。

研读历史,是为了关照当下,谋划未来。针对我国发展过程中面临的现实问题,吸取英帝国衰落的教训,是以史为鉴的应有之义。当前,我国国家安全的内涵和外延比历史上任何时候都要丰富,时空领域比历史上任何时候都要宽广,内外因素比历史上任何时候都要复杂。总的看,政治、国土、军事安全等传统安全领域仍然是国家安全的重中之重,任何时候都必须抓住不放。同时,中国作为一个快速发展的国家,面临的非传统安全威胁越来越多,其潜在性、突发性、扩散性等特征要求我们确立风险意识、预防意识、应急意识,要树立大安全观,从更大范围、更多领域、更宏观层面审视国家安全,统筹兼顾、综合施策,国家治理能力与时俱进、驾驭复杂局面胆识不断提升。

四、美国:从"山巅之城"到"霸权困顿"

作为世界头号强国,美国维护国家安全的观念和实践具有特殊性。在构筑和强化全球霸权的历程中,美国花费巨大投入追求所谓"绝对安全"，甚至将自身安全凌驾于别国安全之上，牺牲他国安全以保护"美国优先"。这种对于自身安全和共同安全的统筹失据，是近年来美国实力衰退、霸权遇困的重要原因。

（一）由"合作安全"蜕变为"霸权安全"

维护自身安全原本是世界各国普遍而合理的诉求，然而，出于安全观的异化，美国对自身安全的理解逐渐出现偏差，步步倒向片面谋求所谓"绝对安全"，将维系全球霸权作为安全战略的终极目标，直至陷入一种"越执着于安全、不安全感越强"的恶性循环。

从历史长视野来看，美国由合理维护自身安全到走向盲目追求"霸权安全"，是一个渐进的过程。从战火中获得独立后，美国对当时纷争不断的欧洲大陆十分警惕，决心同其划清界线，以孤立姿态求得偏安一隅。建国后很长一段时间内，美国坚持奉行孤立主义安全观，寻求以不干涉、仲裁者的姿态出现在国际舞台，避免卷入外部矛盾引火烧身。1796 年，美国第一任总统乔治·华盛顿在《告别演说》中鲜明阐述了孤立主义政策——"我们处理外国事务的最重要原则，就是在与它们发展商务关系时，尽量避免涉及政治。我们真正的政策，乃是避免同任何外国订立永久的同盟"。然而，随着美国走上对外扩张的帝国主义道路，

AMERICA
A SHINING CITY UPON A HILL

其孤立主义安全观也在发生变化。19 世纪以来，美国国力和利益不断拓展，开始把整个美洲视为势力范围，原先主要强调不卷入欧洲事务的孤立主义加上了反对欧洲干预美洲事务的新内容，演变为旨在维护西半球优势地位的"门罗主义"。从这时起，美国事实上已经认识到自身安全同外部安全环境密切相关，有意识地将两者联系起来考虑。

此后，通过抢占第二次工业革命机遇和参与殖民扩张活动，美国的综合实力大为增长，与外部世界的交流联系更加密切，利益边界大幅延伸，其安全观中孤立的一面快速消退，转而更加热衷于参与外部事务。也就是从这时起，美国开始探索如何将自身安全寓于国际共同安全之中。1917 年，美国对德宣战，正式参加第一次世界大战，成为决定一战后国际安全秩序的关键力量。尽管时任美国总统伍德罗·威尔逊声称美国参战的动机在于"为了民主必须让世界安全……无意征服，无意主宰"，但实际上，美国从参战中获得大量好处，这激发了其寻求进一步主导战后世界议程的欲望。一战结束前夕，怀有理想主义情结的威尔逊雄心勃勃地提出关于战后世界秩序安排的"十四点计划"，建议将持久和平建构在"集体安全"的基础上。威尔逊设想建立"一个广泛的国家联盟，旨在为世界各国不受限制地共同利用海上通道而维护海路安全，防止因违反协约而引发的战争"。为此，威尔逊投入满腔热情游说各国共同组建国际联盟，期待以"道德力量"约束国家间争夺权力的残酷斗争。应当说，在当时强权政治占据主流的历史背景下，威尔逊所倡导的通过国际合作谋求共同安全的理念具有正面意义。然而，理想虽丰满，现实却骨感，各个战胜国在战后安排中仍竭力为自身谋取最大利益，彼此间根本的安全矛盾没有得到解决，国际联盟最终也只是昙花一现，无力阻止第二次世界大战的到来。二战爆发后，美国起初试图以中立姿态谋求利益最大化，但珍珠港事件令其决心向法西斯势力宣战，迅速启动战时体制并扮演"民主兵工厂"的角色。从这时开始，美国彻底抛弃了孤立主义安全观，将打击不属于"自由世界"的"非自由力量"、参与并主导国际事务视为自身安全的必要保证，渴望达到"绝对安全""天下无敌"的境地，由此走上霸权之路。之后，在近半个世纪的冷战中，美国也秉持这种极富侵略性、进攻性的安全观同苏联展开全球博弈。即便苏联解体、冷战结束，时至今日美国依然认为自身安全面临"国家间竞争"的威胁，频频以"维护国家安全"为借口在世界各地挑起事端。

从"合作安全"理想驱动的国际联盟，到构建并主导"自由主义国际秩序"，变化的是美国维护自身安全的理念和方式，不变的是其对"绝对安全"的迷恋和追求。美国之所以崇信"绝对安全"，首先源于对自身安全的极度敏感，而这种极度的敏感，又与其国家建构的早期历程和"例外主义"的内在传统密切相关。一方面，美国是从战火中诞生的国家，英国殖民者的严酷剥削、独立战争的炮火洗礼，令美国极为珍视来之不易的"本土安全"；另一方面，美国深具"例外主义"的信仰传统，深信本国民众素养、制度设计和文化传统与众不同、卓尔不群。民调显示，即便近年来美国遭受新冠病毒感染疫情重创、国际领导力面临深刻质疑，仍有六成美国民众认为美国"是世界上最伟大的国家（之一）"。这种自视甚高的文化意识，决定了美国将不惜一切维护自身作为"山巅之城"的安全。此外，经过"西进运动"、美墨战争、南北战争等一系列对外扩张和内部整合，美国逐步确立了"两洋夹一陆，四面无强敌"的有利位置、拥有了广袤的国土纵深和优越的资源禀赋，这些天然的安全红利也令其对周遭环境的任何震荡都殊为敏感。因而，纵观美国历史，无论是珍珠港事件、古巴导弹危机还是"9·11"事件，只要本土安危遭遇外部挑战，美国都会异常警觉并迅速展开全面的国家安全变革。同时，在道德优越感十足的国家气质的浸染下，美国不仅要维护客观的国土安全利益，还要谋求所谓"价值观安全"，确保所谓"自由民主"的制度和文化不受任何潜在威胁。这些特有的主客观因素，为美国日后信奉片面扭曲的"绝对安全"理念埋下了伏笔。

进一步，这种陷入绝对化的安全观让美国产生了至少两方面极端的战略思维：一方面，美国倾向于通过渲染外部威胁寻求"绝对安全"。渲染外部威胁是美国多年来屡试不爽的"治国术"之一，也是其片面追求"绝对安全"的必然产物。作为建国历史不足 300 年、构筑在"分权制衡"原则之上的联邦制共和国，美国移民多、种族多、利益集团多，两大政党争斗不断、联邦与地方时有龃龉。因而，美国社会和政治总是存在各种分裂与不合，很多问题无法形成合力得到解决。为了取得推进国家政策所必须的社会共识，美国的统治集团竭力试图找到各方意见的公约数。在参与外部事务的过程中，美国的统治精英逐渐发现，比之类目繁多、繁琐复杂的内政治理，"国家安全"是相对容易促成共识的领域；而若要持续谋求"绝对安全"的目标，则需要不停地寻找乃至塑造外部威胁，以此营造一种"同仇敌忾"的氛围。20 世纪 50 年代后期，苏联先于美国将人造卫星送上太空，美国朝野上下惊呼这是预示美国可能就此落后于苏联的"斯普特尼克时刻"；借此机会，美国政府得以强势推动大规模太空计划，军费开支也不断上涨。2003 年，小布什政府声称"萨达姆政权与'基地'恐怖组织有染，且藏有大规模杀伤性武器"，据此悍然发动伊拉克战争；然而，美国国防部在战后进行深度调查后承认，没有直接证据能够支持当时小布什政府的上述开战理由。时下，美国渲染威胁的矛头又指向了中国：2017 年 12 月，特朗普政府发布《国家安全战略报告》，其中明确将中国作为头号战略对手，美国对华政策陡然走向强横对立；2021 年拜登政府执政以来，不断宣称"中国正在吃掉美国人的午餐"，谋求以对华竞争推动陷入困顿的国内建设议程。高举"维护安全"的大旗，某些美国政客总能编织种种理由让威胁"成立"，进而顺理成章地通过"应对威胁"争取预算、俘获民意。

那么，这种渲染外部威胁的做法是否让美国变得更加安全了呢？答案恐怕是否定的。其中一个重要原因在于，国际政治存在"安全困境"效应，当一国刻意放大对其他国家的威胁认知并采取强力打压，反过来也会令受打压的国家将该国视为更大的安全威胁，进而形成一种对立叠加升高、"相互不安全"的负循环；尤其是，当既有大国出于被赶超的战略焦虑而施压后来者时，甚至可能生生塑造出一个本不存在的敌人，令自己掉入所谓"修昔底德陷阱"。习近平总书记深刻指出，世界上本无"修昔底德陷阱"，但大国之间一再发生战略误判，就可能自己给自己造成"修昔底德陷阱"。千百年来时有重演的大国政治悲剧在时刻提醒着某些美国鹰派人士：一味寻求"绝对安全"、刻意渲染威胁的结果，只会是绝对不安全。

另一方面，美国将"民主输出"视为达成"绝对安全"的必要手段。美国的国家安全哲学带有强烈的意识形态色彩。受基督教传统影响，美国不仅坚信自身制度模式的独特优越，还认为自己天然肩负将自身制度向外传播推广的使命，并将这种制度扩张视为自我保全的一种方式。这种"天定命运"论投射到国家安全层面，就演变为所谓"民主和平论"，即体制相近的"民主国家"之间冲突会更少，彼此更能保持和平；同时，与"民主国家"不同路的"专制国家"则被视为冲突、暴力和不安的源泉。长期以来，美国两党都是"民主和平论"的忠实信徒，"壮大民主"则被视为维护自身安全的优先事项。1994年，时任民主党籍美国总统比尔·克林顿在国情咨文演说中宣称"归根结底，确保我们自身安全并维持长久和平的最好方法在于支持其他地区增进民主。民主国家之间不会互相攻击"；后来的共和党籍总统小布什也曾用类似论调为自己在中东地区强推"民主改造"计划辩护。在"民主和平论"的外衣下，美国判断安全威胁不仅基于对客观利益的评估，还将之同"民主输出"的成效挂钩。美国战略界的一个流行观点在于，美国若想处于"绝对安全"的状态，就要想方设法令以美式制度为代表的"民主体制"在全世界掌握"绝对优势"。正因如此,美国在全球范围内多次策划旨在更迭当地政权使之"民主化"的"颜色革命",甚至不惜蛮横动武以达到目的。自冷战时期至今,美国当权者不断宣扬"颜色革命"是"民主的胜利",宣称美国将由此变得"更加安全"。但事实上,美国在二十年阿富汗战争后的尴尬退场已明白无疑地表明,任何企图强力推行所谓地区"民主化"的行为都是损人不利己的一厢情愿,不仅不会为自己带来臆想中的"绝对安全",反而将更加搅动地区局势,伤害世界和平稳定。

(二)"世界警察"外衣下的安全透支

多年来,在绝对化的安全观的塑造下,美国上下始终充斥着一种对于"自身不安全"的忧虑:冷战时期,对苏联威胁的渲染和对共产主义的恐惧已深刻影响到美国民众的日常生活,不少民众出于对美苏爆发核大战的恐惧大量修建核战避难设施,一度形成了遍及美国各地的"避难所文化";21 世纪初"9·11"事件后,恐怖主义威胁在美国凸显,但随之而来的恐惧感很快泛滥成灾,演变为非正常的"伊斯兰恐惧症",令穆斯林群体在美国备受歧视压迫,造成严重的人权问题。这种被刻意营造的不安全感改变的不仅仅是美国的社会文化,还深刻改变其国家结构和政策取向;

美国不仅要维持实力超群的客观状态，还要在全球范围内积极寻找威胁、清除威胁，扮演"世界警察"的角色。二战结束后至今，为了在全世界维持力量优势、阻止任何潜在对手的崛起，美国以维护国家安全为名建立了一整套的体制机制和部门机构，如国家安全委员会、国防部、中央情报局、国家安全局、国家情报总监办公室等，对美国和世界产生了全方位影响，但过度的安全追求却在一定程度上令美国始终难以摆脱"不安全"的梦魇，陷入"安全投入越多，不安全感越深"的无解循环。

充当"世界警察"要求美国持续维持全球霸权。表面上，美国自称其在军事和政治上的种种扩张政策是为"使朋友和敌人确信自由资本主义多边秩序的有益特性能让世界迈入和平与和谐的新时代，让美国重新获得其传统意义上的那种不受外部威胁的安全感"。事实上，对美式帝国主义有过深入研究的巴西历史学者路易斯·阿尔贝托·莫尼斯·班代拉一针见血地指出，美国作为"岛国强权"，其扩张的根本目的在于"将它在西半球实行的霸权主义延伸到欧洲'古老大陆'和亚洲"。对美国而言，"安全"是相对的，"不安全"则是绝对的；"安全威胁"永远存在，"安全投入"则没有封顶。自 1987 年以来，美国每届政府都会发布《国家安全战略报告》，用严峻深重的话语描绘美国面临的外部挑战和威胁，是每份《国家安全战略报告》的"必修课"。从倾力刻画"共产主义全球扩张"，到极力渲染"流氓国家"，再到主观认定"邪恶轴心"，直至特朗普时期宣告"重返大国竞争"，美国的权力精英们总是试图在"维护世界和平"的面目下张扬霸权，乃至发动战争。身为世界头号强国，却时刻感到不安全，这种状况造成的直接后果，就是美国在"维护自身安全"的旗号下不间断地投入巨额的人力、物力和财力，不可避免地陷入"安全透支"的困境。

美国长期奉行进攻性国家安全路线，一向不惮从最坏假设出发评估对手的威胁。对于美国的战略精英而言，评估威胁的第一要义是看一国是否具备威胁美国的能力；换言之，只要某国具备了在美国看来能够产生威胁的能力，不管其有无威胁美国的意图，都会被美国定位为潜在对手。冷战初期，美国对苏联战略的设计者之一、曾任美国国务院政策规划司司长的保罗·尼采就认为"要赢得冷战的胜利可能比打赢一场热战需要更多的力量"。在进攻性战略思维的指导下，美国维护自身安全的范畴早已超越国境之外，"前沿部署，全球防卫"成为其最为突出的国家安全政策传统。在全球范围内划设印太战区、欧洲战区、南方战区、中央战区、北方战区、非洲战区，每年花费 7000 多亿美元国防开支，部署运转 700 多个海外军事基地，除了美国之外，世界上再无哪个国家在"维护国家安全"的名义下将如此多的资源力量投布世界各地。而即便维系这么庞大的国家安全架构，许多美国政客依然感到美国作为"世界警察"的"警备"不足、安全保障不够"有力"。2021 年，美国国会中的共和党议员不断声称拜登政府提交的高达 7500 多亿美元的国防预算"严重不足"；最终，由拜登签署通过的 2022 财年《国防授权法案》中将年度国防支出提升到前所未有的 7682 亿美元。面对新冠病毒感染疫情持续肆虐和经济通胀压力高企，这一近乎天文数字的国防开支引发了美国国内不少质疑与批评，部分有识之士疾呼"是时候控制膨胀的军事预算了"，但无奈声音有限、应者寥寥。

任何国家的国力资源都不是无限的，美国亦不例外。经年累月的巨额安全投入不仅没为美国带来期待中的"绝对安全"，反而极大影响其国家发展和治理的效能，造成许多负面影响。

第一，对外政策"暴力化"倾向严重。作为维护国家安全的重要手段之一，外交政策理应是理性审慎的代名词。然而，贯穿美国历史的一条基本线索则是"以实力求和平"。美国第一任总统乔治·华盛顿 1790 年在国会讲话中就提出"做好战争准备是维系和平最有效的途径之一"。长期以来，"以实力求和平"已成为美国战争鹰派心心念念的"治国要义"，武力手段在维护自身安全各项措施中的地位一再被抬高，对外政策也受此裹挟，愈发呈现简单粗暴、穷兵黩武的一面。在对外政策实践中，美国总是将维护自身安全视为绝对优先事项，公然无视国际法和国际关系基本准则，滥用武力推行单边主义政策。比如，美国认为"航行自由"对其安全和繁荣至关重要，便以此为名派出舰船肆意进入其他国家领海，执行所谓"航行自由行动"；事实上，美国本身都尚未批准《联合国海洋法公约》，执行此类行动缺乏国际法依据，是不折不扣的霸权行为。近年来颇能体现美国对外政策的"暴力化"的例子，莫过于 2020 年 1 月美军袭杀伊朗高级将领卡西姆·苏莱曼尼。这是一起由时任美国总统特朗普亲自下令利用无人机携带发射火箭弹杀害他国高级领导人的惨案，令世界为之震惊。联合国庭外处决特别报告员阿涅丝·卡拉马德明确表示美国的袭杀行为违反《联合国宪章》，是"不正当之举"。美国国防部前部长罗伯特·盖茨指出，美国对外政策已变得"过度军事化"，"不仅在战略上不明智，而且不道德"。

第二，对新兴安全挑战的关注和应对不足。冷战结束以来，苏联威胁消失，全球安全环境日趋复杂多变，美国面临的安全挑战决不是单向度的。但是，美国在识别和应对安全挑战方面则很不平衡。具体而言，美国将大量安全投入倾注于应对所谓"大国竞争""地区对手"等外部挑战，开足马力强化军备建设、滥用制裁打压；而与此同时，对一些真正威胁到自身安全的紧要问题，美国却出于种种原因有所忽视、疏于应对：比如，对于气候变化问题，美国已然遭受到气候变化的诸多不利影响，极端天气频发和生态环境变化令美国损失不小；尽管美国国内许多有识之士认识到气候变化带来的国家安全风险，但囿于党派歧见，美国始终难以从国家层面维持对气候安全问题的基础性、持续性投入，甚至在特朗普时期一度退出全球协同应对气候变化的《巴黎协定》。再如，伴随政治恶斗和社会撕裂加剧，美国国内极端主义及由此滋生的暴力问题和种族矛盾愈发突出，美国战略与国际问题研究中心 2021 年的研究显示，美国本土的恐怖阴谋和袭击事件已升至 25 年来的最高水平，严重威胁其国内安全。但同气候问题类似，国内极端暴力问题也和党派政治深度关联，美国始终难以超越两党分歧，从维护国家安全的高度形成合力去正视和应对。

第三，军工复合体损公肥私。美国的军工复合体视战争为生意。1961 年，时任美国总统艾森豪威尔在其离任演说中异常尖锐地指出"强大的军事组织和巨大的军火工业的联姻是美国历史进程中的一个新现象，在每一个城市、每个州的议事机构、联邦政府的每个办公室都能感受到它的总体影响"，并由此警告"我们必须防止军工复合体有意或无意地获得不应当有的影响力"。艾森豪威尔的警示颇有预见性，数十年的冷战着实让军工复合体成为美国最具影响力的利益集团之一。尽管冷战结束后军工复合体曾一度陷入"无生意可做"的处境，但反恐战争的到来令其又找到了新的"金矿"。仅以阿富汗战争为例，根据美国安全政策改革研究所发布的阿富汗战争主要受益者名单，美国五大军火巨头——洛克希德·马丁公司、雷神公司、通用动力公司、波音公司和诺思罗普·格鲁曼公司，从美国政府为阿富汗战争投入的资金中分得的金额高达 2.02 万亿美元。近年来，随着中东、南亚等地反恐战争的退潮，军工复合体又将新的"挖矿点"瞄准了印太地区，大力宣扬同中国的"战略竞争"，希望再从中谋利。特别是，在美国军火商和政治投机客的眼中，中美之间冲突风险高企的台湾问题正在成为捞取真金白银的"机会"。譬如，常年叫嚣"强力支持防卫台湾"的美国鹰派智库"2049 研究所"背后就有美国军工企业的鼎力支持。中美两国在台海爆发冲突显然不符合美国自身的安全利益，但这些军工复合体却仍然在为一己私利而肆意"拱火"；由此观之，他们非但不是"安全提供者"，反倒是"麻烦制造者"。

（三）自身安全和共同安全的割裂

在维护自身安全和促进国际共同安全的关系上，美国奉行的是自我优先的逻辑；维护自身霸权是其国家安全战略和政策的根本目的。自冷战以来，美国以"遏制共产主义扩张"为名，在全球范围内构筑了一整套支撑美国竞争优势的战略体系，其中最具代表性的如美元主导的国际金融体系、以北约和亚太双边同盟为核心的军事同盟体系等，这些支撑美国超群地位的体系结构，是美国霸权的集中体现。在美国的政治语境中，维系霸权的另一种表达方式是维持"全球领导地位"。一直以来，一批又一批的美国战略精英都在为美国"领导世界"的不可或缺性而摇旗呐喊。在他们的眼中，美国霸权是"仁慈的霸权"，美国"不求回报"地提供国际公共产品，为的是促进全球共同繁荣和安全；在具体国际事务中，美国的这种"领导地位"哪怕不尽如人意甚至行事霸道，但依然是全球安全的头号"稳定器"；只有确保美国的霸权不受威胁，国际共同安全才能有所保障，其他国家不能对此有所异议，不然就要被视为"共同威胁"。

然而，常年维系霸权给美国带来的成本逐渐超过收益，使得美国国内的不满情绪日益升高。由此，一批奉行民粹主义和狭隘单边主义的美国政客宣称，美国在同世界的交往中"付出大于所得"，本国普通民众"利益受损"，国家陷入"不安全"之中。也正因如此，曾在美国历史上反复出现但一直未成气候的"美国优先"政治派别近年来获得前所未有的能量声势，开始将矛头对准一系列由美国亲手参与搭建的国际制度架构。战后近80年来对维系世界和平稳定作出突出贡献的联合国机制甚至被其无端斥为"陈腐过时"，令人错愕不已。

客观而言，美国对于重建战后国际秩序、推动全球和平发展的确起到过一定推动作用。但是，深入审视战后国际关系和美国霸权扩张的历程就会发现，美国的霸权绝非某些美国战略人士口中宣扬的那样"仁慈"，"美国优先"更是同国际共同安全背道而驰的狭隘主张。

首先，美国并非任劳任怨的"无私奉献者"，其维护国际安全的出发点是持续攫取利益，是服务于自身"霸权安全"。美国历史学者梅尔文·莱弗勒在系统考察冷战史后认为，美国之所以倾尽全力与苏联展开地缘政治和意识形态博弈，并非仅仅是出于虚幻的道德目的，更根本地是为占据相对于苏联社会主义阵营的"权力优势"。在现实主义视角下，美国维系"霸权安全"的核心逻辑是"离岸制衡"，即美国需要通过各种谋略手段，确保远离本土的欧亚大陆上不会出现一个拥有足够权力资源得以挑战美国超群地位的超级大国。纵观历史，在自身主导建立的多边体系中，美国都占有无可比拟的优势，是最大的获益者：冷战初期，通过实施援助欧洲的马歇尔计划，美国极大地复兴了欧洲市场活力、拓宽了对欧产品输出，迎来自身经济繁荣；冷战结束后，美国成为唯一的超级大国，强力推动自身主导的新自由主义国际经贸秩序覆盖全球，从中近乎无限量地收割全球发展红利，乃至意图实现霸权永续。然而，美国的霸权体系本质上是其对外转嫁危机的工具，最显著的就是其可以通过美元在国际金融体系中的垄断地位将其内部的经济压力向外宣泄，世界各国则要共同负担美国超发货币造成的经济风险。2008 年由美国次贷危机引发的全球性金融危机及后来美国对"量化宽松"政策的过度使用，已清楚地证明了美国霸权的掠夺性。

其次，美国优先保证的是盟友伙伴的安全，并非真正意义上面向全球的普遍安全。美国声称自身主导的军事同盟体系是全球安全的基石，但事实并非如此。美国构建军事同盟体系主要出于冷战时期对抗苏联的需要，位于亚欧大陆两端的"边缘地带"，被认为能够起到阻遏苏联扩张作用的西欧和东亚地区则是美国优先保障的战略重点。其时，对于众多渴望获得民族独立和国家振兴的第三世界国家，美国不是将之作为"潜在的共产主义国家"严加提防，就是挖空心思对其展开政治经济渗透，力图扶植亲美政权上台为对苏冷战服务，这些国家本身的发展需要和安全关切则要服从于美国的战略安排。冷战结束后，美国的军事同盟体系失去苏联威胁的牵引，面临存续考验。对此，美国一面提出"参与和扩展"的安全战略，加速北约东扩、重整亚太同盟，拓展势力范围；一面急切找寻新的"同盟之敌"。俄罗斯、朝鲜、伊朗等与美国"不同路"的国家，无一例外都被美国贴上"威胁地区和平稳定"的标签，联合盟友伙伴与之对立。美国在与这些"不同路"的国家互动时，全然不顾及它们的正当安全诉求，充斥着零和色彩与霸权做派，北约东扩就是典型案例。冷战结束以来，美国主导的北约东扩不断蚕食中东欧腹地，令俄罗斯面临持续不断的安全高压。俄罗斯总统普京直言美国已经将导弹部署在俄罗斯的"家门口"，北约继续东扩是"不可接受的"。

最后，更加残酷的现实是，当盟友伙伴的利益同美国自身利益发生冲突时，美国总是选择"美国优先"，甚至不惜损害他国安全以维系自身安全。20 世纪 80 年代，美国认为日本经济的强势崛起严重掣肘美国国内经济产业和国际经济主导权。在此情况下，即便日本是美国大力扶持的亚洲头号盟国，美国也毫不迟疑地对其发动经济战、金融战，强令日本针对部分产业扩大进口、取消关税、开放国内市场，尤其是迫使日本签署"广场协议"，使得日元短期内大幅升值，给日本造成了严重的经济安全和社会安全问题。在欧洲，当法国工业巨头阿尔斯通公司获得行业领先时，美国感到自身利益受到威胁，不惮动用司法部、联邦调查局等强力部门对其实施"长臂管辖"，滥用制裁打压，使得美国通用电气得以收购阿尔斯通的电力业务。近年来，美国不断将中国渲染为同盟友伙伴的"共同安全威胁"，但实际却往往热衷"小圈子"政治，例如为了增强亚太地区海上对华威慑，美国协同英国、澳大利亚组建三方安全伙伴关系，使澳大利亚停止同法国的核潜艇合作而转投美国。时任法国外交部长让－伊夫·勒德里昂愤而表示美国此举无异于"背后捅刀"。

美国费尽心机构建以自身力量优势为基础、模式话语为样板的霸权体系，本意是想由此稳坐霸主宝座、实现"美利坚治下的和平"。但是，美国霸权内在的掠夺性、非正义性和不可持续性，决定了其希图由"霸权安全"达成国际共同安全的做法必将南辕北辙，不仅危害全球安全环境，更使自身遭到反噬：一方面，冷战结束后，身为唯一超级大国的美国本拥有进一步促进国际安全和全球治理的条件基础，却在霸权地位的诱惑下醉心"民主输出"、肆意干预他国政治，克林顿时期美国驻联合国代表玛德琳·奥尔布赖特甚至有过"美国军事力量超群，如果不去使用则意义何在"的惊人之语。20 世纪末以来，美国接连掀起科索沃战争、伊拉克战争、阿富汗战争，屡屡以"维护和平和安全"为名开战，给世界带来的更多是动荡和不安。另一方面，美国的霸权行径给其他国家带来伤痛，反过来损害自身的战略信誉和国际形象。美国常年在他国驻军，给驻在国驻地造成诸多伤害，美国驻日本冲绳普天间基地的机场因严重扰民被当地民众投诉，声名狼藉。特朗普时期，美国的安全政策急剧走向狭隘单边，施压盟国增加防卫开支、先后退出多个国际机制等举动对联合国体系和全球安全治理造成严重冲击。对此，法国总统马克龙、德国前总理默克尔等均呼吁"欧洲安全不能再依靠美国";从结果上看,崇信"霸权安全"的美国是在推远而非拉近众多渴望共同安全的世界其他国家,越来越走向国际共同安全的对立面。

畸形异化的安全观、失衡失据的安全投入、霸道无理的安全逻辑,导致美国维护自身安全做法走偏走样,在"安全困境"中愈陷愈深、难以自拔,往昔强盛的"山巅之城"也问题频出、困境不断。美国抱守"绝对安全"、迷信"霸权安全"无法带来真正的共同安全,其教训值得深思。安全是人类的永恒关切,各国自身安全和国际共同安全之间需要统筹兼顾;"国强必霸"的道路不可取,必须既重视自身安全,又重视共同安全,打造命运共同体,推动各方朝着互利互惠、共同安全的目标相向而行。只有世界各国一同高举合作、创新、法治、共赢的旗帜,推动树立共同、综合、合作、可持续的全球安全观,加强国际安全合作,完善全球安全治理体系,统筹好维护自身安全和共同安全,共同构建普遍安全的人类命运共同体,方能在世界大变局的惊涛骇浪中守望相助、携手共进。

五、西班牙帝国:从"开拓者"到"裱糊匠"

古往今来,环顾宇内,无论大国小国、穷国富国,维护国家安全都是头等大事。各国或以武立威，或以文怀柔，或以经促稳，或以法建制，都会依国情、国力和内外环境，竭尽全力安邦定国。不过，如果说维护国家安全是颠扑不破的"普世价值"，那么更高层次、更具前瞻性的"塑造国家安全"则是名副其实的"大国专利"。这一点，从世界历史上第一个全球性大国——西班牙的兴衰历程中便可窥得一隅。其在15—16世纪因开拓新大陆、建立史无前例的海外帝国而兴，也因被动维护其反动封建制度和殖民体系而衰，其中的经验教训对于认识和统筹维护和塑造国家安全有着一定借鉴意义。

（一）主动塑造的"新世界开拓者"

15世纪后半叶，近代西班牙在崛起前夜，正面临十分严峻的安全环境。国内，国库空虚，军力不足，犹太教徒和天主教徒不断发生流血冲突，大贵族企图压抑王权以保障自身的利益；国外，历来敌对的南方阿拉伯人不断袭扰边境，迅速崛起的奥斯曼帝国也在虎视眈眈。然而这个"偏安"欧洲南陲的中等国家，非但没有因内忧外患而沉沦，反而历"三世之功"，主动作为，塑造了一个属于西班牙的黄金世纪。

从对内政策看，西班牙在欧洲首创封建中央集权君主专制政体。后世在回顾西班牙的崛起时，往往惊叹于大航海时代的乘风破浪，而忽略了伊比利亚半岛并不富饶土地上的伟大制度创新。15 世纪下半叶的欧洲，还处在中世纪的尾声。此时的伊比利亚半岛上存在着 4 个基督教国家，即葡萄牙、卡斯蒂利亚、阿拉贡和纳瓦拉。其中领土面积最大、实力最强的卡斯蒂利亚正在软弱平庸的恩里克四世统治下，在他统治期内封建无政府状态达到极点，封建贵族拥有自己的武装和城堡，专事打仗的僧侣骑士团享有种种特权而常常谋反作乱，高利贷横行，阶级矛盾和宗教矛盾尖锐。恩里克四世对国家政事一筹莫展，与阿拉伯人占领格拉纳达的战争又屡战屡败，经济社会的发展严重滞后。

正如毛泽东同志所言："当着政治文化等等上层建筑阻碍着经济基础的发展的时候，对于政治上和文化上的革新就成为主要的决定的东西了。"此时的西班牙，正是在特殊的历史环境下扮演了政治革新的角色。1474 年，恩里克四世去世，他的同父异母妹妹伊莎贝拉一世继位为卡斯蒂利亚女王，1479 年她的丈夫斐迪南二世登上了阿拉贡国王的宝座，至此两国正式合并，标志着一个统一的西班牙王国的形成，并在"双王"的领导下逐步发展成中世纪欧洲前所未见的第一个中央集权君主专制国家。

首先，全面集中和加强专制王权力量。伊莎贝拉和斐迪南依靠城市中小贵族和天主教会的支持，严厉打击割据分裂的封建大贵族。1480 年，女王伊莎贝拉下令强行收回前王赐予贵族的王室领地，摧毁贵族城堡，取消铸币等特权，并对拒绝服从的贵族予以制裁。重新组建"圣兄弟会"，作为事实上的警察队伍，监督各地贵族并维持封建秩序。加强对城市的控制，改组城市管理机构，委任大批出身于中小贵族、商人家庭，以及受过大学教育的人担任中央和各省官吏，这些人因缺乏深厚的政治背景和经济实力，因此更仰仗王权的支持，尽心尽力为王廷服务，从而使各地方逐步摆脱贵族的操纵，听命于国王。

其次，强化宗教控制和清洗，塑造统一的王权精神支柱。伊莎贝拉和其丈夫被后世称为"天主教双王"，在其任上，王权和神权得到充分的结合。女王以支持教皇西克斯图斯四世平定意大利内乱为条件，从教皇手中获得了教职任命权，从而控制了教会。1491 年 3 月，伊莎贝拉下令，犹太人要在 3 个月内接受洗礼，否则将被逐出西班牙，并不许携带任何财产。1502 年，伊斯兰教徒也遭到同样的命运，要么改信天主教，要么离开西班牙。残酷的宗教控制对西班牙社会产生了深远的影响，引发了一系列宗教迫害、动荡和流离失所，严重阻碍了思想文化的繁荣，但也不可否认地加强了王权和教权的绝对威严。

最后，在统一战争中涵养民族精神，完成民族国家构建。从 8 世纪开始，伊比利亚半岛各国就在宗教斗争的旗帜下开始了从阿拉伯人手中夺回被占领土的战争，史称"收复失地运动"。经过 700 年的漫长斗争，半岛的大部分已为基督教诸国占领，这为西班牙国家的最终统一创造了有利条件。伊莎贝拉和斐迪南联姻执政后，立即着手实现他们的梦想——彻底打败阿拉伯人，收复全部失地，从 1482 年开始同格拉纳达的阿拉伯人进行战争。在战争中，女王动员全国的力量投入战争，典押自己的金银首饰以筹集军费，并经常亲临前线鼓舞士气。在其领导下，西班牙各个阶级和阶层都以各种方式参加了战争，农民、手工业者和商人是主力，贵族骑士、教俗封建主也都参与其中，正是在与阿拉伯人的全面战争中，西班牙的民族国家构建得以完成。1492年1月，阿拉伯人在西班牙的最后一块地盘格拉纳达终于被攻克，宣告长达8世纪的阿拉伯统治结束。据记载，为了庆祝这一具有重大历史意义的光辉胜利，当时整个欧洲几乎所有的天主教堂钟乐齐鸣，西班牙国王的威望和权势也达到了前所未有的高度。

当整个西欧仍处在中世纪的混乱、分裂和纷争时，西班牙率先建立起的封建君主专制中央集权体制无疑具有相当大的时代进步性。一方面，中央集权国家、封建君主专制政体的建立在一定的发展阶段上反对封建割据、消灭无休止的封建战争，使人民获得了休养生息的机会，实现了国家稳定，也成功让西班牙摆脱了长期以来"四面受敌"的安全困境。另一方面，以宗教为旗号、调动了社会各阶层的统一战争推动了民族国家的形成，农业经济得到发展，城市资产阶级萌发，专制君主的政权、财权得到史无前例的加强，为后来的航海大发现奠定了国家制度和经济基础。

从对外政策看，西班牙建立了历史上第一个"日不落帝国"。1492年可称得上近代西班牙崛起的元年，这一年在西班牙发生了两件具有重大历史意义的事件，一是攻克伊比利亚半岛最后的伊斯兰王国格拉纳达，二是哥伦布在女王伊莎贝拉的资助下远洋航行，发现了美洲大陆。如果说，前者标志着西班牙对国内发展和安全制度的塑造取得了阶段性的成果，那么后者则预示着西班牙即将史无前例地构建一个全球性的殖民帝国，成为第一代全球秩序的创建者和维护者。

1516 年，年仅 16 岁的卡洛斯在外祖父斐迪南逝世后继承西班牙王位；1519 年，卡洛斯又在祖父神圣罗马帝国皇帝马克西米利安一世逝世后当选神圣罗马帝国皇帝，称查理五世。从名义上来说，查理五世领有四份世袭领地，包括从其祖父马克西米利安那里继承的哈布斯堡家族在奥地利的世袭领地，从其外祖父费迪南那里继承的西班牙阿拉贡王国领地（包括撒丁和那不勒斯等几个地中海小岛），从其外祖母伊莎贝拉那里继承的西班牙卡斯蒂利亚领地以及从其祖母勃艮第的玛丽那里继承的勃艮第和尼德兰。从表面上看，查理五世治下的帝国占有当时欧洲近一半的领土，可谓风头正盛。但其实查理五世面临的安全环境并不比他的外祖父母统一西班牙时更好。在西班牙境内，曾被"双王"打压的大贵族正欲东山再起，试图不承认查理这个"外来的"国王；贵族与城市市民的矛盾愈演愈烈，最终爆发了康姆尼洛斯起义。而在境外，西班牙与法国争夺意大利的战争连年不断，对抗正处鼎盛时期的奥斯曼帝国更是开支甚巨。

面对复杂局面，查理五世一方面沿着外祖父母的道路进一步加强王权，另一方面将目光投向刚刚开辟的"新大陆"，意图通过开疆拓土的殖民体系为帝国带来新机。他一方面鼓励商人和冒险家向美洲探险和抢占殖民地，另一方面亲自带领贵族子弟向外扩张，还大力将在收复失地运动时期产生的委托监护制度（或译为监护征赋制）推广到新征服的美洲殖民地，规定凡是在美洲完成新的征服的，就可以在征服地获得土地管理权和税收权，还被允许驱使被征服的印第安人从事各种劳动。这对于当时西班牙的平民和小贵族阶层来说，无疑有着巨大的吸引力，也由此掀开了开拓"新大陆"的序幕。

1519 年，西班牙殖民者科尔特斯率领一支 500 名士兵组成的远征军登陆尤卡坦半岛，只用了不到 5 年的时间就征服了阿兹特克帝国，也就是今天的墨西哥；1533 年，另一个殖民头子皮萨罗又攻占了美洲另一文明古国印加帝国的首都库斯科。16 世纪 30 年代，新格拉纳达建立（今哥伦比亚），1536 年布宜诺斯艾利斯建城。在此期间，西班牙借麦哲伦环球航行获得的海洋权益，与葡萄牙签订《萨拉戈萨条约》，以摩鹿加群岛以东 17 度为界，划分了两国的势力范围。从此，西班牙拥有了除巴西外的中美洲和南美洲。经过一个个"征服者"持续不断的殖民行动，西班牙从拉丁美洲掠夺了大量财富。据估计，1521 年到 1544 年期间，西班牙从拉丁美洲年均运回黄金 2900 公斤、白银 3.07 万公斤；1545 年到 1560 年期间更激增至年均运回黄金 5500 公斤、白银 24.6 万公斤。从拉丁美洲殖民地源源不断运回的金银让西班牙的国力迅速崛起，有了丰厚财源的军队更是无往不利。1525 年，查理五世在帕维亚会战中击败法国，甚至俘虏了法国国王弗朗索瓦一世本人，奠定了与法国在意大利的竞争优势。两年之后，西班牙不满于教廷干预政事而一举攻陷罗马，使教皇蒙羞。此外，查理五世还领导了与新教邦国的宗教战争，与奥斯曼帝国在地中海数度交锋，使西班牙成为了神圣罗马帝国内天主教和哈布斯堡王朝的保护者。

西班牙帝国则在查理五世儿子菲利普二世（1556—1598年在位）的统治下，完成了拉丁美洲殖民体系的基本构建，迎来了帝国巅峰期。在政治上，西班牙将本国的封建专制制度移植到美洲殖民地。菲利普二世在一项训令中明确指出："因为印度和卡斯蒂利亚等王国同属于同一国王，所以他们的法律和政府形式应该做到尽量相同。"为贯彻这一训令，西班牙在宫廷内建立了由国王亲自主持的"西印度委员会"，专门负责制定美洲殖民地的法令和政策。西班牙王室在美洲建立最高领导机构总督府，总督主要由西班牙大贵族担任，掌管殖民地民政、军政和司法大权。在各个重镇设立市政委员会，最初由西班牙征服者担任领导人，后来主要由各地土地所有者任职，负责处理地方各项事宜。在经济制度上，西班牙进一步推广和改进了委托监护制度。根据规定，一部分有军功和特殊地位的殖民者可以得到一定地区监护权，监护主对监护区内的土地并没有所有权，但有使用权，负有"保护"和管辖印第安居民并使其皈依基督教的义务，有向印第安人征收贡赋和征用其前往矿场、农牧场或市镇从事各种劳动的权利。印第安人名义上是自由人，是国王的臣民，但必须永久留在"监护区"内不得离开。这种特殊形态的农奴制导致印第安人在繁重的劳动压力下大批死亡。这一制度最终在 1720 年才被取消，改为大地产制，原来的监护主变成了大地主和大庄园主，他们直接拥有土地所有权，并将土地分给印第安人耕种，印第安人每年需要向大地产主缴纳一定的实物地租或服一定时间的劳役。在贸易政策上，西班牙实行垄断贸易制，规定殖民地只可以和宗主国进行贸易往来，不能跟其他任何国家进行贸易，甚至各个殖民地之间的贸易往来也被严格限制。王室专门设立了贸易署，管理宗主国与殖民地之间的贸易往来。还在西班牙指定塞维利亚、加迪斯，以及殖民地的维拉克鲁斯作为"垄断港口"，限定由军舰护航两支商船队往返于宗主国和殖民地之间进行贸易，即所谓的"双船队制"。

通过这些制度设计，西班牙得以不断巩固和加强殖民地在政治、经济上对宗主国的依赖，进而尽可能多地榨取殖民地的财富。帝国借着从殖民地源源不断流入的贵金属，弥补了本身的资源不足，大力发展国内经济，巩固内政，还利用得来的资源发展了海上力量——西班牙无敌舰队，国际地位前所未有地提高。在菲利普二世时期，西班牙的国力达到鼎盛，1557 年和 1558 年先后两次击败法国，称霸意大利；继而在 1571 年的勒班陀海战中围歼奥斯曼帝国庞大舰队，虽未能乘胜确立在整个地中海的霸权，但也大振国威。而随着 1565 年菲律宾成为西班牙殖民地，东起墨西哥西岸阿卡普尔科，西至菲律宾马尼拉的所谓"马尼拉大帆船贸易"逐渐开启，西班牙在东西方贸易交往中的重要地位得以确立。1580 年兼并葡萄牙之后，葡萄牙的东方帝国、非洲殖民地和巴西也同属西班牙国王菲利普二世，加上西班牙在欧洲的原有领地以及在亚洲和美洲的殖民地，西班牙由此成为世界上第一个"日不落帝国"，势力达到顶峰。

（二）被动维护的"旧帝国裱糊匠"

在西班牙的势力达到顶峰的同时，其颓势也开始显现出来。对于西班牙帝国衰落的原因可谓众说纷纭，如强调统治者忽视自身的工业生产，强调西班牙人对黄金的狂热追求，大量人口迁往了新大陆等，这些都不无道理，但也并不全面。从很大程度上说，西班牙之所以一步步走向衰落，还是在于其逆历史潮流而动地去维护落后的封建制度，从而在更加先进的"后来者"的挑战中败下阵来。

如果说，15 世纪下半叶西班牙刚刚建立起中央集权君主专制国家时，欧洲其他国家还多停留在中世纪的封建领主统治下，西班牙的政治体制具有相当程度的先进性。那么 100 多年后资本主义萌芽开始在荷兰、英国等国勃发时，西班牙的封建体制就是反动而落后的了。

在政治上，西班牙实行的是欧洲封建王权中最专制、具有"最浓厚的贵族色彩"、最敌视资产阶级发展的封建政体。国家权力高度集中于国王手中。国王依靠封建小贵族实行对全国的统治，小贵族不是封建主就是奴隶主，他们尚武好战、经济原始，不是在本国进行土地的封建租佃，就是在殖民地拥有奴隶制种植场。严重抑制了城市资产阶级的壮大，从而导致资本主义生产关系在西班牙难以成长。

在文化上，天主教是唯一的信仰，其他一切思想被视为必须铲除的异端。与西班牙帝国同时代的西欧各国，人文主义广泛传播，宗教改革风起云涌，各种新旧思想、宗教、文化相互并存竞争。而反观西班牙，"宗教裁判所从来没有像在伊比利亚半岛这么重要、这么强大"。为了保持西班牙这块"净土"，王室建立了最严格的文字和思想审查制度，焚烧禁书、绞杀异教徒，连不吃猪肉的人也被当作异教徒。孕育了欧洲大革命的思想解放运动被牢牢挡在了帝国辽阔的国土之外。

在经济上，西班牙的经济体制和结构同样是落后于时代的。就在英国、荷兰等国大力兴办手工工场、鼓励商品输出、改革税制的时候，西班牙王室却为了充实国库大举增税，税收名目从谷物税、交易税、经营税到五一税、十字军税等花样繁多，甚至于商人把货品从街的一侧搬到另一侧都要交税。税的数额也不断增加，查理五世时期的税额大约增加 1 倍，到菲利普二世末年几乎又翻了两番，到 16 世纪后半叶，有地区的税额增加 6 倍多，商品课税率达到商品价值的 30%—60% 之多。沉重的税收使本来就发展不良的工商业更加难以维持，西班牙的毛纺织业每况愈下，再也无法与英国、法国等国的工业品竞争，最终错过了工业革命的发端。

此外，西班牙还把这一套落后的封建制度完全复制到了美洲的殖民地，并对当地人民进行了残酷的统治和剥削。并且，西班牙从殖民地掠夺来的财富只是单纯用于王室的享乐消费，并没有正确用于资本主义发展，使得"西班牙的生产和航运发展不能足够地适应殖民地的需求，且西班牙未能垄断奴隶劳动力的重要来源：黑奴贸易，造成了西班牙过分依赖欧洲其他国家提供殖民地的商品和生产需求"。后来，随着西班牙国内对金属需求的饱和与殖民地金属资源继续涌入，金银大幅度贬值，引发了西班牙和欧洲的"价格革命"，物价上涨，对西班牙整个社会阶层的变迁造成了巨大的影响。穷人沦为小偷、乞丐、妓女，富人和贵族则靠财产的变卖维持生活，贫民问题日渐凸显直至严重影响了社会秩序稳定。而王室为了能继续奢侈享乐，不惜举借外债，进一步削弱了帝国的实力。

西班牙王室在本国和殖民地的专制统治和疯狂剥削，引起了国内外广泛的反对和斗争，而王室为了维护其落后的统治体系而征战不休，进一步加剧了国力的耗散，最终逐渐走向衰落。

首先是对宗教权威的顽固维护。查理五世和菲利普二世都竭力维护欧洲的封建制度和罗马天主教的权威，力图建立世界天主教帝国。他们千方百计加强西班牙的专制统治，从尼德兰带来了大批亲信，安插在宫廷和教会，占据重要地位。为了扩大哈布斯堡家族的势力，保护天主教，对异教徒进行残酷迫害、控制高级教职的授予权，以此把教会完全变成国家机构的一部分，利用宗教裁判所极力压制反对者和镇压新教徒，成为专制制度有力武器。菲利普二世执政期间，仅在国内就执行100多次火刑，有时一次就烧死七八十人。菲利普二世还扶持各国的分裂势力与腐朽势力，把一批天主教国家纳入自己的势力范围，加强与教皇的勾结。因此，欧洲各国内部以教皇为中心的天主教会和分裂势力都成为西班牙的统治力量。与此同时，为了称雄欧洲及其他广大殖民地，菲利普二世建立了一支举世无双的海军，试图独揽海权，使西班牙成为所有商业民族进入海上的共同敌人，也使西班牙成为西欧和殖民地民族解放运动的公敌，直接导致了西班牙霸权地位的丧失和国民经济的崩溃。

其次是对欧洲霸权的被动维护。为建立和巩固世界天主教帝国，西班牙卷入了无休止的战争。菲利普二世时期，以正统天主教的卫道者自居，借口消除异端任意干涉别国内政，充当镇压欧洲进步力量的宪兵。结果在整个16世纪里西班牙仅25年平静无事，而在17世纪内只有21年平静无事。为了维持战争，王室耗费了大量从美洲殖民地掠夺来的金银，仅1588年武装无敌舰队就耗费了380万杜卡特。而且战争都是在国外进行的，军需品都就近采购，这就导致无论战争胜负，都不能给西班牙带来任何收益。更何况，西班牙还在对英国、法国、尼德兰的战争中连遭失败。1588年，菲利普二世派遣无敌舰队远征新教国家英国，结果在英吉利海峡几乎全军覆没。无敌舰队的溃败，意味着西班牙丧失了对大西洋商路的控制权，也标志着西班牙海上称霸时代的结束。在法国，从1585年起菲利普二世就介入胡格诺战争，力图保住法国这块天主教的重要阵地，但最终被迫在1598年徒劳无功地撤军。在尼德兰，西班牙对其战争更是绵延几十年，但终不能镇压当地革命。频繁的对外战争，特别是一系列战争失败，使西班牙国际地位大为下降，霸权进一步衰落，国力耗尽，财政陷于崩溃。1573年到1598年间，西班牙国债由370万杜卡特增加到1亿杜卡特。菲利普二世虽然一再增税但仍无济于事，被迫于1575年和1596年两次宣布财政破产。

最后是对殖民特权的脆弱维护。在西班牙广袤的殖民地，来自内部和外部的冲击也让帝国的殖民体系变得千疮百孔。从外部看，英国、荷兰等新一代海上强国的崛起让西班牙再难维持其殖民地的经贸体系。在1588年西班牙无敌舰队覆灭后，英国、荷兰的船只便可以自由地在大西洋上航行，不仅促进了英国对外贸易的发展，也进一步强化了西欧大西洋沿岸贸易中心的地位。1601年，各国进入伦敦的船只共714艘，其中英国船只207艘，荷兰船只360艘，正是英国与荷兰等国的船只将西欧的移民运到美洲，又将美洲大量的金银贵金属和农牧产品运回欧洲，而这其中西班牙大片的殖民地只是扮演了一个"传送带"的角色，在带动荷兰和英国崛起的同时日趋没落。而在殖民地内部，此起彼伏的起义运动也让帝国四处"救火"。早在1536年，秘鲁就爆发了由印加人曼科领导的大起义；1555 年，委内瑞拉境内爆发黑人矿工起义；1580 年，土生白人在拉普拉塔武装暴动。无论是美洲本土的印第安人、从非洲被奴隶贸易强迫而来的黑人还是土生白人阶层，都在不断反抗西班牙的殖民统治。19 世纪初期，波澜壮阔的拉美独立战争最终宣告了西班牙海外殖民体系的瓦解。

在帝国军舰和陆军疲于奔命过程中，帝国的没落再也无法挽回。1659 年，西班牙被迫与法国签订《比利牛斯条约》，宣告其彻底被宿敌法国击败，从此退出欧洲权力斗争的中心舞台；19 世纪初再遭拿破仑帝国的蹂躏和切割；1898 年的美西战争更使其丢掉了所有殖民地，沦入欧洲"破落户"的行列。

（三）维护和塑造国家安全的失衡

西班牙作为世界历史上第一个全球性大国，其在崛起过程中，通过制度设计、大胆开拓塑造国家安全的方式具有创造性，但后来其食古不化，执著于维护旧制度、旧体系而陷入衰落，对世人也具有重要的警示意义。可以说，西班牙帝国崛起和衰落的经验教训对新时代的中国建立新安全格局，更好统筹维护和塑造国家安全，具有深刻的警示借鉴意义。

首先，维护国家安全和塑造国家安全是统一的，塑造是更高层次、更具前瞻性的维护。西班牙面对国家发展早期严峻的安全环境，没有一味试图使用强权和军事手段弹压，而是在改革自身的同时望向"星辰大海"，塑造出了在当时具有时代进步性的政治体制和海外体系。通过政治改革建立了欧洲最早的封建君主专制集权政体，能够更有效集中资源统一全国、开发远洋；而伴随地理大发现创建的海外领土则给新兴的帝国输送了源源不断的财富，从而成功结束了国家分裂、摆脱了安全困境，进而崛起成为第一个"日不落帝国"。

其次，统筹维护和塑造国家安全，要在变局中把握规律、在乱局中趋利避害、在斗争中争取主动。西班牙在经历了"黄金世纪"的辉煌后，新的时代大变局已经悄然而至，荷兰的资本主义商业帝国快速崛起，英国通过"自由模式"的殖民体系，让当地贵族作为自己的"代理人"，在降低了殖民强度的同时极大提升了殖民"效益"，直接冲击着西班牙式的"直接统治"殖民体系。而此时的西班牙面对后来者的挑战，既没有与时俱进改革自强，也没能在大国博弈中纵横捭阖主动作为，而是沉湎于维护其腐朽没落的封建殖民体系，固步自封，最终被时代的车轮无情碾过。

最后，塑造国家安全，不能走强国必霸之路。无论是最早崛起的西班牙，还是其后来者荷兰、英国或美国，无一不是在追逐霸权的路上争得你死我活。只不过，西班牙的"霸权"更加原始、粗暴、露骨和落后，因此招致了更强有力的反抗，也最早退出了大国博弈的"游戏"。纵然如此，西班牙在其王朝鼎盛之际试图包揽国际事务、主宰他国命运、垄断发展优势，在全世界范围搞霸权、霸凌、霸道的做法，与其后来者别无二致，最终也逃不过大国兴衰的历史定论。

进入新时代，随着我国日益走近世界舞台中央，统筹维护和塑造国家安全的重要意义更加凸显。习近平总书记指出，塑造是更高层次更具前瞻性的维护，要发挥负责任大国作用，同世界各国一道，推动构建人类命运共同体。当前，安全问题的联动性、跨国性、多样性更加突出，人类面临着许多共同挑战。习近平总书记深刻指出："没有一个国家能实现脱离世界安全的自身安全，也没有建立在其他国家不安全基础上的安全。"合作共赢的理念不仅适用于经济领域，也适用于安全领域。各国要树立共同、综合、合作、可持续的全球安全观，树立合作应对安全挑战的意识，以合作谋安全、谋稳定，以安全促和平、促发展，努力为各国人民创造持久的安全稳定环境。这充分彰显了中国的负责任大国担当，推动着各国朝着互利互惠、共同安全的目标相向而行，为维护和塑造国家安全迈出了坚实的步伐。面对前进道路上的各种风险挑战，我们将以坚强决心、坚定意志、坚实国力为依托，统筹运用维护国家安全和塑造国家安全"两手"，不断增强塑造国家安全态势的能力。

第四篇

从百年变局看五大矛盾

总体国家安全观不仅体现历史思维、彰显全球视角，更是解决诸多现实问题、破解国际关系种种矛盾的钥匙。习近平总书记在2022年世界经济论坛视频会议的演讲中指出，当今世界正在经历百年未有之大变局。这场变局不限于一时一事、一国一域，而是深刻而宏阔的时代之变。时代之变和世纪疫情相互叠加，世界进入新的动荡变革期。总体而言，百年变局所具有的"深刻性""宏阔性""时代性"以及"动荡变革期"的基本特征，可以用五大矛盾加以分析和阐释，即"东西矛盾""南北矛盾""上下矛盾""左右矛盾"和"'老大'与'老二'的矛盾"。五大矛盾深度交织并相互强化，各国均被卷入其中，牵动世界发生深刻变化。

东西矛盾的实质是制度之争，主要指社会主义和资本主义之争。东西矛盾当前突出表现在美西方对华发动新一轮意识形态攻势以及在全球范围内对中国发展道路、发展模式的抹黑上，愈发成为影响百年变局的重要因素。

南北矛盾的实质是发展之争，主要指发达国家和发展中国家之间的矛盾。南北矛盾源于发达国家与发展中国家在国际政治经济秩序中的长期"不平等"地位，当前突出表现为两者围绕国际权力与资源"再分配"的激烈争夺。

上下矛盾的实质是阶级矛盾，主要指社会分层方面的精英阶层与草根平民之争。上下矛盾源于全球范围内贫富分化加剧，并因全球化的不均衡演进而愈发突出，日益成为影响各国社会政治稳定乃至国际局势的重要因素。

左右矛盾的实质是思想之争，主要指社会思潮的不同主张和不同路线之争。左右矛盾当前集中表现为"政府和市场谁占主导"的经济思想之争以及相互对立的政治思想之争，诱发并猛烈推动社会变革与国际形势演变。

"老大"与"老二"的矛盾主要是指守成大国与新兴大国之间的矛盾，当前这一矛盾主要表现在中美之间。"老大"和"老二"的矛盾既是当前诸多国际矛盾的集中体现，也是推动国际格局变迁与转型的核心因素，将伴随中华民族伟大复兴的全过程。

面对百年变局之下的五大矛盾，中国国家安全处于新的历史方位，维护国家安全面临更为复杂严峻的内外环境。能否有效应对动荡变革期的外部风险，能否妥善处理转型关键期的内部考验，成为事关人民福祉、国家发展和民族复兴的关键。

一、东西矛盾与制度之争

东与西的矛盾，主要指社会主义和资本主义之争。从大历史的维度看，马克思诞辰 200 多年、《共产党宣言》发表 170 多年以来，国际共产主义运动一直向前发展。冷战期间，社会主义与资本主义之争甚至成为国际政治斗争的主旋律。

苏东剧变后，制度之争一度有所缓和。1989 年夏，美国政治学者福山甚至刊文称，"市场经济与民主政治制度相结合，是促进繁荣与自由的最佳方法。人类历史演进的终极目标是自由资本主义。"一时间，"历史终结论"大行其道。

直到 2008 年全球金融危机之前，从意识形态的角度看，西方新自由主义制度和模式一直在国际关系中居于主导地位。2002 年，布什政府在其《国家安全战略报告》中表达了全世界将拥抱自由民主资本主义模式的乐观情绪，美国人自以为是历史站在"美国模式"一边，自由民主资本主义是政治进化的"普遍和最终形式"。美西方战略界、思想圈甚至认为，虽然中国尚未拥护"自由民主"，但似乎只是时间问题。2013 年之前，许多西方人

还继续寻找证据来保持幻想，声称中国的唯一选择是"民主化或死亡"，认为中国最终将实现"政治自由化"，并与西方趋同。

2017年堪称西方社会中国观发生大转变的分水岭，这一年，党的十九大胜利召开，宣布"夺取新时代中国特色社会主义伟大胜利"。面对中国快速走向世界舞台中央，美西方发现，中国并未如其想象那样"缓慢民主化"，反而是对自己的发展道路、制度、模式更加坚定，根本无意照搬西方模式，从而成为美西方意识形态的强大竞争对手。正如基辛格博士在《世界秩序》中所说，"当今的世界秩序不会持久，因为归根结底它是西方特别是美国秩序观的体现，美国式的自由、民主、人权缺乏被普遍认可的合法性，注定会在权力关系发生重大变化时面临危机"。

而中国长期坚持社会主义制度不动摇，持续推进改革开放，创造了经济持续快速发展、社会长期保持稳定"两大奇迹"。无论从纵向看，还是从横向看，今天中国特色社会主义从理论到实践，都是成功的。那种认为资本主义模式就是人类"终极模式"的看法，是十分幼稚的。中国特色社会主义蓬勃发展，是世界范围内两种意识形态、两种社会制度的历史演进和较量，发生了有利于马克思主义、社会主义的深刻转变，"历史终结论"被终结了，中国模式、中国制度对越来越多发展中国家产生强大的感召力。

（一）意识形态较量无处不在

东西矛盾，突出表现在当前美西方对华发动新一轮的意识形态攻势上。

习近平总书记强调，"意识形态关乎旗帜、关乎道路、关乎国家政治安全"。当今世界，意识形态领域看不见硝烟的战争无处不在，政治领域没有枪炮的较量一直未停。美西方在全球抢占意识形态的制高点，掌握全球话语体系，妄图在各个方面颐指气使，对各国内政外交指手画脚。

政治制度对一个国家长治久安具有十分重要的意义。治国理政，必须"立治有体，施治有序"，政体及其确立的政治秩序是决定一切利益分配的底层架构，是一国之根本。西方国家策划

"颜色革命"，往往从所针对的国家的政治制度特别是政党制度开始发难，大造舆论，大肆渲染，把不同于他们的政治制度和政党制度打入另类，煽动民众搞街头政治。长期以来，各种敌对势力从来没有停止对我国实施西化、分化战略，从来没有停止对中国共产党领导和我国社会主义制度进行颠覆破坏活动，始终企图在我国策划"颜色革命"，这是我国政治安全面临的现实危险。敌对势力选中的突破口就是意识形态领域，企图把人们的思想搞乱，然后浑水摸鱼、乱中取胜。

新形势下，我国面对的意识形态领域斗争复杂尖锐。当前美国战略界有一个判断，那就是长期以来的"和平演变"战略已经彻底失败了，要抓紧拿出新的办法。美国原本想通过"经济的自由化"来推动中国"政治的民主化"，把中国纳入西方体系，进而在制度上"改造"中国，使中国成为其附庸。现在他们发现中国高举中国特色社会主义伟大旗帜，无论是道路、理论还是制度、文化和他们都不一样。其多年推动的"和平演变"战略面临失败，要抓紧重新打算。从目前看，美国对华新一轮意识形态攻势具有以下特征：

一是主打"一面旗帜"，这面旗帜就是"民主"。美国自视"民主灯塔"，历史上数次利用"民主联盟"加大国际号召，曾是20世纪西方反纳粹、反苏联的旗帜。冷战结束后，西方社会数度有强化同盟的呼声，但因"找不到明显的敌手"、形势并不迫切，均未成势。代表者如2000年美国国务卿奥尔布赖特和波兰外交大臣布罗尼斯瓦夫·盖雷梅克牵头，100 多个国家签署建立"民主共同体"，自称是相互学习、共同推进民主的论坛，后来式微。第一次担任首相时，安倍晋三曾在 2007 年提出"价值观外交""自由与繁荣之弧""扩大的亚洲"，主张"日本的外交应与共同拥有基本价值观的国家加强联系"，实为后来美国"印太战略"的雏形，但当年并未获得美西方的足够重视。

近年来，美西方民主模式遭受政治、经济的深刻冲击，自由资本主义黯然失色，中国强势复兴不可阻挡，美西方价值观危机感加重，重弹民主老调升高。拜登作为民主党老牌政客，亲身经历了冷战，对意识形态斗争尤为关注。2020 年 3 月他在《外交事务》刊文谈政纲，即提出当选后第一年举办"民主峰会"，聚焦三大领域：打击腐败；抵御威权主义，保障选举安全；在国内外推进"民主、人权"。拜登宣称，世界正处于"维护民主制度"的"历史转折点"，全球"自由指数"连年下滑，中俄"威权体制"攻势逼人，美国必须"应战"。2021 年 12 月，美国召集的"全球民主峰会"如期举行，100 多个国家政府和公私部门领导人参会，堪称后冷战时代阵仗最大的一次"意识形态聚会"。美国智库大西洋理事会刊文称，"民主峰会"是拜登政府构建"世界面临民主与专制竞争的转折点"叙事的最高点。英国《金融时报》评论称，拜登搞"民主俱乐部"的真正目的就是对抗中国、俄罗斯与西方日益公开的意识形态之争。从总体看，美国对俄罗斯的竞争偏重特定议题，着重防俄干预"民主选举"、对俄信息战；对中国更强调制度竞争，有拜登幕僚甚至宣称，这届美国政府的中国政策的核心就是"民主峰会"，将寻求建立明确针对中国"专制统治"的替代方案。可以看到，美国重拾民主大旗应对中俄竞争的态势相当明显，一些西方学者炒作中美"新冷战"也并非空穴来风。

虽然美国妄图高举所谓"民主"大旗，重振全球领导地位，抢占国际道义制高点，但民主的标准岂能是美国一家说了算，美国的民主就是真民主吗？其金钱政治、身份政治、政党对立、政治极化、社会撕裂、种族矛盾、贫富分化等问题愈演愈烈，世人皆知，美国民主制度的功能出现明显衰退。

中国没有照搬照抄西方民主模式，基于本国国情发展全过程人民民主，创造了中国式民主。人类对民主的探索和实践永无止境，人类民主事业的真正阻碍，不是民主模式的差异，而是对他国民主探索的傲慢、偏见和敌视，是把本国民主模式强加于人的"唯我独尊"。人类文明要继续向前迈进，各国要实现和平共处、共同发展，必须继续探索民主真谛。

二是主攻"一个战场"，这个战场就是"网络"。互联网已经成为意识形态斗争的最前沿、主战场。习近平总书记强调，"没有网络安全就没有国家安全"，"过不了互联网这一关，就过不了长期执政这一关"。西方反华势力一直妄图利用互联网"扳倒中国"，多年前有西方政要就声称"有了互联网，对付中国就有了办法"，"社会主义国家投入西方怀抱，将从互联网开始"。从近年媒体披露的美国"棱镜"等监控计划看，他们的互联网活动能量和规模远远超出世人想象。

在网络空间战场上，美西方利用其网络技术手段和信息资源垄断优势，把互联网变成了对中国进行文化输出、意识形态渗透的工具，他们在网络上美化和传播资本主义主流意识形态，宣扬自由主义、个人主义、利己主义等，并大肆丑化抹黑中国的内政外交、领导人，挑动社会不满情绪。同时，美西方还扶持一批所谓网络"大 V"，打着"公共知识分子"的名号，对中国党政体制、大政方针肆意歪曲抨击，炒作社会热点议题，按照美西方价值观的需要"带节奏"。

网络空间的意识形态斗争千变万化，风险五花八门，挑战层出不穷。掌控网络意识形态主导权，就是守护国家的主权和政权。要坚决打赢网络意识形态斗争，切实维护以政权安全、制度安全为核心的国家政治安全。

三是主抓"一个群体"，这个群体就是"青年"。青年是国家的未来、民族的希望。青年处在价值观养成期，思想可塑性强，各种敌对势力企图在我国策划"颜色革命"，他们下功夫最大的一个领域就是争夺我们的青年人。近年来，美西方对中国青年的意识形态攻势更加"灵巧隐秘"，多采用青年喜欢的娱乐化、生活化方式，打造以西方价值观为内核的新载体、新产品，并借助多种渠道加大传播影响。但万变不离其宗，花样翻新的背后，掩盖不了其与我争夺人心、争夺阵地的本质。

毛泽东同志早就说过："帝国主义说，对我们的第一代、第二代没有希望，第三代、第四代怎么样，有希望。帝国主义的话灵不灵？我不希望它灵，但也可能灵。"现在算起来，在校大学生大概就处在第三代、第四代这个范围，以后还有第五代、第六代以及十几代、几十代人的问题。争夺青少年的斗争是长期的、严峻的，中国不能输，也输不起。要教育引导广大青年，听党话、跟党走，用新时代中国特色社会主义思想铸魂育人，培养一代又一代社会主义建设者和接班人。

习近平总书记强调，维护意识形态安全的根本，就是要"巩固马克思主义在意识形态领域的指导地位，巩固全党全国人民团结奋斗的共同思想基础"。中国共产党人的本，就是对马克思主义的信仰，对中国特色社会主义和共产主义的信念。国内外各种敌对势力，总是企图让我们党改旗易帜、改名换姓，其要害就是企图让我们丢掉对马克思主义的信仰，丢掉对社会主义、共产主义的信念。世界社会主义实践的曲折历程告诉我们，马克思主义政党一旦放弃马克思主义信仰、社会主义和共产主义信念，就会土崩瓦解。

（二）"历史终结论"的终结

东西矛盾，还突出表现在当前美西方在国际范围内对中国发展道路、发展模式的造谣抹黑上。

美国惯用"丑化对方模式"打压竞争对手。冷战期间，美国将苏联丑化为类似德国纳粹的"共产主义专制"；20世纪80年代，面对日本政府主导型的经济追赶，美国又将其贬为"资本主义异类"。今天，美国将中国作为主要竞争对手，竭力打压中国的自主发展壮大，造谣抹黑中国的发展模式无所不用其极，"威权""专制"等概念就是其惯用工具。

拜登政府上台后，宣称中国是"对全球民主国家更强大的长期威胁"，将向世界证明"美国民主及资本主义模式有效且优于中国"作为任内最大任务之一。2020年以来，美国又鼓噪中国利用抗疫加大宣传自身模式优越性，炮制"2021年美国创新和竞争法案"，指责中国利用国家力量谋取"不公平竞争优势"，要"反击中共恶意影响力"。欧盟在民主价值观上对美亦步亦趋，2019年发布《欧洲战略展望》文件，将中国定位为"推动替代西方治理模式的系统性竞争对手"。欧洲议会最大党团人民党2021年通过首份"欧中政策立场文件"，宣称"系统性竞争日益成为压倒一切的欧中关系范式"。欧州的多名政要指责中国利用市场杠杆等"强迫"欧洲机构、企业接受中国模式，"严重威胁"西方自由原则。可以说，美欧在维护所谓"民主自由"的价值观体系上高度一致，对中国这种新兴大国的发展道路、发展模式，采取的都是防范、否定和拒斥的态度。

世界上不可能有唯一标准的发展模式，各国都有权利依据本国国情选择适合的发展道路、制度、模式，对于这种模式好不好的评判权，则是掌握在各国人民自己手里。中国经过反复比较和摸索，走出了中国特色社会主义道路，建立完善中国特色社会主义制度体系，实践证明，这种模式符合国情、符合民意、适应社会生产力发展，能够不断提高人民生活水平，不断增强中国的综合国力。

中国模式与西方模式是不同的，社会主义制度和资本主义制度原本就不可能一样。在政治上，中国是中国共产党长期执政、各民主党派参政，执政党代表最广大人民的根本利益；西方国家是政党轮流坐庄，各自代表不同社会阶层、群体或地域的局部利益，本质是"分赃政治"。在经济上，中国坚持公有制为主体、多种所有制经济共同发展，国有经济主导经济命脉，使市场在资源配置中起决定性作用，更好发挥政府作用；西方国家是以私有制为主体，政府市场二元对立，普遍由大资本、财团主导经济命脉。在文化价值观上，中国坚持马克思主义的指导地位，拥有中华文化儒家文明的深厚传统；西方信奉个人主义、自由民主价值观，是基督教文明。在国际体系上，中国主张维护以联合国为核心的国际体系，支持普遍包容的多边主义，支持各国自主探索发展道路；美西方强调基于规则的国际秩序，大搞小圈子、价值观联盟，用自立的民主标准衡量他国制度。

美西方歇斯底里造谣抹黑中国模式，究其原因，还是东升西降、中治西乱"刺痛"了他们。21世纪以来，西方资本主义模式显现颓势，经济迟滞、社会分裂、政治僵化、抗疫惨败，面对深刻的政经危机、制度的固有矛盾，其精英拿不出有效的解决方案，只能在原来的圈子里打转。可以说，美西方模式经过长期调适、扩张，已经走过了发展黄金期，制度弹性所剩不多。当前凸显的诸多问题源于其模式的结构性弊端，如政治被资本绑架、选举至上导致政府决策短视、分权制衡演变为党派斗争等，非根本变革制度无以挽回颓势。

与此相比，中国实现经济快速增长、社会长期稳定"两大奇迹"，综合国力稳步提升，科技实力快速逼近美西方，国际影响力不断扩大。近一段时期以来，中国又取得抗击新冠病毒感染疫情重大成功，实现全面建成小康社会目标，2021年喜迎建党百年，以更加踔厉奋发的昂扬姿态，开启建设社会主义现代化强国的新征程。中国特色社会主义取得了成功，展现出强大生命力，并对世界其他国家起到了"示范效应"。

这些年来，美西方在全球输出价值观效果极差，美国对伊拉克、阿富汗等国"民主改造"失败，"阿拉伯之春"成了"阿拉伯之冬"。实践证明，搞了西方的那套东西就更自由、更民主、更稳定了吗？一些发展中国家照搬西方政治制度和政党制度模式，结果如何呢？很多国家陷入政治动荡、社会动乱，人民流离失所。可以说，谁走美西方的道路，谁就像吃了"毒药"，非但无法壮大，反而会倒下。很多亚非拉国家开始抛弃对美西方民主价值观的迷信，视中国模式为"新的选择"，热切学习中国的发展经验。"向东看、向中学"势头越发明显，"历史终结论"被终结，人类社会再次进入不同发展模式有力竞争的新阶段。美国知名政论杂志《国家利益》刊文称，中国发展模式的成功，向世界提供了西方之外的可能路径，成为南方国家的学习榜样，动摇了欧美构筑的价值霸权体系。

面对东升西降、中治西乱，美西方心理严重失衡。美西方从维护霸权地位和根本战略利益出发，骨子里不愿意看到中国特色社会主义制度"风景这边独好"，更怕"东风压倒西风"。他们认为，中国道路走成功了，不仅是中国的成功，而且新的发展道路、发展模式会应运而生，会影响他们的根本战略利益。

近一段时期以来，美西方加大攻讦中国的内政外交，对中国模式极尽造谣抹黑之能事。美国公然反对中国政府主导的发展模式，批评中国的产业补贴和国企是"非市场导向"，联合欧洲、日本等盟友主导制定排斥中国的国际经济贸易新规则。美西方将中国治国理政的各项举措冠以"中国模式"，借机进行污名化，如借助国内发生的各类社会热点问题制造事端，将"病因"归结为"体制问题"；抓住香港、新疆等所谓人权问题，大肆炒作，公然在国际社会上制造弥天大谎；将中国正常对外的媒体、教育等交流合作，如开设"孔子学院"、中国"央媒"的海外落地，以及中国在海外的"一带一路"建设项目，抹黑为"模式输出"。美国还纠集盟友，利用各种多边平台对中国发难，如在 G7 峰会、北约峰会、美欧峰会上，宣示加强团结"保卫价值观"，制造中西模式对立；要求联合国等国际组织的相关文件，去除中国理念。可以说，中国发展模式越成功，美西方就越害怕，越要利用其手中掌握的国际话语权，开足马力对中国进行丑化抹黑。

中国信奉"万物并育而不相害，道并行而不相悖"。中国尊重其他国家选择的制度和道路，但决不允许自己选择的制度和道路被诋毁、被破坏。中华民族伟大复兴重塑国际发展格局，"中国之治"影响增大改写世界价值取向。中西模式将长期共存、竞争，谁能更符合人心期待，不断自我革新，谁就会生生不息。

（三）文化自信关乎民族复兴

中华文明源远流长，内容体系博大精深。中国的造纸术、火药、印刷术、指南针、天文历法、哲学思想、民本理念等在世界上影响深远，有力推动了人类文明发展进程。

1500 年以来，西方国家对外搞殖民扩张，以武力征服世界，葡萄牙、西班牙、荷兰、英国、法国、德国等欧洲列强相继兴起。西方文明以其率先实现工业革命和现代化，逐渐获得了相对东方文明的绝对力量优势，西方国家用坚船利炮打开了东方各国的"大门"，亚洲国家相继沦为殖民地、半殖民地。

鸦片战争后，中国饱尝"落后就要挨打"的惨痛教训，一次次战争失败、割地赔款、丧权辱国，以致到了"亡国灭种"的危急关口，向来高傲的"天朝上国"遭遇前所未有的挑战，一些中国人一度失去了自信，甚至出现了要"全盘西化"的极端声音。梁启超 1922 年作《五十年中国进化概论》，其中写道：初为"器物上感觉不足"，甲午以后"制度上感觉不足"，最近则"文化根本上感觉不足"。一个创造了五千年辉煌文明的伟大民族，在 20 世纪初却近乎丧失了文化自信，对西方文明反而顶礼膜拜起来，这岂非咄咄怪事！

文化是一个国家、一个民族的灵魂。文化强则国强，文化弱则国弱，文化灭则国亡。如果丢掉了文化自信，一个民族、一个国家就如同无根之木、无源之水，必不得长久。历史和现实都表明，一个抛弃了或者背叛了自己历史文化的民族，不仅不可能发展起来，而且很可能上演一幕幕历史悲剧。坚定文化自信，是事关国运兴衰、事关文化安全、事关民族精神独立性的大问题。

从 1840 年以来，无数仁人志士前赴后继、救亡图存，为中华民族的解放、复兴奔走努力。一直到新中国成立，在中国共产党领导下，中国人民才终于实现了站起来、富起来、强起来的历史转变。经历了百余年的艰苦奋斗，中华民族重新找回了文化自信。

今天，中国彻底改变了贫穷落后的面貌，中华民族迎来了伟大复兴的光明前景，回过头再看，19 世纪末 20 世纪初，国人弥漫的文化自卑、自弃情绪，是面对文明危机的一种应激性反应，不客观、不足取。

中西两种文明是有很大不同的。从国家层面看，中国传统的治国原则，是以人为本，以德为本，以民为本，以和为本；西方则不同，讲竞争，讲零和博弈，讲殖民侵略，讲利益集团。从社会层面看，中国人讲责任先于自由，义务先于权利，群体高于个人；西方则不同，讲自由先于责任，权利先于义务，个人高于集体。从个人层面看，中国人讲先义后利，先公后私，先心后物，先理后欲；西方恰恰相反。在汉字中，很多带"贝"的都有贬义色彩，这源于中华文化历来轻视钱财和利益，注重义理和道德。"赂"和"赂"，一失足成千古恨，体现了很深的哲学思想。从文化特征看，西方文化总的是崇尚斗争，遇到问题就斗争，谈不妥就斗争；中国文化讲家庭和睦、社会和谐、国与国之间和平。这种"争"与"和"，是几千年留下来的思维习惯，是两种截然不同的思维方式。更进一步说，东西方文化差异是比较大的，在东方照搬西方模式，失败的概率很大。

中国与美西方存在文化差异，但并不是说就必然陷入"文明的冲突""民族的仇杀"，这不符合历史规律，也不符合人类历史进步潮流。矛盾讲究的是对立统一，文明既有竞争也有融合，在21世纪，只有文明之间平等对话、开放包容，才能创造人类文明的希望和未来。中华文明就是在同其他文明的不断交流互鉴中形成的开放体系。从历史上的佛教东传、"伊儒会通"，到近代以来的"西学东渐"、新文化运动、马克思主义和社会主义思想传入中国，再到改革开放以来全方位对外开放，中华文明始终在兼收并蓄中历久弥新。

我们鼓励文明间的对话、交流互鉴，我们反对的是一些民族和国家认为自己的人种和文明高人一等，执意改造甚至取代其他文明，这在认识上是愚蠢的，在做法上是灾难性的。世界各国应该秉持平等和尊重，摒弃傲慢和偏见，加深对自身文明和其他文明差异性的认知，推动不同文明交流对话、和谐共生。

总之，东西矛盾不是口水仗，本质是国家根本战略利益的斗争，关乎政权安全和制度安全、关乎意识形态安全、关乎文化与文明安全。在这场斗争中，我们要按照习近平总书记的要求，既不能盲目自大，更不能妄自菲薄，要有当代中国共产党人的充分自信。坚定"四个自信"，这种自信来自千年文化的积淀与传承，来自百年逐梦的苦难与辉煌，来自马克思主义及其不断中国化的真理力量，来自国家的强大和人民的支持，是战胜前进道路上一切风险挑战的精神源泉。

二、南北矛盾与发展之争

纵览世界地图，当今发达国家主要分布在北半球北部，发展中国家则集中在北半球南部和南半球，所以国际上习惯把发达国家称为"北方"国家，把发展中国家称为"南方"国家。所谓南北矛盾，主要指发达国家和发展中国家之间的矛盾，也就是先发国家和后发国家围绕发展问题的冲突和争夺。

南北矛盾的形成、发展和固化经历了数百年的漫长时间，21世纪以来又呈现出持续凸显、激化的新态势；这构成了当今世界"百年未有之大变局"的重要内容之一，同时也受到大变局其他部分要素的推动和影响。南北矛盾的未来走向直接关系到国际社会的稳定与变革，也直接关系到每一个国家的安全与发展环境。

（一）根源：从"豪夺"到"巧取"

南北矛盾的根源在于"不平等"。欧美发达国家自工业革命以来，长期在国际体系特别是国际经济体系中占据有利地位，掌握着先进的资本、技术、市场、贸易条件和知识结构，掌控大量资源，在世界经济发展中起着决定性、主导性作用；发展中国家因缺乏先进的生产要素，只能在国际分工中依附于发达国家，向发达国家提供廉价的资源和劳动力。按照新马克思主义学派代表人物伊曼纽尔·沃勒斯坦的理论，发达国家处在现代世界体系的"中心地带"，相应地，经济落后的发展中国家处于"边缘地带"，"中心地带"和"边缘地带"之间存在大量的不等价交换；发达国家通过主导这种不等价交换，源源不断地从广大发展中国家汲取世界经济剩余价值，从而完成了高度的资本积累，获得了显著的超额利润，掌握了绝大部分的全球财富。在较长一段时期内，全球发达程度最高的 7 个国家（即七国集团）以占世界约 10%的人口，享有全球一半以上的 GDP，直到 21 世纪初这一比重还维持在 55% 左右。近年来，随着新兴经济体普遍崛起、各国间收入差距整体缩小，发达国家经济总量在全球经济中的分量逐渐下降；即便如此，七国集团经济和财富所占比重仍远超其人口比例。2018 年占全球 GDP 的 39.75%，占全球净财富的 60% 以上；2020 年，占全球 GDP 比重为 31.09%。

发达国家与发展中国家相比，普遍拥有较高的人类发展指数、人均国民生产总值和工业化水准；发达国家民众的生活品质也显著高于发展中国家，他们可支配的闲暇时间更多、平均寿命更长、儿童死亡率更低、公共医疗条件更好、教育资源更充足。这种不平等、不均衡的现象是全球经济发展不平等、不均衡的直观体现。从某种意义上说，发达国家的优厚生活建立在对亚非拉广大民众长期剥削的基础上。这种剥削与资本主义的全球扩张进程相伴而生，方式由直接粗暴的"豪夺"到精细隐蔽的"巧取"，大致经历了三个历史阶段。

第一阶段是以 15 世纪末地理大发现为开端的殖民时期，贯穿整个 17、18 世纪，直到 19 世纪末世界市场最终形成，前后延续 300 多年。这是资本主义的原始积累和对外扩张期。率先掌握了先进生产力和生产方式的欧洲国家，通过欺诈贸易、海外移民、武装占领、海盗劫掠和血腥的奴隶买卖等暴力手段，赤裸裸地掠夺其他不发达国家和地区，先后在世界范围内掀起两次侵略扩张狂潮。

一是新航路开辟导致"黑三角贸易"兴起和繁荣。全球新航路以哥伦布发现美洲新大陆为起点，陆续打破了世界各大洲相互隔绝的状态，刺激早期资本主义国家向外输出商品和资本、积极开拓全球市场。葡萄牙、西班牙、英国等率先在欧洲、非洲、美洲之间开辟了"黑三角贸易"制度：将欧洲的工业制成品如枪支、火药、棉麻织物等贩往非洲，以低廉的价格交换黑奴，甚至直接掳获当地土著人口充做奴隶；将数以亿计的黑奴运往欧洲国家在美洲开辟的殖民地，强迫他们在北美、西印度群岛和中南美洲众多种植园和金银矿中劳动，以极低的成本生产烟草、棉花、甘蔗等经济作物和工业原料，攫取当地的矿产资源；再从美洲将大量金银和原料运回欧洲，加速了欧洲资本主义发展和财富积累进程。

二是工业革命助推全球殖民体系确立。得益于第一次科技革命的推进，以英国为代表的欧洲主要资本主义国家先后发生了工业革命，逐步建立起以蒸汽机为动力、以机器大生产为基础的近代工业体系，大大提升了社会生产力水平，因而也具备了凭借"坚船利炮"在全球推广殖民主义、进行强迫贸易、倾销商品并掠夺原料的实力和条件。19世纪，英国的殖民扩张达到顶峰，不仅统治着全球1/5的土地，领土遍布北美、澳洲、南亚等地，号称"日不落帝国"；而且通过两次鸦片战争撬开了中国的大门，将东亚领土最大、人口最多的国家纳入到资本主义全球体系之中。同时，其他资本主义强国如法、俄、德、美、日等，也经由激烈的竞争完成了对世界的瓜分。全球被分割为对立的两部分，少数居于压迫和主导地位的发达资本主义国家，对多数处于被压迫、被主导的殖民地半殖民地国家进行盘剥和掠夺，造成后者资源财富大量外流，社会发展停滞不前，经济文化长期落后，人民生活极端贫困。

第二阶段以 19 世纪末 20 世纪初亚非拉民族解放运动为开端，持续至冷战结束。这一时期，广大殖民地半殖民地人民在全球范围内掀起了反对帝国主义剥削压迫、争取民族独立的革命浪潮。尤其在两次世界大战后，亚洲、非洲、拉丁美洲绝大多数国家都赢得了独立，并于 20 世纪中叶开启了"南南合作"进程，组建众多区域性互助组织，如不结盟运动、七十七国集团、非洲国家统一组织、阿拉伯国家首脑会议等，在国际社会中抱团取暖，合作自强，争取平等的发展权。民族解放运动风起云涌，全球殖民体系土崩瓦解，迫使资本主义发达国家改用较为间接和隐蔽的方式进行经济掠夺，即利用国际分工优势和贸易"剪刀差"收割亚非拉国家。

现代意义上的国际分工始于工业革命，建立在资本主义生产方式全球扩张的基础上。在殖民时代，西方发达国家是宗主国，通过暴力手段征服发展中国家，破坏其传统经济结构，瓦解其自然经济基础，将其改造为服务于乃至依附于资本主义发展的原料产地和产品市场。随着发达国家工业化完成、确立先进的工业国地位，发展中国家也日益被锁死在落后的农业国和原料国的位置上，由此形成国际分工的初级阶段。20世纪初以来，全球殖民体系逐渐瓦解，发展中国家经济获得不同程度的发展，但仍在国际分工中承担着初级产品生产国、供应国的角色。二战后，国际分工进一步向纵深发展，发达国家成为资本、技术密集型产业国，广大发展中国家成为劳动、技能密集型产业国，彼此互为市场，相互依赖程度加深，但分工体系的不平等特征以及发达国家对发展中国家的掠夺、剥削并无根本改变。无论在哪一个阶段，发达国家都在国际分工中处于主导地位，垄断着资金和技术，控制着产业链上游和国际商品定价权，并且有能力引导市场供需。它们通过抬高自己生产的工业制成品和高附加值产品的价格，同时压低发展中国家出口的农产品、初级产品和低附加值产品的价格，在国际贸易交换中制造巨大的"剪刀差"，获取高额利润，以更为隐蔽和"柔性"的方式收割亚非拉国家的财富。

第三阶段是20世纪90年代以来的资本全球化时期。随着冷战结束，国际贸易壁垒降低，市场经济规则在全球范围内普及，交通、信息和通信领域技术迅猛发展，生产要素特别是资本和技术要素开始以前所未有的规模和速度跨国流动，推动全球经济一体化发展到全新阶段。以美国为代表的西方发达国家依托大型跨国公司，不断扩大对外投资，通过跨国并购、项目外包等方式，掀起新一轮产业转移大潮。与此前相比，这次产业转移的方式更多元、领域更广泛，不再局限于劳动密集型、资本密集型、技术密集型的梯度性转移，同时也对产业链进行了拆分，把研发、制造、销售、服务等各个增值环节转移到不同国家和地区，以最大限度地获得成本优势和规模效应。在国际分工体系中，传统的"产品分工"开始逐步让位于新型的"价值链分工"。发展中国家进一步融入全球市场，通过吸收外资、开放贸易、承接部分资本密集型或技术密集型产业、创建高技术产品生产过程中的某一环节等，引入相对先进的技术和管理经验，推动本国产业结构逐步升级。从表面上看，发展中国家确实因此获得了经济发展的机遇；实际上，它们在全球生产和服务网络中仍然处于被支配地位，在全球财富分配体系中受剥削的现实也没有改变。

这一阶段，发达国家对发展中国家实施了广泛的资本、产业控制，剥削和掠夺手段变得更加隐蔽：通过跨国公司主导全球价值链分工，操纵利润在不同生产要素上的分配比例，把更多利润转移给自己，压低发展中国家提供的生产要素的价值；通过知识产权垄断核心技术和行业标准，在全球范围内收割专利费用，攫取高额财富；通过美元霸权和配套的货币政策，诱导发展中国家开放金融市场，为本国资本开辟更多套利空间。

（二）焦点：权力与资源的"再分配"

发达国家对发展中国家的剥削和掠夺，造成了后者在经济、政治和社会文化领域中全面依附的弱势地位，无法获得平等的发展权、话语权和决策权。发达国家凭借其累积的硬实力和软实力优势，能够在一定时期内维持与发展中国家之间的不平衡的"南北关系"，但却无法化解或消除其中固有的矛盾和冲突，更无法阻止这种矛盾和冲突随着全球生产力水平提升而在特定问题上日益凸显出来。

南北矛盾，首先表现为发达国家和发展中国家、先发国家和后发国家对国际规则制定权的争夺。自从全球被纳入同一个生产体系、各国进入同一个国际社会之后，国际规则的制定权和国际议题的设置权便成为决定性的权力资源。谁掌握了这种权力，谁就能在国家发展与安全问题上居于主动，并主导乃至支配其他国家的发展与安全。当前，以美国为首的西方发达国家的全面优势地位，就建立在第二次世界大战后确立的一整套国际规则和国际制度之上。一是以《联合国宪章》、雅尔塔体系等为基础的国际政治安全体系，强调主权独立和大国合作，通过联合国安理会五个常任理事国的"一致决策"来协调重大国际事务。二是以北大西洋公约组织及其全球布点的强大军队为基础的国际军事安全体系，确保美西方等意识形态相近的国家实现"集体安全"，联手应对可能出现的军事威胁以及全球恐怖主义、难民流动、气候变化、网络攻击和大规模杀伤性武器扩散等带来的风险。三是以国际货币基金组织、世界银行、世界贸易组织等为基础的国际经济金融体系，包括：国际收支调节机制，协助各国规避国际收支失衡风险；相对稳定的汇率机制，防止恶意竞争的货币贬值；多元化的国际储备资产，借以抵御区域或全球性金融危机；以及各国经济政策协调框架与平台等。四是以《国际法院规约》以及美西方 400 多年来形成的国际法规和地区制度安排为基础的世界法规制度体系，强调人权、民主等西方意识形态，规定缔约国的权利义务，主张以和平调解方式解决国际冲突。这些规则体系在设计时都特别凸显了"开放""协商"的原则，但实际上只体现了西方少数发达国家尤其是美国的价值观和意志，有些甚至是将美国国内治理理念和方式直接搬运到国际规则当中；发展中国家或是被排斥在规则体系之外，或是在规则体系内充当隐形的、沉默的、被动的多数。

美国作为全球资本主义发达程度最高、综合实力最强的国家，在上述四套规则体系中享有绝对主导权，将其用作操纵国际事务、拓展自身利益的工具。此外，美国还拥有全球战力最强、现代化程度最高、武器装备最为精良的庞大军队，以及充当世界通用货币的美元，在全球传播美式价值观的现代化媒体，遍布各大洲的美国盟友这"四张王牌"，从方方面面确保由其主导的规则体系能够长期有效地运转。正是凭借这套"4+4"的体系框架，美国对其他发达国家和广大发展中国家构成制度性优势，确立了世界霸主的地位。

同时也要看到，美国即便长期掌握着国际规则的制定权，但其主导优势是随着全球经济发展和国际参与的扩大而逐步消减的。一是受到来自发达国家内部的挑战。自资本主义在欧洲发轫开始，发达国家的"头羊"就在不断更换。先是葡萄牙、西班牙、荷兰等国领一时之风骚；随后英国登上"世界帝国"巅峰，法、德、俄、日各擅其长；二战后，美国主导西方世界，与苏联双雄对峙；冷战后，美国又以"终结历史"的姿态成为全球霸主，确立"一超多强"的国际格局，极力构建以"美国治下的和平"为主要特征的单极世界。但20世纪90年代以来，世界格局日益朝向多极化发展。欧洲国家签署《马斯特里赫特条约》，组建政治和经济货币联盟，在经济上与美国争锋；俄罗斯继承了苏联遗产，手握强大军事实力和核武库，拥有联合国安理会常任理事国席位，在军事上与美国抗衡；日本积极主动参与国际事务，加快步伐谋求政治大国地位。美国"一家独大"的局面虽未被完全颠覆，但已在不同领域受到挑战。二是受到发展中国家崛起的冲击。发展中国家在美西方主导的国际制度体系中处于从属位置，但受益于全球化的深入发展和科技创新带来的生产力革命，其综合国力和影响力也有了显著增长，越来越广泛地参与到全球治理中，不断为自己争取平等权利。它们先后通过"金砖国家机制"推动国际金融机构改革，提升中国、印度等发展中国家代表在国际货币基金组织中的份额，获得更多投票权；通过二十国集团扩大与发达国家协商对话，合作应对全球经济和金融危机，日益成为推动国际社会发展的一支不可或缺的重要力量。三是在新疆域中面临激烈竞争。科技飞速发展使得人类活动空间逐渐拓展到网络、太空、深海等"新疆域"。这些领域的进入门槛高，需要先进科技支持和巨大资金投入，目前只有美西方等发达国家和少数新兴的发展中大国才能拿到"入场券"。与传统的政治经济活动领域不同，目前新疆域的规则严重缺失，各国活动在很大程度上处于无法可依、无章可循的状态；发达国家长期以来的"累积优势"在新疆域中影响有限，导致其与发展中国家站在大致相同的起跑线上。双方都希望能够主导初始规则制定，进而掌握后续发展的主动权，竞争异常激烈。

南北矛盾，还突出表现为发达国家和发展中国家对全球资源能源的争夺。世界资源是稀缺的，国家发展是无垠的，资源的有限性与发展的无限性之间的矛盾，必然导致各国间的竞争、斗争甚至战争。从某种意义上说，对资源的争夺是普遍的，不仅存在于发达国家与发展中国家之间，也存在于发达国家内部和发展中国家内部。但发达国家和发展中国家围绕资源的争斗尤为激烈，表现为南北矛盾的主要方面。这由两种客观现实决定。

首先，资源在发达国家和发展中国家之间的分配高度不均衡，是矛盾激化的根源。资本主义工业的发展建立在对资源能源大规模消耗的基础上，工业发达国家凭借实力和制度优势，对全球资源能源的占有和使用数量更是达到了惊人的程度。目前，以美国为首的发达国家人口占全球人口的比例约为15%，却消费了世界56%的石油、60%以上的天然气、50%以上的重要矿产资源，整体资源消耗率甚至一度超过80%。相比之下，非洲、拉丁美洲、亚洲等地的非工业国家控制和消耗的资源要少得多。

从人均能源消费情况看，美国更是"雄踞"世界前列，是同属发达国家之列的英国人均消费量的 2 倍左右，是部分非洲国家的 24 倍多。平均一个美国人消费的能源资源，与 6 个墨西哥人或是 128 个孟加拉人、307 个坦桑尼亚人、370 个埃塞俄比亚人的消费量相当；美国人日均用水量为 159 加仑，而与此同时世界上还有约一半人日均用水量不足 25 加仑。根据世界自然基金会发表的《地球生命力报告》估算，如果全球人均资源消耗量向美国看齐，则至少需要 4.5 个地球供给；以目前的生产力水平，全球资源每年能够实现的产值约为 81 万亿美元，以不平衡分配的方式养活了 75 亿人口，如果按照美国人的生活标准，则只有 13 亿人能够存活，其他 62 亿人将处在无资源可用、无食物和水可以吃喝的"绝境"。总而言之，全球能源资源的分配和消费呈现出向发达国家高度倾斜的不均衡特征；而这种资源分配不均，是帝国主义和殖民主义的遗产，是人为而非自然条件造成的，其代价是占全球多数的发展中国家广大民众长期被压制、被掠夺。发展中国家要求保护自己的资源，要求对全球资源进行更均衡、更公平、更合理的分配，不仅是其生存和发展的需要，也是在现有国际体系中争取平等权利的正义斗争。

其次，发达国家试图操纵资源分配问题阻断发展中国家的上升渠道，是矛盾激化的催化剂。近代以来由西方发达国家主导的现代化进程，在制度上固化了发展中国家的边缘地位，在物质上依赖于对全球资源的不均衡分配，在意识形态上建立起虚假的

"西方中心论"。而 21 世纪以来,以中国为代表的发展中国家群体觉醒和快速发展将全面挑战西方发达国家的现有优势,终结其长期盘踞在全球分配体系金字塔尖的"好日子",给它们带来了深层次的忧虑。发达国家从自身几百年的发展经验出发、从"零和博弈"的视角出发,唯恐发展中国家动了它们的"奶酪",因此极力为发展中国家的进步制造障碍,并操纵资源分配的敏感问题作为斗争手段。一是利用气候变化谈判向发展中国家施压。气候变化是全球性问题,主要由工业革命以来人类活动,特别是发达国家大量消费化石能源的生产和生活活动导致,表现为大气中温室气体浓度显著增加、全球气候变暖、极端气候频发。从历史看,发达国家累积碳排放量大,对"气候赤字"的欠债更多;从现实看,发达国家人均碳排放量高,是气候变化的主要责任方。国际社会一直敦促发达国家在减排问题上做出表率,并向发展中国家提供资金和技术,提升发展中国家的生产力水平和能源利用效率,共同应对气候变化带来的风险。但部分发达国家不仅不愿意承担相应的责任,反而恶意渲染发展中国家在赶超进程中存在"高消耗""高排放""高污染"问题,质疑"共同但有区别的责任",有意迫使发展中国家承担与其能力和发展阶段不相符的责任,限制发展中国家利用资源、实现工业化和现代化,并以"碳关税"等名目实行贸易保护主义,制衡或削弱包括中国在内的发展中国家的竞争力。二是炒作所谓的"资源匮乏论"。中国是全球最大的发展中国家,是发展中国家崛起的代表。目前中国已经全面建成小康社会，并计划在此基础上，到 2035 年基本实现社会主义现代化，到 21 世纪中叶最终建成富强民主文明和谐美丽的社会主义现代化强国。中国要实现的现代化，是让超过 14 亿人民过上美好生活的现代化，这是人类历史上前所未有的壮举。但美西方对此却忧虑重重，它们恐惧中国的庞大体量，更恐惧中国的发展将带动和鼓舞全体发展中国家，改变当今世界的权力格局，推动现有国际体制改革。因此，美西方个别发达国家开始热衷于炒作"中国威胁论"的各种新版本，声称中国庞大的人口和粮食需求将导致全球粮食供应短缺、中国"无节制"的能源资源消费是国际原油价格上涨的主要原因、中国人食用肉类过多加剧了对全球环境的破坏、中国在亚非拉国家的经贸投资和经济援助是"新殖民主义"等，不一而足。这种"中国消耗全球"的论调，与历史上的所谓"黄祸论"如出一辙，反映了美西方个别国家的恐惧，也是其借资源分配问题卡中国发展"脖子"的手段，是发达国家试图阻止发展中国家在全球权力体系中上升的诸多尝试之一。

（三）趋势："南升北降"与"鸿沟天堑"

未来 30 年是全球格局变化重组的深入发展期，南北矛盾有愈演愈烈之势。发达国家与发展中国家、先发国家与后发国家的

"发展之争"本身构成了百年未有之大变局的重要一环，其发展与演变也将影响甚至决定着变局的走向，攸关变局中的每一个国家的利益与安全。

从整体实力看，发展中国家崛起势头加快，发达国家地位动摇，双方矛盾将更趋尖锐。进入 21 世纪以来，包括新兴市场国家在内的发展中国家群体性崛起，已经成为不可逆转的时代潮流。近年来，这些国家对世界经济增长的贡献率稳居高位，2016 年已达到 80%；按照汇率法计算，其经济总量占全球的比重接近 40%；经合组织预测，到 2030 年发展中国家将占世界 GDP 的 60% 左右，成为全球经济发展当之无愧的主引擎。虽然从绝对实力方面衡量，西方发达国家仍然占据优势，但发展中国家尤其是新兴市场国家力量增速远远大于很多发达国家，显示出蓬勃的生机。

这一方面是由于发达国家内部累积的问题集中爆发，经济社会发展进入失衡动荡的调整期。以 2008 年国际金融危机为节点，西方主要发达国家遭受重创、生产率增长缓慢、投资低迷、债务高企、金融动荡，经济复苏乏力，增长近乎停滞，国内贫富分化、种族对立、社会撕裂、民主失灵等问题凸显，政府治理面临挑战；同一时期，美西方主导的全球治理体系频现危机，其长期奉行的民主扩张战略在中东、东欧和亚太等地同时陷入困境。这标志着冷战以来几乎席卷全球的西方新自由主义发展模式和政治思潮破产，根源于资本主义制度内部的问题短期内难以获得妥善解决。而西方发达国家在尽力自救的过程中也产生了严重的分歧，美国前总统特朗普上台后提出"美国优先"，使这种分歧公开化、扩大化，进一步削弱了发达国家的整体优势地位。

另一方面，新一轮科技和工业革命催生新的发展动能，为发展中国家提供了加速追赶的历史机遇。从历史经验看，每一次全球技术变革，都会缩小后发国家和先发国家之间的差距，凸显后发国家的优势。从现实情况看，通信和交通技术大发展进一步降低了贸易和运输成本，为发展中国家扩大参与国际贸易打开便利之门；互联网空间为知识快速传播和共享创造了条件，帮助发展中国家获得了提升劳动力素质和劳动生产率水平的机遇；数字经济异军突起，使得一些拥有较多传统产业特别是劳动密集型制造业的国家，能够借助大数据实现产品和服务质量的飞跃，加速推动经济转型和产业升级。同时，南南合作的范围和规模扩大，将释放更多增长潜力。经济合作与发展组织早在 10 年前就已估算，一旦将发展中国家之间的关税降低到发达国家之间的普遍水平，会使南南贸易释放出两倍于南北贸易的收益。自 2008 年金融危机以来，金砖国家峰会等以发展中国家为主体的合作机制，日益在全球经济治理中扮演重要角色，占世界人口绝大多数的发展中国家开始尝试不依赖甚至抛开西方发达国家自主发言，国际格局"南升北降"趋势日益凸显。发达国家与发展中国家利益碰撞概率增大，短期内矛盾恐将呈现尖锐化、扩大化趋势。

在个别领域中，发达国家严守垄断优势，发展中国家赶超难度增大，双方争夺将更趋激烈。在关注发展中国家整体实力上升的前提下，也应看到这种上升具有一定的不均衡性。首先是国家间发展不均衡。发展中国家按照经济增长速度或资本市场规模，又被细分为新兴市场国家、前沿市场国家和最不发达国家。新兴市场国家的实力上升，是发展中国家实力上升的主要内容，其中又以中国、印度等亚太新兴市场国家的发展和增长为主体。其次是发展领域不均衡。在传统产业领域，发展中国家普遍因全球化和产业转移而获得机遇，但是在人工智能、5G网络、新能源、太空探索、生物科技、区块链以及高超声速战略武器等新领域，发达国家仍然具有资金、技术等优势，只有中国等极少数发展中国家具备与其竞争的能力。在这些新领域中，技术迭代更新的周期更短，而且具有强大的网络特性，一旦实现更新就意味着上一代技术和相关应用都将退出市场，而不会像传统产业技术那样进入成熟周期后逐渐向其他国家进行梯度转移。

以美国为首的发达国家试图利用发展中国家崛起的不均衡特征、新领域技术更迭的特性以及现阶段掌握的技术优势，打压发展中国家的"排头兵"和"先锋队"，加速新领域技术研发和换代，制定更严格的规则和标准，形成新的垄断壁垒以保护其主导地位。为此，美国裹挟个别盟友，发起了针对中国的"科技冷战"：一方面在芯片、半导体等关键技术产品出口方面对中国"卡脖子"，实行断供脱钩；另一方面，向部分对其依赖程度较深的发展中国家持续施压，迫其在5G、航天、核能开发等领域停止与中国合作，意在防止技术扩散、人为扩大发展中国家的差距和分歧。未来，随着新技术的进一步迭代、发展和传播，发达国家与发展中国家之间垄断与反垄断的斗争将更趋激烈。

三、上下矛盾与阶级之争

上下矛盾主要指社会分层方面的精英阶层与草根平民之争。2008 年金融危机后，全球贫富分化越来越严重，美西方更是重中之重。尽管国际社会采取各种措施力图缓解这一矛盾，但迄今全球范围内因贫富差距拉大加剧的上下矛盾并未发生实质性转变。可以预见，这种趋势仍将在未来很长一段时间内继续存在。不患寡而患不均，因贫富差距扩大所导致的"99%"对"1%"的尖锐对抗，正在成为影响世界政治乃至各国社会政治稳定的重要因素。

（一）从"占领华尔街"到"黄马甲"运动

自 2008 年金融危机以来，由贫富分化等引发的上下矛盾在美欧不断发酵。而 2020 年所暴发的世纪疫情，不仅没有缩小美西方社会的贫富差距，反而使穷人与富人间的差距被进一步拉大。国际发展与援助领域最大的非政府组织"乐施会"（Oxfam）发表报告称，在全球疫情冲击下，世界上99%人口的生活因为封锁、国际贸易减少、国际旅游减少而变得更糟，并有1.6亿人口被迫陷入绝对贫困。统计显示，自新冠病毒感染疫情暴发以来，美国亿万富翁的净资产几乎翻了一番，达到创纪录的5.04万亿美元，美国最富有1%人群的财富已超过其社会后50%人群的总财富。联合国世界粮食计划署主任大卫·比斯利指出，新晋世界首富马斯克只要肯拿出自己2%的资产，就可以拯救全球4200万饥饿的人。在这种情况下，近年来由上下矛盾和贫富差距所导致的社会运动乃至危机风起云涌，并从处于资本主义世界体系中心的美欧社会蔓延扩散至越来越多的新兴和发展中国家。根据2021年底联合国经济及社会理事会报告，全球经济总量前100位的国家，近六成在新冠病毒感染疫情后爆发街头运动和社会政治动荡，而引发这些动荡的重要原因，则是疫情下加剧的贫富差距、阶层分化和族群矛盾。

"占领华尔街"：99%对1%的抗争。实际上，自2008年金融危机以来，美欧社会对冷战后在国际社会居于主导地位的新自由资本主义制度的质疑和反思就从未停止。而反精英、反体制、反主流和反全球化则成为这些社会运动的重要特点。2011年9月17日，抗议华尔街金融寡头的街头运动首先在美国爆发，抗议者明确提出"对于处在社会最顶端1%的精英阶层的剥削，占全社会人口99%的民众已无法忍受"。随后，这次运动迅速蔓延到全美 800 多个城市，以及英、德、法、日、意等国的 1500 多个城市。对此，美国《华尔街日报》曾指出，"占领华尔街"是美国自 20 世纪 60 年代反越战运动和民权运动后出现的最大一场社会运动，其以促进社会公正为主要指向和目标；其出现的主要背景是美国社会结构的深刻变化，从 1991 年冷战结束到 2011 年"占领华尔街"运动的爆发，美国中产阶级家庭比例已从 50% 以上降至 44% 以下。

面对"占领华尔街"运动的呼声与诉求，当时的美国民主党奥巴马政府实施了一系列改革，加大对教育、失业、收入不平等等议题的关注；除强化对收入逾百万美元的富人征税外，还加紧推行主要针对华尔街的金融监管法案。然而这些举措并未从根本

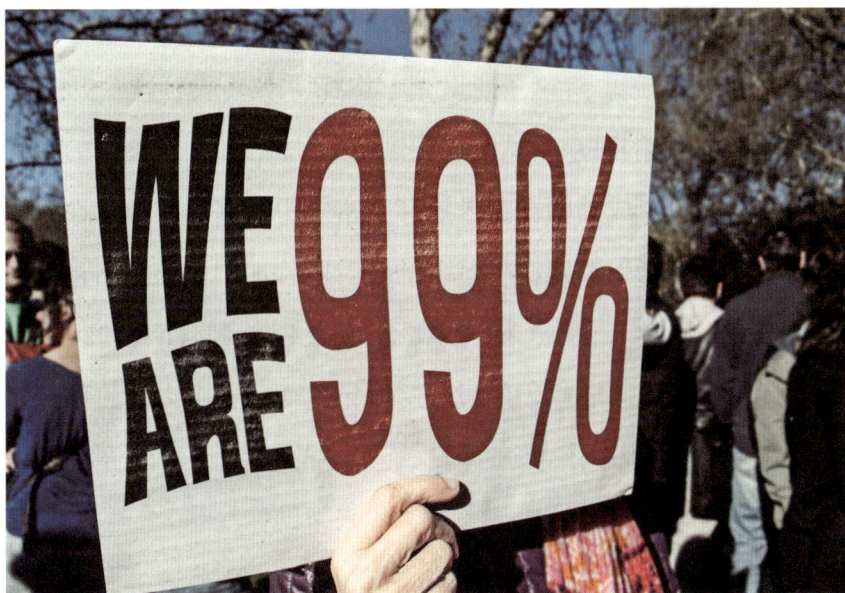

上缓解美国国内的贫富差距和上下矛盾，根据 2012 年 9 月美国人口普查局的数据，美国国内的贫富差距依然严峻，收入最低的 10% 人口的所得，相较于 21 世纪初下降了 12.1%，而最富有 1% 人口的所得占全国总收入的比例增加了 20%。

正如马克思在《资本论》中阐述的那样，少数资本家和寡头占有全社会绝大多数生产资料，是造成资本主义社会贫富分化和阶层矛盾的主要原因。仅通过加大对上层阶层的税收调节等"自我改良"手段，并不足以彻底扭转资本主义社会贫富鸿沟日渐拉大、阶层矛盾日益加剧的根本趋势。值得注意的是，尽管"占领华尔街"运动未能真正改变美国社会贫富差距不断加剧的现实，却进一步加大了美国固有的社会政治分化和对立。一方面，一直主张推动"进步主义"式改革、更多代表美国中左翼力量的民主党总统奥巴马公开宣布支持"占领华尔街"运动的主张；另一方面，时任众议院共和党领袖里克·坎托等右翼政客则公开指责"占领华尔街"的民众是试图分裂国家的"暴民"。对美国的共和党政客来说，造成美国社会矛盾和贫富差距的真正根源，在于市场失灵，而市场失灵则源于过多的政府监管加剧市场扭曲；其认为通过"大政府"加强干预不仅不能解决当前的社会和经济问题，反而会造成政府权力的过分膨胀，从而危害个人自由和经济繁荣。他们经常引用美国时任总统里根的话："英语里面最可怕的一句话就是'我是政府派来的，我来帮助你'。"

无独有偶，如果说"占领华尔街"运动主要代表的是美国社会中下层的左翼力量，2009 年以"茶党"运动等为代表的美国右翼民粹力量也开始逐渐登堂入室、大行其道。2016 年，在被各方唱衰的情况下，"非典型"美国政客、共和党候选人特朗普在最后时刻以微弱优势击败民主党候选人希拉里，入主白宫。而白人中下层蓝领阶层，特别是来自中西部"铁锈带"的白人蓝领工人则成为特朗普最重要的支持者。有意思的是，在美国历史上，中西部"铁锈带"作为美国传统老工业区，曾经是民主党的重要票仓。然而 20 世纪末以来，随着美国国内产业的升级，传统工业区的工人开始大量失业，生活水平长期难以提高，成为近三四十年来美国贫富差距与阶层矛盾加剧的最主要受害者之一。正如英国《金融时报》在 2016 年美国大选后发表的一篇评论所指出的，表面上看主流美国精英媒体几乎全体"选边"站在希拉里一边，集体唱衰特朗普及其所鼓吹的民粹主义，但特朗普的支持率却始终居高不下并最终取胜，可见美国民众对传统政客和精英的厌恶之深和求变之切；而这一次美国主流媒体的集体沦陷说明，任凭再大的话语权，也越来越无法左右汹涌的民意。

新冠病毒感染疫情暴发以后，美国国内固有的阶层矛盾、族群矛盾进一步激化。2020 年 5 月美国黑人弗洛伊德因涉嫌使用假币，被白人警察以"跪颈方式"致死，迅速演变成为席卷全美和世界多国的大规模示威游行乃至骚乱。事件再次凸显了疫情下日益严重的贫富分化以及由此所加剧的种族矛盾、阶层矛盾。一方面，黑人中下层民众成为当前美国疫情中受冲击最大的群体。统计显示，黑人虽仅占美国人口的 12%，但疫情中的病死人数却占全美的 23% 左右，低收入黑人民众的死亡率更达到平均死亡率的 2.3 倍以上。与此同时，截至 2020 年 5 月，普通黑人民众的失业率达到 16.8%，远超全国平均水平，超过 63% 的白人青少年生活在贫困率低于 10% 的地区，享受较为充分的教育、医疗等保障，而能达到这一条件的黑人青少年不到 20%。可以说，面对疫情冲击，美国国内的阶层差距、族群差异还在被进一步固化。另一方面，弗洛伊德事件中，对现实不满的不仅有黑人民众，也有许多中下层的白人民众，他们不满于美国政府现行的抗疫政策，甚至认为政府一些照顾黑人的举措，对他们形成了"反向歧视"，并因此发展到使用暴力来对抗"社会不公"的程度。从而使弗洛伊德事件变得更加难以平息和化解。

"黄马甲"运动：冷战后法国规模最大的民众街头运动。2018 年 11 月 17 日星期六，为抗议马克龙政府提高燃油税的决定，数十万法国民众涌上街头。此后，抗议活动不断蔓延扩大，以法国首都巴黎为主战场，上百个法国城市爆发街头运动。根据 2018 年 12 月 "黄马甲"运动参与者向法国议会提出的书面要求，马克龙政府应尽快着手解决日益严重的贫富分化问题，为所有露宿街头者解决最基本的温饱问题，建立人人平等的社保机制，改革征税机制、细化税率标准，所有法国人的工资、养老金要与通胀挂钩，取消总统与议员的终身津贴等。在整个运动过程中，抗议者还喊出了"我们不要面包渣，我们要的是整个面包"

的口号，深刻揭示出广大中下层民众对上层社会，以及贫富分化加剧的不满。

从表面上看，"黄马甲"运动的导火线只是抗议马克龙政府将每升汽油涨价 2.9 欧分和每升柴油涨价 6.5 欧分的决定，但其背后却是多年积累的法国社会矛盾。

首先，法国国内不断加剧贫富分化和阶层矛盾是导致"黄马甲"运动的最重要原因。根据法国国家统计与经济研究所 2018 年 11 月所发布的研究报告，2007 年至 2017 年的 10 年间，受金融危机和经济危机冲击，法国家庭的年均购买力减少 440—600 欧元，但最富有 5% 家庭的年均收入增长近 10%，中低收入阶层成为受冲击最大的群体，特别是无专业资格的蓝领工人、退休者和失业者。同时，因巴黎、里昂和波尔多等大城市发展较快，而广大农村地区和三四线城市则因为农业及传统工业部门的萎缩，生活水平明显下降，广大中下层民众普遍有一种被抛弃和失落的情绪。一位参加"黄马甲"运动的教师声称，"过去 10 年，能过上有尊严生活的难度越来越大；而所谓有尊严的生活就是指拥有能满足温饱、日常所需和发展兴趣爱好的稳定收入"。正如当时法新社在评论中所指出的，广大中下阶层特别是在金融危机中受冲击最大的中产阶层，成为了此次"黄马甲"运动的主要参与者。

其次，信息化与网络的发展使中下层民众的不满极易被点燃和放大。在"黄马甲"运动中，法国总统马克龙的工作方式被广为诟病。许多网民批评马克龙上台后口无遮拦、心高气傲，甚至不解人情、高高在上，表现了"朱庇特式"的工作作风；在网民发起的民意调查中，对马克龙的支持率一度下降到20%以下。而马克龙执政后积极推动改革，却未对中产阶层和平民的利益进行足够补偿，更是加大了民众的不满，运动参与者还打出了"马克龙辞职""马克龙下台"的口号。面对民众的批评，马克龙政府一度寻求与"黄马甲"运动的领袖见面，但却根本找不到，因为"黄马甲"运动其实是网民自发组织的抗议，其没有固定的组织和领导结构，诉求和斗争目标也摇摆不定，根本不同于传统的街头抗议活动。

最后，法国一些民粹政治势力趁机煽风点火、谋取政治利益。"黄马甲"运动显示出法国民众对传统政治体制和精英的不满，一些民粹政治势力趁机插手其中。如法国右翼民粹政党"国民联盟"的领导人勒庞公开在推特上称赞"黄马甲"运动参与者是"英雄"，要求"国民联盟"积极参加"黄马甲"运动。民粹组织"不屈服的法国"的领导人梅朗雄则提出要全面开征"富人税"，施行"全民倡议、全民公决"，即可由公民直接发动公投，决定是否废止相关法规、罢免领导人和官员等。

（二）从"拖拉机游行"到"三毛钱的抗议"

令人警醒的是，由贫富差距和上下矛盾所导致的美欧民粹思潮抬头并非全球范围内的个例。其所带来的影响已经蔓延到了新兴和发展中国家。

印度"拖拉机游行"：底层农民的抗争。2021年1月26日，在印度一年一度的"共和国日"阅兵活动中，印度农民也举行了声势浩大的"拖拉机游行"。整个抗议队伍总长达194公里，其中有100公里深入新德里社区。游行中，数以万计的印度农民驾驶拖拉机涌入新德里，并与警方发生严重冲突，当场造成多人死亡。冲破路障与层层堵截的示威者还一度占据新德里的标志性建筑——红堡，并将农民工会的旗帜插在红堡广场前的旗杆上，抗议活动引发印度内外的高度关注，印度总理莫迪发表讲话指责这一行动"侮辱国家"。

事件的起因是2020年9月莫迪政府所实施的《农产品贸易和商业法案》《农产品价格保障与服务法案》《必需品修正法案》三项农业法案；示威者担心莫迪政府制定的法案将损害自身利益，特别是法案对农产品传统收购方式的改革，将会使农民在未来的生产活动中更加受制于大型农业寡头。自2020年9月以来，大批来自旁遮普、哈里亚纳等印度西北部各邦的农民不顾疫情影响，涌入新德里进行抗议活动，并一度控制了首都主要地标和进城交通要道。而印度国庆日的"拖拉机大游行"只是这一系列抗议活动的高潮而已。

实际上，一直以来，农民和农业问题就是困扰印度发展的痼疾之一。一方面，农民长期生活在印度社会的最底层。统计显示，印度贫苦人口中，70% 都是农民，数量高达 7.7 亿人；尽管印度耕地面积超过国土面积的一半，但人均耕地面积却非常少，85% 的农民拥有的人均土地不足 2 万平方米，许多农民家庭年收入仅 9000 卢比左右（不足人民币 800 元）。印度国家犯罪记录局报告显示，过去 20 年共有近 40 万印度农民自杀，而生活窘迫、在日常社会生活中受到歧视，成为导致自杀的头号原因。瑞士银行 2018 年曾发表报告，指出印度前 1% 富人已经拥有了全国一半以上的财富，而占全国一半人口以上的农村贫困人口仅拥有全国财富的 6% 左右。英国《金融时报》分析称，尽管印度有超过 6 亿人口被称为所谓"中产阶级"，但他们每日收入却不足 3 美元；因此从严格意义上说，印度根本没有中产阶层，整个社会"除了极富就是赤贫"。

另一方面，莫迪政府所推动的农业改革法案也没有很好地考虑中下层农民的利益，最终导致农民的强烈反弹。自 20 世纪八九十年代以来，印度政府通过各种途径委任了一批少数持有许可证的"中间人"，允许他们以政府批准的价格向农民收购粮食。而 2020 年 9 月，莫迪政府所实施的改革法案就是要彻底取消这些"中间人"，打通农产品流通环节，但这些"中间人"已经和农民形成了稳固的利益联系纽带，如快速向农民提供贷款、帮助购买化肥等。由于印度政府在农村的公共服务体系建设长期滞后，立即取消"中间人"反而使很多农民面临更加窘迫的境地，从而进一步加剧了印度政府与广大农村平民的矛盾。

智利由"三毛钱"引发的大规模抗议。无独有偶，类似的事件也在拉美上演。2019年10月，智利首都圣地亚哥的地铁票价从800比索上涨到830比索（折合成人民币相当于上涨3毛钱），但却引发市民的强烈不满，不仅打砸地铁站，还冲上街道抗议和示威。随后抗议演变成大规模暴力事件，全国上下一片混乱，政府甚至出动军警和坦克维持秩序，总统皮涅拉也在第二天发表讲话表示歉意，并取消涨价。整个暴乱整整持续了一个多月都没停止，给智利造成了100多亿美元的经济损失。

不患寡而患不均，智利大规模暴乱并非单纯是由于地铁涨价"三毛钱"，其根源仍是智利国内严重的贫富差距和阶层矛盾。虽然智利的人均GDP在2018年就已超过1.5万美元，跨过世界银行高收入国家的门槛，但其国内的贫富鸿沟十分巨大。统计显示，智利最富有1%人口竟然掌握了全国八成以上的财富，被称为全球贫富差距最严重的国家之一。以地铁票价为例，近年其已多次涨价，几乎翻了一倍，但普通民众的收入却鲜有提高。英国广播电视公司（BBC）在此次事件后做过一个调查，发现智利首都圣地亚哥普通工人的最低月工资仅有31万比索，若每天搭乘两程地铁，每周5天，每月都要3.3万比索，仅地铁费就占工资的11%；若考虑国民收入占比，圣地亚哥地铁票价实际比纽约还贵。与此同时，智利政府所允诺的税收、劳工法规和养老金制度改革一直迟迟没有得到实施。在此次事件中，示威民众就公开打出改善普通人生活、加强社会保障、抑制物价等旗号。根据

2018 年的一项民调显示，超过八成的智利民众对现行政府政策和社会上层精英阶层感到不满。

实际上智利此次事件深刻揭示出智利政府长期奉行的新自由主义理念的缺陷。新自由主义理念主张减少政府干预，但这套理念实行的结果却是社会贫富差距和阶层矛盾的加剧。例如，在医疗领域，智利公立医疗体系覆盖了其 86% 以上的人口，但由于政府不愿加大投入，全智利仅有 44% 的医生在公共部门服务；而面向不足人口 15% 的最富有阶层的私营医疗机构，却占有了一多半的医生和各种医疗资源。智利报纸曾报道过一个案例：一名雇工因为患有腰椎关节炎，在 6 年前预约寻求公共医疗救治，但依然还在等待，这名雇工最后感叹"在这个国家如果没有钱，真会在求医路上病死"。正如英国《金融时报》分析所指出的，虽然智利早已成为拉美最富有的国家之一，但严重的贫富差距和社会矛盾却使其成为一个各种动荡频仍的国家。

（三）贫富分化与阶层固化的难题

冰冻三尺，非一日之寒。百年大变局与世纪疫情下，各国上下矛盾的加剧，既展示了各国民众和草根阶层的利益诉求，同时亦是冷战后 30 多年来，特别是 2008 年金融危机后世界经济政治中各类矛盾的集中爆发，深刻揭示出各国普遍面临的治理危机。

首先，百年变局下国际社会贫富鸿沟的不断加大，是引发上下矛盾加剧的重要根源。冷战结束后，以鼓吹经济放任与西式民主为主要特征的新自由主义在国际上大行其道。美籍日裔学者福山甚至发出"历史终结论"的感叹。随着美国"一超"格局的确立，美式自由资本主义模式一度在全球占据主导地位。如在经济发展路径上，跨国公司和金融寡头进一步垄断了各种资源；由于新自由主义主张所谓的"大市场""小政府"，往往对市场运行中存在的种种问题采取放任态度，各国的贫富差距被持续拉大。特别是2008年全球金融危机和2020年新冠病毒感染疫情以来，美、欧、日等主要发达国家及一些新兴大国加紧实施所谓"量宽"政策，试图通过大规模发行流动性和向金融业等注资，刺激经济复苏增长，导致金融业和大公司反而成为复苏政策的最大受益者。虽然美国在奥巴马执政时期曾一度加强了金融监管，但始终面临金融寡头、跨国公司等利益集团的掣肘，同时共和党也对奥巴马时期的改革形成了巨大阻碍，使许多条款和举措难以落到实处。在此情况下，高收入与精英阶层成为各种"量宽"政策的最大受益者，实体经济复苏发展远远跟不上金融领域的扩张；金融寡头和跨国公司获取利润的速度，远远超过普通民众收入增长的水平，从而埋下了贫富差距与阶层矛盾持续加剧的祸根。以美国为例，从20世纪50年代到冷战结束前，美国最富有1%的人口占总收入的比例始终在10%左右徘徊；而20世纪90年代以后，美国最富有1%人口的财富以每年4%左右的速度增长，其余 99% 的人的收入增长率只有 0.75%，目前最富有 1% 人口已掌握了全国 40% 左右的财富。2008 年金融危机后，这一态势则更加严重，2009 年至 2017 年最富有 1% 美国人竟然占有了国民收入增长的 85.1%。同时美国贫困人口进一步增加。截至 2020 年底，美国贫困率达到 11.4%，超过 3700 万人生活在联邦政府贫困线以下，贫困人口数量达到有史以来的最高值。再以菲律宾为例，由于政府未能在 2008 年金融危机冲击下及时向中低收入民众提供必要的帮助和社会保障，按世界银行每人每天 1.25 美元的贫困线标准，菲律宾贫困人口占总人口比例从 2007 年的 16.8% 上升至 2018 年的 22.6%，基尼系数也从 2007 年的 0.4280 上升至 2018 年的 0.4822。联合国报告指出，贫富差距与阶层分化已成为各国普遍面临的全球性问题，而金融危机和世纪疫情则进一步加剧了这种趋势。

其次，民众对传统政治体制与社会精英的不满和不信任感持续加剧，也是上下矛盾和阶层对峙加剧的重要原因。在传统西式代议制民主政治体制下，由普通民众投票选出的"社会政治精英"决定国家大政方针。传统选举体制看似"一人一票"非常平等，但国家始终掌握在"政治精英"手中，选举不过是将国家权力从这部分"政治精英"转移到另一部分"政治精英"手中，普通民众根本无法真正走进政府和权力中去，始终是国家社会政治生活中的"被统治者"。而一些传统政治体制下的精英为赢得选票，也往往以各种空头支票和许诺迎合选民。随着信息网络技术带来的人们交往方式和工作方式的深刻变化，民众对传统社会政治精英与底层脱节、高高在上的权力游戏早就心生厌倦，越来越多的人特别是年轻人开始对源于传统政治体制的精英决策模式不感兴趣，要求建立一种扁平化、网络式、无中心的平等参与模式。

与此同时，随着经济社会转型期不公现象的加剧，各国中下层民众的不满和不安情绪也普遍加剧，原有的社会政治秩序与利益分配机制面临重构，而传统的政治体制与决策程序又往往无能为力，进一步加深了传统社会精英与普通民众间的隔阂、矛盾。而西式选举体制往往不能排除金钱政治的干扰，权钱勾结与利益集团政治已经成为西式民主面临的重大挑战，随着西式民主政治越来越成为少数精英集团与跨国公司的代言人，势必引发中下层民众对本国政权与精英集团的信任危机。如 2017 年美国皮尤研究中心对美欧 10 多国民众的一项调查显示，超过一半的民众不信任本国政府和政治精英。

再次，中产阶级萎缩是导致上下矛盾加剧的另一深层原因。1951 年，美国著名社会学家赖特·米尔斯在《白领——美国的中产阶级》一书中首次提出中产阶级概念，明确指出中产阶级是各国经济社会发展的"稳定器"和中坚力量，并将拥有稳定收入和住房、能保障子女健康及受教育等作为界定中产阶级的重要标准。然而自 20 世纪中后期以来，不少国家的中产阶级正在出现萎缩。根据美国统计局数据，自 20 世纪七八十年代以来，美国中产阶级收入占全国总收入的比例已从一半以上，降至 45% 上下。美国著名经济学家、诺贝尔奖获得者约瑟夫·施蒂格利茨指出，中产阶级萎缩已经成为美国社会面临的重大威胁，并可能对美国传统社会秩序产生深远影响，而美国的基尼系数已经从 2007 年的 0.42 上升至 2018 年的 0.46；20 世纪 80 年代末以前，达到收入中位数的美国家庭一般能"过上较为体面"的生活，但目前这些家庭的生活正变得越来越艰难，未来半数以上美国家庭可能会被"挡在拥有住房、汽车和其他便利设施的中产阶级生活之外"。在德国，柏林世界经济研究所发表报告称，德国月净收入介于 860—1844 欧元的中产阶级已从 2000 年的 66.5% 降至目前的不足六成。在日本，曾长期号称"一亿总中流"，近九成的民众自认为是中产阶级，但近 20 多年来，中产阶级的收入、家庭财富等明显趋于恶化，自认中产阶级的民众降至六成以下。从整体上看，中产阶级的萎缩正使不少国家的社会结构从"橄榄型"向"金字塔型"转变，加剧了贫富分化与阶层矛盾激化的风险。

最后，经济社会复苏乏力则是各国阶层矛盾激化的直接导火索。2008 年金融危机爆发后，特别是世纪疫情暴发以来，世界经济始终未找到能真正全面脱困的转型道路，全球化减速、国际市场有效需求不足、新兴产业尚难支撑世界经济复苏增长等结构性问题依然严峻，各国普遍面临民众收入减少、失业率攀升等困境，使固有的经济社会矛盾进一步激化。法国智库战略研究中心日前所做民调显示，近 2/3 法国民众对未来前景感到忧虑。目前带疫复苏的世界经济不仅面临被疫情再度打断的不确定性，还受到美欧等发达国家货币政策转向、供应链困局和通胀高企等风险的影响。国际货币基金组织预测，2022 年世界经济复苏增长率将回落至 4.9%。而未来一段时期，各国将迎来政局密集变动期，美、法、日、澳、意、韩等重要国家都会迎来重要选举，在经济社会矛盾加剧、疫情持续延宕的大背景下，各国内部的贫富差距和阶层对立等议题还会被继续炒热。

四、左右矛盾与思想之争

左与右的矛盾，主要指社会思潮的不同主张和不同路线之争。因各国话语体系的差异，左和右的含义有所差异。政治术语中"左""右"的概念源于法国大革命时期，在 1791 年的制宪会议上辩论时，拥护激进革命的人恰好坐在议会的左边，而主张温和的保守派坐在右边，因此人们习惯将革命的一派称为"左派"，反对革命的一派称为"右派"。在现代政治经济语境中，左派更加注重社会平等、公平，强调政府发挥干预、调节作用，建设福利国家，而右派则更强调自由，注重市场和竞争，反对政府过多干预。近年，随着各种社会矛盾不断发酵，左右之间的矛盾在经济、政治等各领域全面加剧，各国政治制度与未来道路均面临着考验。

（一）政府 vs 市场：经济思想之争

在经济领域，左右之间的辩论焦点主要集中在"国家应该多管还是少管""国家政策应是效率优先还是公平优先"等议题。

西方市场经济，从资本主义萌芽，到现在近 500 年了，大致经历了三个阶段。第一个阶段，在资本主义市场经济刚兴起的 200 多年，以亚当·斯密"无形的手"为代表，主张由市场进行自发调节，反对政府干预。在 1776 年出版的《国民财富的性质和原因的研究》中，亚当·斯密指出，"用不着法律干涉，个人的利害关系与情欲，自然会引导人们把社会资本尽可能按照最适合于全社会利害关系的比例，分配到国内一切不同的用途上"。这便是所谓"看不见的手"。政府则承担保护私人产权、提供必要的"公共产品"等基本职能即可，被形象地形容为"守夜人""看门人"。自由放任的市场经济理论在当时的历史条件下发挥了非常大的作用，商品经济发展到历史上从未有过的水平。正如马克思和恩格斯在《共产党宣言》中指出，"资产阶级在它的不到一百年的阶级统治中所创造的生产力，比过去一切世代创造的全部生产力还要多、还要大"。但是，19 世纪中叶以后，由于西方国家过分依赖市场这只"看不见的手"，生产的社会化和生产资料私有制之间的矛盾逐渐暴露，贫富分化日益加剧，市场萧条，失业现象也日益严峻，自由市场逐渐走下神坛。

1929—1933 年，资本主义世界陷入历史上最深刻、最持久的一次经济大危机，为了应对危机、走出萧条，西方市场经济进入第二个阶段，开始强调政府加强对市场干预，以克服自由放任的缺陷。在学术界，最具代表性的是凯恩斯提出"有形的手"，取代亚当·斯密"无形的手"，主张国家对自由市场经济进行干预。在现实政治中，1933 年富兰克林·罗斯福就任美国总统后实行了一系列经济政策，核心"三 R"包括救济（Relief）、复兴（Recovery）和改革（Reform），通过政府对经济进行直接或间接干预，缓解了大萧条带来的经济危机和社会矛盾。此后，美国逐渐建立完善市场和政府共同作用的市场经济模式，经济发展和科技创新迸发活力。两次世界大战后，美国的工业总产值占据全球总量的半壁江山，并建立起以美元为中心的国际金融体系。其他西方国家也通过财政和货币政策调节宏观经济运行，同时还利用国家福利制度，改善社会分配和再分配体系，为资本积累创造良好的社会环境，有效协调了市场经济中的利益关系。

但是，到了 20 世纪 70 年代，产油国大幅提高石油价格，西方国家陷入滞涨，即经济发展停滞，同时伴随通货膨胀，这在当时是一种全新的经济现象。面对这种困境，凯恩斯主义陷入了失灵的尴尬境地。西方世界又开始反思政府干预太多、市场缺乏活力的问题，试图寻求政府和市场的平衡，西方市场经济进入了第三个阶段，即新自由主义。新自由主义主张自由化、市场化、私有化，反对公有制、政府干预、社会主义。在英国，1979 年上台担任英国首相长达 11 年的撒切尔夫人推行国有企业私有化、公共服务外包化、福利供给市场化等政策，致力于将英国打造成最小国家干预的自由市场。在美国，里根上台后推出的"经济复兴计划"也同样深深烙印着新自由主义色彩，具体举措包括通过减税刺激投资、削弱地方政府干预、推动公共服务私有化和市场化、金融自由化等。新自由主义一定程度上缓解了矛盾，延续了资本主义垂而不死、腐而不朽的状态。英国经济在 1981 年 5 月至 1990 年底保持长期持续增长，年均增长率达 3%，当时被称为"英国奇迹"。里根经济学也带来了美国 20 世纪 80 年代后的经济持续繁荣，并帮助美国赢得了与苏联的冷战。

大体来看，新自由主义代表了右翼的主流思潮，凯恩斯主义代表了左翼的主流思潮。每到资本主义国家发生金融危机时，这两种思潮的交锋便趋于白热化，进而影响到国家的政治进程和战略选择。事实上，二者都是在当时特定的历史条件和时代背景下产生的，具有一定程度的合理性和必要性。在资本主义发展初期，要求扩大自由、减少政府不必要的管制，有利于资本主义的发展巩固。但随着资本主义经济生活的固有矛盾和自由市场经济的内在弊端逐渐显现，凯恩斯主义的出现弥补了自由放任市场经济理论的一些不足，有效调整了资本主义制度。毫不夸张地说，20 世纪上半叶，凯恩斯主义成功挽救了资本主义，使西方社会顺利渡过危机和难关，并促成了 20 世纪下半叶西方资本主义的兴旺发达。但凯恩斯主义发展到一定程度后，资本主义自由经济的发展受到的阻碍越来越多，社会运动高涨，主张"小政府、大社会"的新自由主义便在这种条件下应运而生。近年来西方遭遇一系列困境，又说明盛行一时的新自由主义并不是解决所有问题的灵丹妙药。西方数百年的历史经验和教训充分说明，极端、片面地强调一个方面是行不通的，辩证统一地看待市场自由和政府调控，正确处理两者之间的关系，做到实事求是、与时俱进，才能确保国家发展处于正确、健康的轨道。

从另一个角度看，今天全球市场经济的发展，也大致是三种形态。一种是以美、英为代表的自由市场经济，一种是以一些北欧国家为代表的社会市场经济，还有一种就是像中、日、韩等国为代表的政府主导市场经济，这三种市场经济模式都各有特点。

其一，自由市场经济效率高，但公平性差，随着国民收入分配差距的扩大，民粹主义在这些国家开始盛行。自由市场经济要求政府少插手、不插手市场，支持对私营企业的监管降低到最低限度，虽然最大程度保障了自由，却不可避免地导致市场垄断、社会不平等加剧、贫富差距加大。萨缪尔森在《经济学》教材中既正面论述了市场经济配置资源的效率性，又揭示了它的诸多负面效用。他指出，"市场经济会带来收入分配不公平，产生贫富分化，即使在具备完全竞争的理想条件下的市场经济中，也没有理由认为，在自由放任条件下，收入能被公平地加以分配。结果将是，收入和财富上存在着巨大的不平等，而这种不平等会长期在一代代人中留下去"。他进而强调，"在这个时候来讨论市场失灵的情况，是为了将我们对市场的热情稍稍降温，对看不见的手有所了解之后，我们一定不要过分迷恋于市场机制的美妙——认为它本身完美无缺，和谐一致，非人力所能望其项背。看不见的手有时会引导经济走上错误的道路"。

现实印证了经济学家的判断。在 20 世纪 90 年代，英国有近 1/4 人口生活在贫困线以下，即其可支配收入不足全国人均收入的 50%。当时的英国媒体批评说，撒切尔革命创造了一个富裕的英国，但也同时创造了一个贫穷的英国。撒切尔夫人也被迫于 1990 年 11 月辞职。美国的数据则显示，中低层收入和财富缩减，顶层收入和财富大幅提升，美国逐渐沦为"最不平等的发达国家"。托马斯·皮凯蒂在《不平等经济学》中指出，收入前 10% 的美国人口与中产阶级和底层民众的收入差距也在拉大，后两者的收入自 20 世纪 80 年代以来几乎一直停滞不前。沃尔特·沙伊德尔在《不平等社会》中也直言，"20 世纪 70 年代末至 2012 年间，1% 最富有人口所拥有的全部私人财富所占的份额上升了几乎 1 倍，但在最富有的 0.01% 人中上升了 3 倍，最富有的 0.01% 家庭中上升了至少 5 倍"。脸书、苹果、亚马逊、微软、谷歌等互联网科技巨擘达到前所未有的规模，掌控着信息垄断、操纵民意的特权。新冠病毒感染疫情更是加剧了美国的不平等。2020 年 3 月至 2021 年 2 月，美国近 50% 的劳动力申请了失业救济金。然而同一时期，全球资本市场飙升，华尔街股票上涨 46%，是有记录以来最大的单年涨幅之一。

其二，社会市场经济公平性较好，但是效率不那么高，社会保障和经济发展存在冲突。瑞典、丹麦、挪威、芬兰、冰岛这几个北欧国家自 20 世纪 30 年代起，逐步走出了一条不同于美、英自由市场经济的"中间道路"，不仅实现了经济长期稳定发展，也保障了社会的和谐和稳定。在联合国每年发布的《人类发展报告》中，北欧五国常年名列前茅，属于极高人类发展水平，民众幸福指数也长期位列前十。北欧模式尤其以"从摇篮到坟墓"的高福利政策而闻名，高福利主要是通过高税收来实现的。高税收不仅支持了高福利，也抑制了暴富阶层的形成，使贫富差距不致过大。在北欧五国中，中产阶级占人口比例最高，达到一半以上，是全世界中产阶级最庞大的国家之一。但是，为了维持这种高福利，社会保障占国民生产总值的比重远远超过经济发展水平，国家财政日益不堪重负。随着经济全球化的全面推进和新自由主义的不断扩张，北欧福利国家先后出现经济增长低迷、企业生产投入减少、失业加剧等一系列问题，经济政策和福利国家制度难以维系，不得不采取缩减社会保障、下调税率、控制公共开支等改革措施。里根和撒切尔曾对北欧的社会市场经济进行过尖锐批评："成熟的福利国家要求征收高额税率，这会使人们对工作和投资失去信心……为雇佣工人个人提供的社会保障项目产生的缓冲效应现在被看作是对经济快速调整的一种障碍，导致工人维持着不切实际的高额工资要求，妨碍了竞争，增加了结构性失业。"

其三，政府主导市场经济效率比较高，公平性也有一定保障，而且能够集中力量办大事。在儒家文明中，经济活动自然而然被视为政府的责任之一。政府主导市场经济是指资源整体上按照市场经济原则进行配置，但政府以强有力的计划和政策对资源配置施加影响。"主导型政府""强势政府"在政治动员、力量整合、政策推进等方面具有其他经济主体难以企及的权威，从改革开放以来经济保持高速增长，到打赢脱贫攻坚战、如期全面建成小康社会；从"两弹一星"研制成功，到风云、北斗、嫦娥等属于中国的"满天星辰"闪耀太空；从跨昆仑、越巅峰的青藏铁路，到世界最长的跨海大桥港珠澳大桥；从众志成城抗洪抢险、抗震救灾，到万众一心抗击新冠病毒感染疫情……无一不得益于政府强大的动员能力。

不管是自由市场经济、社会市场经济，还是政府主导市场经济，本质都是在寻找政府和市场的平衡，寻找效率和公平的平衡。从西方国家看，左右矛盾一直就有，现实中资本主义市场经济实践面临的一个窘境是：市场失灵后诉诸政府手段，政府手段失灵则又转向市场手段，造成 20 世纪以来西方资本主义国家反复在左右之间来回摆动，市场和政府两种手段无法有机统一。新中国成立以来，政府与市场的关系也经历了循序渐进的演变。从最初高度集中的计划经济体制，到 1978 年改革开放开启建设社会主义市场经济体制并不断完善，正确处理市场与政府的关系既是一个重大理论命题，又是一个重大实践命题。党的十九届四中全会将社会主义市场经济体制上升为社会主义基本经济制度之一，十九届五中全会则强调要建设更高水平的社会主义市场经济体制，"推动有效市场和有为政府更好结合"，为今后深化市场经济体制改革提出了明确目标和要求，对进一步实现市场和政府作用有机统一具有重要意义。正如习近平总书记在主持中共中央政治局第二十八次集体学习时强调的，"我们要坚持辩证法、两点论，继续在社会主义基本制度与市场经济的结合上下功夫，把两方面优势都发挥好"。

（二）共识 vs 极化：政治思想之争

左右矛盾在当前的西方突出表现为政治"极化"、政治分裂，究其根本，正是新自由主义在全球无序扩张带来的恶果。民众受苦之时，资本却在狂欢。"哪里有普遍怨恨，哪里就有民粹主义。"日益严峻的贫富差距加剧社会撕裂，民众对现行体制的不满急剧增长，以反自由贸易、反全球化、反精英、反移民等不同表现的民粹主义在全球兴起，多国政治共识根基动摇，左右之争突破经济治理领域，蔓延到政治社会的各个层面。

在美国，以两党制为基础的政党竞争自诩是权力相互制衡的民主理念，但随着两党意识形态化程度日益加深，"左派"民主党和"右派"共和党之间的分化和矛盾愈演愈烈，但凡一派赞成的，另一派就要反对。这些国家的政治体制，变成了"否决政体"，导致政治瘫痪甚至政府"关门"。早在奥巴马担任总统推动医改法案时，参众两院的共和党人便无一人赞成。2016年大选中，以桑德斯为代表的民主党左翼，及以特朗普为代表的共和党右翼民粹力量突起。桑德斯自称"民主社会主义者"，主张以北欧福利国家为榜样建设、改造美国，以"均贫富"口号获得不少中下层民众和青年支持。特朗普以"反建制派"自居，严重挑战美传统决策方式和价值理念，仍获不少拥趸。特朗普作为右翼民粹领袖入主白宫，执政后依然不改民粹风格。在其执政时期，两党争斗升级，愈加走向零和博弈。围绕特朗普要求在美墨边境"修墙"的拨款问题，美国会参议院在没有就联邦政府下一步拨款问题达成任何方案的情况下宣布休会，导致美国联邦政府于

2018 年 12 月 22 日至 2019 年 1 月 25 日陷入史上最长停摆。

美国极右势力大肆宣扬"白人至上"的种族主义思想，激化种族对立，波及政、商、文、体、学各界，深入民众生活。在政客推波助澜下，支持特朗普的极右组织不断集会，屡次逾越暴力红线，不仅造成诸多人员伤亡，也给社会留下了难以弥合的裂痕，民众对"美式民主"的信任严重透支。2020 年 5 月的弗洛伊德事件及随后的大规模冲突即是矛盾的集中爆发。2020 年的总统大选更是将两党政治缠斗推入前所未有的阶段，拜登和特朗普两位候选人获得的选民票数占据美国大选历史上前两位，且差距极小。2021 年 1 月 6 日，不愿接受失败的特朗普支持者围攻国会大厦，破碎的"美式民主"幻象震惊世界，这一天更是被称为"美国历史上声名狼藉的一天"。极端选民人数大幅上升，中间选民大量减少，身份政治日益加剧，说明这种政治极化已从两党精英蔓延至广大民众。正如美籍学者福山所言，"共和党正成为白人政党，民主党正成为少数人群政党。如果这一进程继续下去，身份将完全取代经济意识形态，成为美国政治的核心分歧，这个结果将很不利于美国政治"。皮尤研究中心民调显示，57%的国际受访者和 72%的美国人认为，美国已不是所谓的"民主典范"。哈佛大学肯尼迪政府学院民调也显示，只有 7%的美国年轻人认为美国民主制度"健康"，52%的年轻人认为美国民主"陷入困境"或"失败"。

在欧洲，政治极化、社会分化、民众对立的局面亦不断加剧。英国"脱欧"给欧洲一体化造成重创，英国社会内部也因"脱欧"问题矛盾重重，北爱尔兰、苏格兰等问题不断加剧社会撕裂。法国政坛不仅面临民粹政党"国民联盟"的挑战，近来又冒出被称为"法国特朗普"的极端主义者埃里克·泽穆尔，提出"退出北约""不做欧盟附庸"等主张。德国"选择党"、意大利"五星运动"等在地方选举中崭露头角，显著改变本国政治生态。在欧洲议会，右翼民粹政党占据近 1/5 议席，成为仅次于人民党、社会党的第三大力量。在政治和社会分化加剧的整体背景下，一些少数社会群体亦走向激进，对自身权利提出极端化、病态化诉求，对社会治理构成严峻挑战。环保主义政党在欧盟多国登堂入室，瑞典"环保少女"格蕾塔·通贝里成为标志性符号，其极端言行激发全球多地青少年罢课和游行示威，助长极端环保主义声浪，并诱发年轻化、低龄化的"气候公民"新趋向。在 2021 年德国联邦大选中，两大党——联盟党、社民党均难以独掌大权，绿党和自民党成为关键力量，以环保主义政党起家的绿党崛起，被视为是德国左翼政治势力的一次重组。

在当今这个身份、利益均加速分化的世界，政治体制赖以平稳运行的共识基础摇摇欲坠，每个人都愈益只看到自己想看到的、只相信自己愿意相信的，摒弃偏见、达成共识似乎成为一件越来越难以实现的目标。

（三）向左 vs 向右：未来走向之争

国际思潮的多元化、碎片化、复杂化已成为长期趋势。未来 10 年，世界面临经济社会深刻转型，各国贫富分化、阶层矛盾、族群矛盾等或激化。发达国家内外困境加深，针对新自由主义的反思和批判势必加大。新兴和发展中国家治理能力薄弱，联合国警告称未来 3—5 年新兴国家或进入社会政治动荡加剧的时期。在此背景下，各类民粹、分离、极端主义恐升温，国际思潮中"不确定、非理性"因素上升，左右之间的矛盾也会愈益凸显，值得关注的趋势走向有以下三点。

其一，极端思潮兴风作浪的社会土壤不断累积，一时难以扭转，疫情刺激下各国极端势力或进一步坐大。西方国家产业"空心化"趋势短期内难以逆转，自由主义经济政策下贫富分化矛盾仍将进一步发酵，社会暴力行为司空见惯，身份政治、文化多元化、族群矛盾等问题在可预见的未来难以迅速改善。疫情下各国既有的贫富差距、阶层分化、族群矛盾等痼疾进一步加剧，其政治极化、社会对立现象或更加严重，各种民粹主义、民族主义、分离主义、排外主义甚至宗教极端主义可能持续升温。新冠病毒感染疫情及其相关禁制措施对社会经济造成重创，势必引发新一轮社会动荡，国际货币基金组织报告称，疫情流行峰值过后两年将是爆发政治危机的高风险期。不排除届时极右势力趁机坐大，开启"右翼极端主义发展黄金期"的可能。当前，发展中国家在抗疫和经济领域的困难已开始传导至社会政治领域。发展中国家本就基础设施条件滞后、政治生态与治理机制远不成熟，难以有效应对冲击。在抗疫艰难、复苏黯淡的背景下，一些长期积聚的矛盾被放大、激化。近年来，哈萨克斯坦、乌克兰、印尼、缅甸、泰国、南非、埃塞俄比亚、几内亚等数十国爆发大规模骚乱或动荡，印度、巴西、南非等新兴大国亦面临严峻执政危机。未来几年，发展中国家的社会政治动荡或呈现长期化、常态化之势，不少国家将再度面临左右道路之争加剧的困境。

其二，极端势力寻求跻身主流政治、主流政党吸取部分极化主张或成为常态。西方极右势力虽以反建制的抗议党姿态起家，但如今纷纷寻求跻身政治主流，进入议会发挥作用，甚至谋求进入各级政府参与执政。意大利联盟党曾多次参与执政，瑞士人民党长期保持议会第一大党地位。当前，中东欧国家奉行民粹及疑欧主义的右翼政党正强力跃升，极右政党在多国地方选举中亦表现突出。2018 年德国地方选举中，"选择党"异军突起，其新领导层明确将上台执政作为该党政策目标，希望突破政治发展瓶颈。多数具备一定影响力的极右政党已调整策略，高呼"爱国主义""为民众谋福利"等口号，注重发展多元化议题，补齐作为单一议题党的短板，并吸引中间阶层支持，意图改变"妖魔化"形象。2018 年法国"国民阵线"改名为"国民联盟"，试图与老勒庞亲纳粹、反犹的极端观点割裂。极右势力对欧洲一体化的态度亦发生转变，在英国举行"脱欧"公投的 2016 年，十余个欧洲极右政党宣传鼓动本国效仿，但当前除少数政党外，极右政党纷纷降低调门，不再将终结欧盟作为政治目标，而是谋求对欧盟基础条约进行重新谈判以改变现状。在选举政治压力下，一些西方主流政党也会吸取部分极化主张，以保证选民支持。左右道路之争，不仅体现在不同政治势力之间的博弈上，也体现在单个政党的自我演化中。

其三，直面左右矛盾，破解"世界怎么了""人类将向何处去"的重大时代命题将是制度优越性的最重要体现之一。西方看到新自由主义弊端，但在现有理念与制度中又找不到出路，迷失感和危机感加剧，民粹思潮迭起，政治极化突出。整个国际政治环境中的非理性因素日益上升，反全球化主义、贸易保护主义、冷战思维相结合，意识形态之争上升到冷战结束后最为激烈的程度。同时，新科技革命蓬勃发展，将为人类社会带来更为根本性的变革，也为国家治理提出更多重要命题，例如如何节制科技巨头、应对贫富分化，防止科技带来的新的不平等日益加剧并引发更大社会矛盾。"治天下也，必先公，公则天下平矣。"解决社会公平正义问题，是平息社会愤怒和戾气、解决左右矛盾的根本之道。习近平总书记强调："共同富裕本身就是社会主义现代化的一个重要目标。我们不能等实现了现代化再来解决共同富裕问题，而是要始终把满足人民对美好生活的新期待作为发展的出发点和落脚点，在实现现代化过程中不断地、逐步地解决好这个问题。""实现共同富裕不仅是经济问题，而且是关系党的执政基础的重大政治问题。我们决不能允许贫富差距越来越大、穷者愈穷富者愈富，决不能在富的人和穷的人之间出现一道不可逾越的鸿沟。""全党必须牢记，为什么人的问题，是检验一个政党、一个政权性质的试金石。带领人民创造美好生活，是我们党始终不渝的奋斗目标。必须始终把人民利益摆在至高无上的地位，让改革发展成果更多更公平惠及全体人民，朝着实现全体人民共同富裕不断迈进。"

新旧秩序转换之际，变数与风险增多，传统与非传统安全挑战、"黑天鹅""灰犀牛"事件叠加，不稳定性与不确定性更加突出，各种引爆点层出不穷。面对正在加速演进的大变局，没有一个国家能独善其身，均需学着在左右之间找到真正适合本国国情、能够切实维护国家安全与利益的道路。

五、"老大"与"老二"的矛盾

在东西矛盾、南北矛盾、上下矛盾、左右矛盾的国际大背景下，最根本的还是"老大"和"老二"的矛盾，这主要是指守成大国与新兴大国之间的矛盾，当前这一矛盾主要表现在中美之间。历史上，守成大国与新兴大国之间的较量往往十分激烈。自

1500 年以来，世界上出现过 15 次守成大国与新兴大国激烈较量的情况，其中 11 次导致了战争，这一现象被美国著名学者格雷厄姆·艾利森称之为"修昔底德陷阱"。能否超越"修昔底德陷阱"，如何管控矛盾、避免对抗，这是中美两国不得不面对的重大课题。

（一）实力变迁与美国战略调整

梳理美国对华战略的变化轨迹，是理解当前中美矛盾的出发点。回顾中美关系的历史，从尼克松访华到奥巴马时期，美国对华战略大体上可称为"接触"战略，以接触为主，防范、遏制为辅。特朗普上任后，实行 40 多年的美国对华战略发生质变，将中国作为首要"战略竞争对手"，从以"接触"为主转向以"战略竞争"为主，全政府、全方位打压中国崛起。2015 年奥巴马政府发布的《国家安全战略》报告中，中国尚被视作"合作伙伴"和"值得警惕"的国家。2017 年 12 月在特朗普政府发布的《国家安全战略》报告中，美国的战略关注重点领域、重点国家都发生了显著变化；对华定位发生根本改变，明确将中国定义为"战略竞争对手""修正主义国家"，且排序在俄罗斯之前。该战略宣称"美国有三类挑战者——'修正主义大国'中国和俄罗斯、'流氓国家'伊朗和朝鲜、'圣战'恐怖组织等构成跨国威胁的组织"。"中国和俄罗斯想'塑造'的世界与美国价值观和利益对立。中国'扩张'其国家推动的经济模式，并塑造对己有利的地区秩序，希望在印太地区取代美国。"2018年2月发布的《国防战略》则更加清晰地声称："国家间的战略竞争而不是恐怖主义，成为美国当前国家安全的首要关切。""美国繁荣与安全面临的核心挑战是修正主义强国之间长期战略竞争的重新崛起。"拜登政府继承特朗普政府的对华战略，2021年3月发表的《国家安全战略临时指南》将中国定位为"唯一能综合运用经济、外交、军事和技术实力对国际体系发起持续挑战的潜在竞争对手"，国务卿布林肯首次外交政策讲话将中国视为"21世纪的最大地缘政治挑战"。

美国对华战略调整是多种因素复杂互动的结果，这是认识中美矛盾的重要基础。从直接原因看，美国朝野认为，中美建交以来的对华接触政策"失败"，将中国融入"自由国际秩序"、改造中国的目标没有实现，反而损害了美国全球优势地位和核心价值观。从深层原因看，则可归结为实力、理念，甚至"文明冲突论"等因素。

实力层面，中美实力差距缩小，美国感受到"老大"地位受到中国挑战。中美实力差距缩小，加剧了两国结构性矛盾，这是两国陷入战略竞争的直接动因。改革开放以来，中国经济持续腾飞。进入21世纪，中美经济总量差距日益缩小。据世界银行统计数据，2000年，中国GDP为1.21万亿美元，美国为10.25万亿美元，中国仅占美国的 11.8%。2008 年国际金融危机沉重打击了以美国为代表的西方资本主义国家，而以中国为代表的新兴经济体发展势头强劲，中美实力差距快速缩小。2010 年，中国 GDP 为 6.09 万亿美元，成为世界第二大经济体，美国为 14.99 万亿美元，中国占美国的比重为 40.6%。2020 年，面对新冠病毒感染疫情的冲击，中国成为少数保持经济正增长的主要经济体，GDP 为 14.72 万亿美元，美国 20.89 万亿美元，中国占美国的比重升至 70.5%，牢牢占据世界第二大经济体的位置。2021 年，中国 GDP 预计将达到美国的 77 %。中国越来越多的经济指标超美，高居世界第一，成为越来越多国家的最大贸易伙伴。中国科技快速发展，在 5G、人工智能、量子科技等领域开始处于"领跑"位置，对美国科技领先地位构成长期挑战。中国军事现代化加速，质量和数量均有突破，军费开支升至世界第二，大量新型高尖端武器技术投入使用，发展高超声速武器，海军舰艇数量超过美国。美国不愿正视自身相对衰落，不甘心独霸的"单极时刻"消失，对华战略焦虑空前突出，发动全方位打压，企图对中国崛起"釜底抽薪"。

制度层面，美国将中国模式、制度、价值观视为"异类"，拒不接受。一是担忧中国模式影响力扩大。中国高举社会主义旗帜，取得举世瞩目的成就，社会主义道路越走越宽广。中国奇迹向广大发展中国家的现代化提供了另一种替代选择。美国担心中国模式冲击西方"普世价值"，将中国模式歪曲为"掠夺式""滋生腐败"，歪曲十九大报告为"中国未来全球霸权统治计划"。二是担心中国引领全球治理削弱美国主导权。美国将中国筹建亚洲基础设施投资银行、金砖国家新开发银行等举措视为在布雷顿森林体系外"另起炉灶"，借透明度、人权、环境和劳工标准设置障碍，散布"一带一路""损害主权"，制造"债务陷阱"论。三是担忧中国影响美国。美国对华担忧从经济、科技、地缘、军事层面上升到意识形态、价值观层面，将孔子学院等中国国际传播建设歪曲为"锐实力"，是"威权国家对民主国家的价值观渗透"。

此外，美国"白人至上"的种族优越论和文明优越论根深蒂固，也是影响其对华战略的重要原因。美国制造"盎格鲁—撒克逊种族基因优越、文明高等、几百年来打遍世界无敌手"的神话。受基督教教义及其"救世主"情结影响，美国自认其政治制度和价值观最优越，具有普世性，放之四海而皆准，适用于全世界所有国家和全人类，这种优越感和使命感使得美国自诩为尘世间的"理想国"、独一无二的"山巅之城"、指引全世界前进的"灯塔之国"，决不接受中国共产党领导的社会主义、黄种人实力超美的可能性。一旦其他"异类"国家危及美国地位，美国就势必联合西方国家竭力打压。2019 年 4 月，美国国务院时任政策规划司司长奇诺·斯金纳（Kiron Skinner）在华盛顿一个论坛上讨论特朗普政府的对华政策时公开宣称："美中之间的大国竞争是两个文明之间的冲突，这是与一个很不同的文明和不同的意识形态之间的争斗，而美国以前没有经历过这种情况，这是第一次我们将面临一个强大的竞争对手不是高加索人种。""美国与中国的竞争，不仅局限于双方的国家利益，也存在于不同的文明和意识形态等更为广泛的领域。"

（二）中美多重矛盾的全面凸显

随着美国国家安全战略和对华政策的转变，美国对中国发起了一轮又一轮的战略—打压，先是挑起贸易摩擦，后在科技、人权、人文交流等诸多领域向中国频繁出招，中美矛盾由此全面发酵。拜登在 2020 年大选期间虽然多番批评特朗普政府的外交战略和对华政策，上台后也在对华政策方面释放出一些积极信号，但与特朗普政府相比，其对华政策的延续性明显大于变化性，基本继承前任对华战略竞争的政策框架，继续对华遏制打压。

从中美矛盾的发展脉络看，当前的中美矛盾全面发酵于特朗普执政之后。特朗普在 2016 年大选期间及胜选后的系列涉华不友好言行，加之其核心团队成员普遍的对华强硬姿态，从一开始就给中美关系增添了负面因素。特朗普执政后，中国主动作为，积极加强与特朗普执政团队的对接、沟通和塑造，加之美国在反恐、朝核等热点问题上期望获得中国的合作与支持，因而中美关系一度有望平稳过渡。中美双方不仅在特朗普执政首年实现了最高领导人互访及多次互动，还建立了外交安全对话、全面经济对话、执法及网络安全对话、社会和人文对话等 4 个高级别对话机制。然而，双方的良性互动并未改变特朗普本人及其核心团队对中国的基本认知，美国战略界和舆论界对华态度也不断滑向负面方向，加之中期选举、两党斗争的影响，推动特朗普政府的对华政策日趋强硬和负面。

特朗普政府最先挑起的是经贸摩擦。特朗普 2017 年 11 月访华之后不足一个月，美国商务部便宣布对中国输美铝板发起反倾销调查，并违反世贸组织规则正式拒绝承认中国的市场经济地位，甚至联合欧盟、日本等对中国共同施压。与此同时，美国府会、智库、媒体甚至工商界纷纷就中美经贸问题发声，大肆渲染中国在贸易问题上"对美国不公"，要求中国"改变做法"。在此背景下，美国对中国启动"301 调查""232 调查"，在不断对中国输美商品加征关税的同时，还收紧对中企赴美投资的审查和限制，将中国认定为所谓"汇率操纵国"。此后，美国不断在其他领域挑起摩擦，包括以"国家安全"为名极力阻挠中国的科技进步，动用制裁、"断供"等手段，封杀华为等中国高科技企业；指责中国在美留学生、访问学者甚至美籍华裔科研人员"窃取美国先进技术"，打着"国家安全"幌子加强对中国高科技企业和产业的不正当打压，如怂恿加拿大制造"孟晚舟事件"；重组供应链，施压其他国家拒用华为等中国技术和产品；渲染中国的所谓"锐实力"及对美国内政、中期选举的所谓"渗透、干涉"，封杀在美孔子学院；全面加强对台湾问题、南海问题的干涉力度，升级对台湾当局的实质性支持；以维护"人权"为借口加强对涉疆、涉港、涉藏等问题的干涉；大肆渲染"一带一路"倡议所引发的"债务陷阱"并推出对冲项目；在新冠病毒感染疫情暴发后不断抛售"中国病毒论"，利用疫情溯源问题加强对华打压。可以说，特朗普政府的对华政策已经无所不用其极，其对华挑衅不仅涉及经贸、科技、人文交流、人权等诸多领域，其政策强度也前所未有，由此导致中美关系不断下滑，双方的矛盾不断增多、加深、加重。

与特朗普入主白宫之前作为政治素人相比，拜登在美国政坛深耕几十年，外交经验丰富，更加倾向于从"长期博弈"的视角看待中美关系，对华施压力度不减，中美在上述诸多领域的矛盾仍在持续甚至加剧。

第一，围绕涉台、涉疆、涉藏、涉港、涉南海等中国核心利益问题，拜登政府在延续特朗普政府相关政策基调的同时，干涉力度不断升级，中美之间围绕这些问题的激烈斗争呈现白热化。涉台方面，拜登政府在继续宣扬大陆对台"军事威胁"、推动对台军售、派舰机穿越台海、拉升美台政治关系、助台扩大"国际空间"的同时，还公开承认美台之间的"政治军事对话"及美国在台湾地区的"军事存在"，推动美台在关键产业供应链、自贸协定谈判、疫苗供应等多领域的合作。涉疆方面，拜登政府在延续特朗普政府涉疆"种族灭绝""强迫劳动"认定、不断升级和扩大涉疆制裁、继续发起涉疆炒作、加大对"东突"势力支持的同时，还不遗余力裹挟盟友就涉疆问题对中国开展围攻，如联合英、欧、加同日推出涉疆制裁，与"五眼联盟"国家联合发布涉疆反华声明，怂恿盟友及一些伊斯兰国家就涉疆问题对中国示强，并借助联合国人权理事会、联合国大会等平台就涉疆问题对中国开展舆论攻击和外交围攻。涉藏方面，拜登政府在继续围绕达赖转世、西藏资源开发与环境保护等议题开展炒作的同时，还全方位加大对达赖集团的支持，包括加大资金支持力度、拉抬所谓"藏人行政中央"及其驻外代表处的"政治地位"等。

第二，拜登政府没有放弃在经贸、科技等方面对中国的打压，不断加大竞争力度，中美在这些方面的矛盾更加突显战略性。以经贸问题为例，拜登政府不仅没有放弃特朗普政府的相关政策工具，反而更加重视通过多边方式对中国施压，包括借助七国集团就所谓"市场扭曲""不公平竞争""非市场经济"等问题对中国进行联合打压；利用"全球基础设施协调委员会""重建更美好世界"倡议等加强对"一带一路"倡议的对冲；将所谓"人权"问题与市场准入、出口管制、贸易规则等挂钩，通过抛售"数字威权论"在全球范围内对中国搞"产业链剥离"等。科技方面，拜登政府不仅延续特朗普政府对中国的遏压和"脱钩"政策，继续加大对华为、中兴、海康威视等中国高科技企业的打压，还推动以《创新与竞争法案》为核心的长期科技竞争战略，打着"民主""人权"旗号推动构建所谓"民主高科技同盟"。上述美国对华打压的种种举措，无非就是千方百计寻求防止中国走向全球产业链、价值链的高端，千方百计寻求遏制中国的产业升级，迫使中国始终在国际分工中长期处于美国的附庸。

第三，美国在军事安全领域加大对华围堵和竞争，中美安全矛盾更易导致发生擦枪走火等危机事件。美国持续否定中国在南海的主权与合法权益，增强与越南、菲律宾等国安全合作，煽动其挑起海上对峙，搅动南海局势；在中印领土争端中偏袒印度，与印度的安全合作愈发呈现"同盟化"实质；拼凑美、日、印、澳四国机制，夯实合作领域，升级合作机制，维护所谓"自由开放的印太"秩序；引入英、法、德等域外势力，联合日、澳，频频在东亚海域搞联合军演，剑指中国；组建美、英、澳三国安全伙伴关系，向澳转让核潜艇技术，加剧地区军备竞赛。美国炒作"中国军事威胁论"，提出"太平洋威慑倡议"，从作战理念、前沿部署、多国协作、长期准备、一体化威慑等领域加强美军对华作战效能，强化军事威慑。美国在网络、极地、太空等战略疆域加大对华竞争，推动"互联网自由"，大力建设"网军"，加大对中国关键基础设施的网络攻击能力；排挤中国参与北极事务；针对中国大飞机、航天领域强化技术封锁，针锋相对提出"重返月球""登陆火星"计划，成立"太空司令部"，强化太空作战。美国退出《中导条约》，试验新型导弹，寻求在中国周边部署，以反制俄罗斯为幌子，企图将中国纳入多边军控谈判。

第四，中美在中国周边地带的博弈越来越激烈，特别是中国"一带一路"倡议与美国"印太战略"的对撞愈发突显。对中国而言，周边地带是安全利益和发展利益高度集中的地区，是维护国家安全、确保国家长治久安的必争之地、必保之地、必稳之地。从历史上看，中华民族的安危与发展进程也往往因周边生乱生变而遭受冲击。当前，中国面临的周边问题的总根源在于美国。过去十余年来，美国不断宣称所谓"战略重心东移"、实施"亚太再平衡"、推进"印太战略"，固然有维护其在亚太地区各种利益的一面，但其更深层次的目的是妄图继续在中国的周边地区占据主导地位，妄图防止亚太地区成为中国继续崛起的战略基点。正因如此，美国除了在涉及中国主权与发展利益的诸多双边议题上不遗余力地打压之外，还势必继续推进其"印太战略"，通过不断强化军事部署、升级安全同盟、打造"印太经济框架"等种种举措，与中国在周边地区持续进行激烈竞争。同时，随着"一带一路"倡议稳步推进，美国也将在更广泛的"一带一路"沿线地区，对中国利益进行滋扰破坏。例如，拜登政府明显加大了在拉美、非洲等地的外交布局和资源投入，加速推动所谓的"重建美好世界"构想，通过实施基础设施援助项目以对冲、抗衡"一带一路"的意图十分明显。这也将是今后一个时期中美博弈的重要战场。

特朗普、拜登两届政府均选择对华战略竞争甚至遏压政策，表明对华示强已经成为美国两党、府会甚至社会精英的重要共识。美国两届政府在上述诸多领域挑起的摩擦及对中国的打压，不仅名目繁多、涉及面广，且此起彼伏，未来也很难因美国政府换届而消停，反映了中美矛盾的复杂性、尖锐性和长期性。

（三）超越"修昔底德陷阱"

美国对中国的全方位打压，绝不是因为"中国的经贸政策损害了美国的利益"，也不是因为中国在所谓人权等问题上的"污点"，而是源于美国对中国发展道路、社会制度和意识形态的敌意，源于美国对所谓"中国超越美国""中国取代美国"的担忧，源于美国对于所谓"修昔底德陷阱"的痴迷。

2021年9月10日，习近平总书记在与拜登总统通话时强调，"中美合作，两国和世界都会受益；中美对抗，两国和世界都会遭殃。中美关系不是一道是否搞好的选择题，而是一道如何搞好的必答题"。要回答好这道"必答题"，中美需要共同努力，超越"修昔底德陷阱"。

就如何超越"修昔底德陷阱"、管控矛盾、避免对抗，中国已经提出了自己的理念。一方面，中国坚定不移走中国特色社会主义道路，贯彻以人民为中心的发展思想，渴望通过中国式现代化道路来实现民族复兴。这一道路旨在推动经济社会发展、人民生活水平提高、国家综合实力提升，不以超越美国为目标，也不以取代美国的主导地位为国家的发展方向。中国坚定不移走和平发展道路，自身的发展不对任何国家构成威胁，也决不会以牺牲别国利益为代价来发展自己。另一方面，中国秉持构建人类命运共同体、打造新型国际关系的外交理念，主张汇聚世界各国人民对和平、发展、繁荣向往的最大公约数。习近平总书记指出："任何国家都不能从别国的困难中谋取利益，从他国的动荡中收获稳定。"世界各国只有通力合作，携手构建人类命运共同体，才能有效应对各种风险挑战，维护人类共同家园，建设更加美好的世界。针对中美矛盾的扩散和发酵，中国反对零和思维，反对将自己的意志强加于人，反对以"竞争""长期博弈"等词汇来定义中美关系。中国主张推进大国协调和合作，构建总体稳定、均衡发展的大国关系框架；致力于同美方发展不冲突不对抗、相互尊重、合作共赢的关系，同时坚定捍卫独立自主的发展道路，坚定捍卫国家主权安全发展利益。

超越"修昔底德陷阱"，中美两国仍需相向而行。在世界处于百年未有之大变局的背景之下，和平与发展的时代主题面临严峻挑战。作为联合国安理会常任理事国和世界前两大经济体，中美不仅要引领两国关系沿着正确轨道向前发展，而且要承担应尽的国际义务，为世界的和平与安宁做出努力。要确保两国关系沿着正确轨道向前发展，美方就应切实尊重中国核心利益，准确认识中国的战略意图，将其不寻求打"新冷战"、不寻求改变中国体制、不寻求通过强化同盟关系反对中国、不支持"台独"等重要承诺落到实处。要为世界的和平与安宁做出努力，美方也应放弃以邻为壑、隔岸观火甚至制造危机以图火中取栗的危险做法，与中国携手合作、共担责任，带领国际社会应对解决各类风险挑战。

六、大变局下中国的风险挑战

时代把百年未有之大变局和中华民族伟大复兴战略全局融于同一个时空。两个大局同频共振，相互激荡。防范化解实现"两个一百年"奋斗目标的历史交汇期和国际秩序转型期相互叠加带来的各种风险挑战，成为中国必须应对的重大课题。

（一）中国国家安全的历史新方位

2021年是中国共产党成立100周年。中国共产党诞生于国家内忧外患、民族生死存亡之时，对国家安全的重要性有着刻骨铭心的认识。

百年来，中国共产党领导人民，深刻改变了近代以后中华民族发展的方向和进程，深刻改变了中国人民和中华民族的前途和命运，深刻改变了世界发展的趋势和格局。正所谓"其作始也简，其将毕也必巨"。放眼中华文明五千多年历史，没有哪一种政治力量能像中国共产党这样深刻地、历史性地推动中华民族发展进程，推动国家真正实现安全和发展。历史上我国曾多次改朝换代，虽然也出现过一些所谓"盛世"，但广大劳动人民受剥削、被压迫的地位始终没有改变。辛亥革命后，具有政党性质的政团多达 300 余个，各种政治主张"你方唱罢我登场"，各种政治力量反复较量，但中国依然是山河破碎、积贫积弱，列强依然在中国横行霸道，中国人民依然生活在苦难和屈辱之中。毛泽东同志指出："一切别的东西都试过了，都失败了。""国家的情况一天一天坏，环境迫使人们活不下去。怀疑产生了，增长了，发展了。"只有在中国共产党领导下，我们的国家才彻底改变积贫积弱的面貌、向着现代化目标迈进，我们的民族才彻底从沉沦中奋起、迎来伟大复兴的光明前景，我们的人民才摆脱备受剥削被压迫的地位、真正掌握自己的命运，实现了国家的长治久安。我们党领导人民不仅创造了世所罕见的经济快速发展和社会长期稳定两大奇迹，而且成功走出了中国式现代化道路，创造了人类文明新形态。这些前无古人的创举，破解了人类社会发展的诸多难题，摒弃了西方以资本为中心的现代化、两极分化的现代化、物质主义膨胀的现代化、对外扩张掠夺的现代化老路，拓展了发展中国家走向现代化的途径，为人类对更好社会制度的探索提供了中国方案。改革开放以后，党高度重视正确处理改革发展稳定关系，把维护国家安全和社会安定作为党和国家的一项基础性工作来抓，为改革开放和社会主义现代化建设营造了良好安全环境。

党的十八大以后，我国面临更为复杂严峻的国家安全形势，外部压力前所未有，传统安全威胁和非传统安全威胁相互交织，"黑天鹅""灰犀牛"事件时有发生。一方面，习近平总书记强调保证国家安全是头等大事，提出总体国家安全观，涵盖政治、军事、国土、经济、文化、社会、科技、网络、生态、资源、核、海外利益、太空、深海、极地、生物等诸多领域，要求全党增强斗争精神、提高斗争本领，落实防范化解各种风险的领导责任和工作责任。党中央深刻认识到，面对来自外部的各种围堵、打压、捣乱、颠覆活动，必须发扬不信邪、不怕鬼的精神，同企图颠覆中国共产党领导和我国社会主义制度、企图迟滞甚至阻断中华民族伟大复兴进程的一切势力斗争到底，一味退让只能换来得寸进尺的霸凌，委曲求全只能招致更为屈辱的境况。另一方面，从机制体制建设上，党着力推进国家安全体系和能力建设，搭建起国家安全工作的"四梁八柱"。设立中央国安委，建立起集中统一、高效权威的国家安全领导体制，从全局和战略高度强化了国家安全工作的顶层设计。完善国家安全法治体系、战略体系和政策体系，建立国家安全工作协调机制和应急管理机制。党把安全发展贯穿国家发展各领域全过程，注重防范化解影响我国现代化进程的重大风险，坚定维护国家政权安全、制度安全、意识形态安全，加强国家安全宣传教育和全民国防教育，巩固国家安全人民防线，推进兴边富民、稳边固边，严密防范和严厉打击敌对势力渗透、破坏、颠覆、分裂活动，顶住和反击外部极端打压遏制，开展涉港、涉台、涉疆、涉藏、涉海等斗争，加快建设海洋强国，有效维护国家安全。

党的十八大以来，中国特色社会主义进入了新时代，中国国家安全也面临新的历史方位。

第一，坚持党对国家安全工作的绝对领导，实施更为有力的统领和协调，是新时代国家安全工作的根本政治原则。坚持党对国家安全工作的绝对领导，是我们党的一个重要制度和传统。为了更好适应我国国家安全面临的新形势新任务，党的十八届三中全会决定成立国家安全委员会，建立集中统一、高效权威的国家安全体制，加强对国家安全工作的领导。自成立之日起，中央国安委就发挥统筹国家安全事务的作用，抓好国家安全方针政策贯彻落实，完善国家安全工作机制，着力在提高把握全局、谋划发展的战略能力上下功夫，不断增强驾驭风险、迎接挑战的本领。

第二，坚持我国发展仍处于并将长期处于重要战略机遇期的基本判断，把防范化解重大风险摆在更加突出的位置，是新时代国家安全工作的中心任务。当今世界正面临着百年未有之大变局，中美关系当前正在经历新的考验，我国发展仍处于并将长期处于重要战略机遇期，形势总体上是好的。同时，变局中危和机同生并存，要求我们深刻认识和准确把握外部环境的深刻变化和我国改革发展稳定面临的新情况、新问题、新挑战，着力防范化解重大风险。前进道路不可能一帆风顺，越是取得成绩的时候，越是要有如履薄冰的谨慎，越是要有居安思危的忧患，绝不能犯战略性、颠覆性错误。坚持立足于防，又有效处置风险，既要高度警惕"黑天鹅"事件，也要防范"灰犀牛"事件；既要有防范风险的先手，也要有应对和化解风险挑战的高招；既要打好防范和抵御风险的有准备之战，也要打好化险为夷、转危为机的战略主动战。

第三，发扬斗争精神，既敢于斗争又善于斗争，是新时代国家安全工作的基本策略。维护国家安全，既是实力较量，又有策略运用。面对重大安全风险，是主动迎战，狭路相逢勇者胜，还是回避矛盾、掩盖问题，这是我们必须作出的重大抉择。习近平总书记明确指出，防范化解重大风险，需要有充沛顽强的斗争精神。要在正确区分两类不同性质矛盾的基础上，既敢于斗争又善于斗争，以"踏平坎坷成大道，斗罢艰险又出发"的顽强意志，应对好每一场重大风险挑战。

第四，以改革的勇气和担当加快推进国家安全体系和安全能力现代化，是新时代国家安全工作的根本动力。习近平总书记指出："无论促进经济社会发展还是维护国家安全，都要以改革为根本动力。长治久安最终要建立在生产力与生产关系、经济基础和上层建筑相适应的基础之上。"中央国安委是改革的成果，党的十八大以来国家安全事业的历史性变革也是改革的成果。要以改革的勇气和担当，继续解决国家安全的源头性问题和深层次矛盾，加快推进国家安全体系和安全能力现代化。

第五，创造性提出塑造国家安全，推动构建人类命运共同体，是新时代国家安全工作的发展方向。新中国成立初期，国家安全的主要特点是维护主权安全。改革开放新时期，国家安全的主要特点是维护发展安全。中国特色社会主义进入新时代，习近平总书记不仅坚持维护主权安全、发展安全，而且从全球视野和时代高度创造性提出塑造安全。坚持维护和塑造国家安全，塑造是更高层次更具前瞻性的维护。要积极塑造外部安全环境，加强安全领域合作，引导国际社会共同维护国际安全。要发挥负责任大国作用，同世界各国一道，推动构建人类命运共同体。这些重大论断，把中国自身安全同国际共同安全更好结合起来，为实现中华民族伟大复兴的中国梦、推动构建人类命运共同体创造良好安全条件提供了方法路径。

第六，发动全民参与，汇聚维护国家安全的磅礴力量，是新时代国家安全工作的力量源泉。"民惟邦本，本固邦宁。"国家安全归根结底是保障人民利益，要坚持国家安全一切为了人民、一切依靠人民，为群众安居乐业提供坚强保障。党的十九大报告明确将安全作为人民美好生活需要的重要内容，强调把党的群众路线贯彻到治国理政全部活动中。民心是最大的政治，民心向背直接关乎政治安全，要着力解决人民反映强烈的安全问题，坚决维护海外中国公民和机构合法权益，夯实国家安全的群众基础。

（二）动荡变革期的外部环境风险

当今世界正在经历百年未有之大变局。这场变局不限于一时一事、一国一域，而是深刻而宏阔的时代之变。时代之变和世纪疫情相互叠加，世界进入新的动荡变革期。

首先，新冠病毒感染疫情在全球持续蔓延，加剧发展中国家与发达国家间的"疫苗鸿沟""复苏鸿沟"，严重威胁全球发展与稳定。

新冠病毒感染疫情蔓延已过两年。先是德尔塔毒株肆虐全球，后有奥密克戎新毒株冲击多国。全球确诊病例与死亡数量均十分惊人。主要大国和地区均遭受疫情的严重冲击。美国沦为全球疫情的"震中"。欧洲确诊和死亡病例数量巨大且仍在大幅上升。印度疫情一度失控，印尼、泰国、马来西亚、巴西等国家也遭遇疫情高峰。南非成为非洲疫情最严重国家之一，"国家灾难状态"持续一年有余。多国被迫调整或出台新的防疫措施，重拾宵禁、封城等举措。

疫苗分配严重不均。美欧等发达国家为疫苗研发进行大量投资，囤积疫苗数量巨大，并优先为本国民众接种。广大发展中国家特别是最不发达国家则陷入"一针难求"的境地。世卫组织总干事谭德塞坦言，疫情之所以持续，主要是抗疫工具分配不平等现象依然存在。由于严重的供应不均和资金限制，"获取抗击新冠病毒感染工具加速计划"（ACT-A）作用有限。与此同时，治疗新冠病毒感染的特效药物研发亦主要由美国默克和辉瑞、瑞士罗氏、日本盐野义等西方大型跨国药企把持。国际舆论普遍担忧，由于特效药物价格不菲，发展中国家的患者未来可能难以负担。

全球复苏增长进入"危险分化"。新冠病毒大流行触发了全球"战疫"的超级量宽政策。发达国家大规模举债印钞，反应速度和力度远超 2008 年金融危机时期。拜登政府连续推出多个万亿美元级刺激法案，欧盟推出名为"下一代欧盟"的复苏基金，英、日等均推出巨额刺激计划。发展中国家大部分人口仍未接种疫苗，财政政策空间较小，难以有效推动经济重现活力。未来，随着发达国家逐步收紧货币政策，发展中国家还将蒙受恶性通胀和资本外流的双重冲击，可能成为疫情影响延宕的新"震中"。联合国报告坦承，自《2030 年可持续发展议程》实施以来，人类发展首度减缓，发达与发展中国家间、各国内部的贫富差距、阶层分化拉大。

其次，国际关系调整逼近量质变化的临界点，现有国际秩序与政经格局面临巨变。

一是全球化发展面临更多变数。世纪疫情凸显全球化有利有弊，迫使各国将"安全"置于更优先位置，力求在保护与开放、安全与发展间取得平衡。但与此同时，各方对全球化发展方向的探索才刚刚开始。一方面，疫情作为一场大危机，使民众更加依赖本国政府，寻求安全保护，主权国家的影响力明显回升，各方推动再本土化、区域化的动力上升，一些国家甚至重回保护主义、民族主义、产业脱钩等"逆全球化"老路。另一方面，各方加紧争夺推动新一轮全球化的主导权，美、欧、日试图在既有全球经贸合作框架外搭建新的多边合作平台，加大全球化走向的不确定性。

二是国际战略格局深刻重塑，多极化进程加快。"一超"显著弱化。在世纪疫情催化下，主要大国力量消长将持续加速，美国仍是"一超"，但在国际关系中的影响力明显削弱，中国率先走出疫情，如期实现攻坚脱贫与第一个百年目标，"中升美降"形成鲜明对比，冷战后形成的"一超多强"格局加速演变。瑞银等国际机构预测，未来10年全球增长的30%将来自中国，中国经济总量或提前至2028年左右超美。大国关系加速分化重组。后疫情时代，面对内外挑战，其他多强将更多根据自身利益关切，灵活调整对外政策，传统关系组合与阵营划分面临调整。美欧分歧难解，传统的跨大西洋同盟日益滑向"拉菜单式"的"利益伙伴"。欧盟遭遇英国"脱欧"、内部分化加大、抗疫不力等多重冲击，国际影响力有所削弱。俄罗斯综合国力相对单一片面，经济发展后劲明显不足。印度疫情尚难得到有效控制，并遭遇独立后最严重经济衰退。日本面临人口老龄化、国内消费不振、疫情冲击等挑战，与中美差距还会拉大。大国战略稳定面临冲击。美国为维系"一超"地位，瞄准更具颠覆性的军事技术，升级核威慑体系、推动太空武器化与网络攻防技术发展，加紧谋求在军事领域的"代差"优势，引发其他大国竞相升级核常军备，全球战略平衡或面临冷战后最大挑战。

三是新型非传统安全挑战更加难防难测。跨国疫病流行或成常态。新冠病毒感染疫情影响趋于长期化、常态化，世卫组织等预计，全球要到2023年甚至更晚才能普种疫苗，构筑有效免疫屏障。同时，随着人员跨国流动恢复，更多新病毒或加速传播。而生物技术大发展使人工合成新病毒成为可能，"超级实验室病毒"泄漏风险不能排除。气候安全影响加大，美国宣布重返《巴黎协定》，力图主导全球气候治理机制，未来或推动加快构筑"碳关税"等新规则藩篱；同时气变速度与程度不断刷新纪录，全球温升已近 1.5℃临界，极端气候灾害频发，生态、粮食乃至能源安全备受挑战。国际反恐形势严峻，随着美国内顾倾向加剧，中东"伊斯兰国"势力加速外溢、"趁疫打劫"，加剧南亚、东南亚、北非恐袭风险。难民问题难解，欧盟围绕责任分摊、难民配额等问题分歧不断。网络安全挑战更趋突出，人工智能、物联网、量子计算、5G、卫星互联网、脑机接口等高度融合，数字世界万物智联，致使大规模网攻和网络恐怖主义的风险上升。同时，非传统安全挑战还加快向传统安全领域蔓延，疫情加剧固有地缘政治矛盾，大国无序竞争增多，"脆弱地带"失控失序风险陡增。

四是全球社会政治思潮激荡。传统权威面临消解，各国社会思潮呈现更多元化、复杂化、极端化特征。疫情下各国既有的贫富差距、阶层分化、族群矛盾等痼疾进一步加剧，政治极化、社会对立现象更加严重，各种打着反建制、反精英、反全球化、反移民旗号的民粹主义、民族主义、分离主义、排外主义等思潮持续升温。一方面，美西方应对新冠病毒感染疫情乏力乏术，经济社会矛盾凸显，折射出美西方新自由主义日渐式微。而一些政客与媒体纷纷迎合民众情绪化诉求，甚至不惜偏离科学理性和客观事实，以夸张、虚假信息捞取政治资本，使政治氛围更加恶化。另一方面，发展中国家在抗疫和经济领域的困难，也日益传导至社会政治领域。未来几年发展中国家的社会政治动荡或呈现长期化、常态化之势，对国际格局产生复杂深刻影响，21世纪前20年新兴市场国家群体性崛起的态势恐难以呈现简单、线性的延续。

最后，世纪疫情再度暴露既有治理体系和能力不足，国际社会面临的治理赤字、信任赤字、发展赤字、和平赤字有增无减。

一是既有多边机制与全球治理遭遇空前大考。疫情下不少国家各自为战、但求自保，美欧民粹主义、保护主义、排外主义倾向明显抬头，世纪疫情的巨大挑战亦不能唤起国际合作。联合国、世界卫生组织等多边机制的权威和效能也频遭质疑，面临被边缘化的风险。

二是大国恶性战略竞争显著抬头。面对内外挑战，美西方战略焦虑感上升，对外战略重点日益转向大国竞争，再度强化安全合作与军事同盟，加紧对中、俄的政策协调。欧亚集团总裁布雷默指出，随着大国竞争与地缘博弈加剧，大国间发生摩擦甚至冲突的可能性上升。

三是各类全球性挑战不断涌现，进一步放大治理真空与安全风险。以新冠病毒感染疫情为代表的新型安全挑战，席卷全球近200个国家，严重冲击传统的以主权国家为基本单位、自上而下的治理模式。联合国秘书长古特雷斯指出，未来新型安全议题的解决已不能再依赖于单个或几个主权国家，而是需囊括国际组织、主权国家、非政府组织等在内的全球社会共同行动，既有治理模式和机制已难适应新的形势变化。

（三）转型关键期的治国理政考验

当代中国正在经历人类历史上最为宏大而独特的实践创新，改革发展稳定任务之重、矛盾风险挑战之多、治国理政考验之大都前所未有，提出了大量亟待回答的理论和实践课题。

第一，我国发展不平衡不充分问题仍然突出。党的十八大以来，我国经济发展平衡性、协调性、可持续性明显增强，国内生产总值突破百万亿元大关，人均国内生产总值超过一万美元，国家经济实力、科技实力、综合国力跃上新台阶，我国经济迈上更高质量、更有效率、更加公平、更可持续、更为安全的发展之路。目前，我国已转向高质量发展阶段，制度优势显著，治理效能提升，经济长期向好，物质基础雄厚，人力资源丰富，市场空间广阔，发展韧性强劲，社会大局稳定，继续发展具有多方面优势和条件。但是，我国发展不平衡不充分问题仍然突出，面临需求收缩、供给冲击、预期转弱三重压力。重点领域关键环节改革任务仍然艰巨，创新能力不适应高质量发展要求，农业基础还不稳固，城乡区域发展和收入分配差距较大，生态环保任重道远，民生保障存在短板，社会治理还有弱项。

第二，全面深化从严治党仍面临不少挑战。十九届六中全会决议指出，腐败是党长期执政的最大威胁，反腐败是一场输不起也决不能输的重大政治斗争。一方面，党的十八大以来，经过坚决斗争，全面从严治党的政治引领和政治保障作用充分发挥，党的自我净化、自我完善、自我革新、自我提高能力显著增强，管党治党宽松软状况得到根本扭转，反腐败斗争取得压倒性胜利并全面巩固，消除了党、国家、军队内部存在的严重隐患，党在革命性锻造中更加坚强。但另一方面，反腐工作还远未结束。一些地方和部门管党治党宽松软的问题依然存在，有效应对腐败手段隐形变异、翻新升级还任重道远，彻底铲除腐败滋生土壤、实现海晏河清还任重道远，清理系统性腐败、化解风险隐患还任重道远。

第三，生态环境保护问题仍存在短板。生态文明建设是关乎中华民族永续发展的根本大计，保护生态环境就是保护生产力，改善生态环境就是发展生产力。资源环境约束趋紧、生态系统退化等问题越来越突出，特别是各类环境污染、生态破坏呈高发态势，成为国土之殇、民生之痛。如果不抓紧扭转生态环境恶化趋势，必将付出极其沉重的代价。如何更好深化落实"绿水青山就是金山银山"的理念，如何真正实现山水林田湖草沙一体化保护和系统治理，像保护眼睛一样保护生态环境，像对待生命一样对待生态环境，更加自觉地推进绿色发展、循环发展、低碳发展，坚持走生产发展、生活富裕、生态良好的文明发展道路，是摆在各级政府和所有国民面前的重大挑战。

习近平总书记指出："中华民族伟大复兴绝不是轻轻松松、顺顺当当就能实现的，我们越发展壮大，遇到的阻力和压力就会越大。"应对重大风险挑战是我国由大向强发展进程中无法回避的挑战，是实现中华民族伟大复兴绕不过的门槛。必须把防范化解国家安全风险摆在更突出位置，既要打好防范和抵御风险的有准备之战，也要打好化险为夷、转危为机的战略主动战，为"十四五"开好局、起好步，营造安全稳定环境。

一是着眼党和国家工作大局，统筹发展和安全。统筹发展和安全，是对新中国成立70多年来推进社会主义现代化建设经验的深刻总结，是对历史上大国兴衰经验的深刻总结，是对发展和安全辩证统一关系的深刻认识和把握，是着眼于在不稳定不确定发展环境中更好推进中华民族伟大复兴的重要战略部署。没有发展，安全就没有保障；没有安全，发展就不可持续，已经取得的成果也会失去。必须坚持发展和安全并重，实现高质量发展和高水平安全良性互动，既通过发展提升国家安全实力，又深入推进国家安全思路、体制、手段创新，营造有利于经济社会发展的安全环境，在发展中更多考虑安全因素，努力实现发展和安全的动态平衡，全面提高国家安全工作能力和水平。

二是把握世界发展大势，坚持维护和塑造国家安全有机统一。随着中国日益走近世界舞台中央，我们要在变局中把握规律、在乱局中趋利避害、在斗争中争取主动，切实维护我国主权、安全、发展利益。维护国家安全，要立足国际秩序大变局来把握，立足防范风险的大前提来统筹，立足我国发展重要战略机遇期大背景来谋划，保持战略定力、战略自信、战略耐心，把战略主动权牢牢掌握在自己手中。同时要看到，塑造是更高层次、更具前瞻性的维护，要充分发挥负责任大国作用，引导国际社会共同塑造更加公正合理的国际新秩序。塑造国家安全，不是要走国强必霸之路，而是坚定不移走和平发展道路；不是对现有国际秩序推倒重来、另起炉灶，而是在维护以联合国宪章宗旨和原则为核心的国际秩序基础上，与世界各国一起与时俱进完善全球治理体制机制；不是零和博弈，而是坚持合作共赢，坚持多边主义和国际关系民主化，推动构建人类命运共同体，为世界和平与发展注入强大正能量。

三是根据国家安全规律特点，统筹传统安全和非传统安全。当前，政治、国土、军事安全等传统安全领域仍然是国家安全的重中之重，任何时候都必须抓住不放。同时，生物安全、极端气候、网络攻击、恐怖主义、公共卫生等非传统安全领域的风险日益上升。面对传统安全和非传统安全交织叠加的新形势，必须统筹兼顾、综合施策。要全面贯彻落实习近平总书记关于坚持统筹推进各领域安全、统筹应对传统安全和非传统安全、发挥国家安全工作协调机制作用、用好国家安全政策工具箱等重要要求，全面掌握各类危害国家安全的新行为、新动向，构建集各领域安全于一体的国家安全体系，统筹应对各领域安全风险挑战。

四是践行习近平总书记对外提出的"全球安全倡议"，更好统筹自身安全和共同安全。安全是发展的前提，人类是不可分割的安全共同体，要做到"六个坚持"：坚持共同、综合、合作、可持续的安全观，共同维护世界和平和安全；坚持尊重各国主权、领土完整，不干涉别国内政，尊重各国人民自主选择的发展道路和社会制度；坚持遵守《联合国宪章》宗旨和原则，摒弃冷战思维，反对单边主义，不搞集团政治和阵营对抗；坚持重视各国合理安全关切，秉持安全不可分割原则，构建均衡、有效、可持续的安全架构，反对把本国安全建立在他国不安全的基础之上；坚持通过对话协商以和平方式解决国家间的分歧和争端，支持一切有利于和平解决危机的努力，不能搞双重标准，反对滥用单边制裁和"长臂管辖"；坚持统筹维护传统领域和非传统领域安全，共同应对地区争端和恐怖主义、气候变化、网络安全、生物安全等全球性问题。

"天下之势不盛则衰，天下之治不进则退。"纵观历史，中国正是在战胜一次次考验中成长、在克服一场场危机中砥砺前行，也将继续在历史前进的逻辑中前进，在时代发展的潮流中实现发展。

总体国家安全观的五大生动实践

党的十八大以来，在以习近平同志为核心的党中央坚强领导下，在总体国家安全观的指引下，我们坚定不移地走中国特色国家安全道路，作出一系列决策部署，出台一系列制度规定，推出一系列重大举措，战胜一系列重大风险挑战，我们办成了许多过去想办而没有办成的大事，解决了许多过去想解决而没能解决的难题，推动国家安全工作实现了从分散到集中、从迟缓到高效、从被动到主动的历史性变革。总体国家安全观也在新时代中国特色社会主义伟大实践中不断丰富完善，体现出强大的理论魅力，焕发出强大的实践伟力。

在总体国家安全观指引下，我们赢得了人类历史上最大规模的脱贫攻坚战的伟大胜利，这既是一场攸关民生民心的全面发展之战，也是百年变局下一场攸关"国之大者"的总体安全之战，是党中央"统筹发展和安全"、深入贯彻"以人民安全为宗旨"的具体体现。脱贫攻坚战有力地防范化解了百年变局给我国经济社会安全领域带来的一系列潜在风险挑战，为我们在"第二个百年"的新征程上实现高质量发展与高水平安全良性互动打下了坚实的基础。

面对突如其来的新冠病毒感染疫情，在习近平总书记的亲自指挥、亲自部署下，在总体国家安全观指引下，我们坚持以人民安全为宗旨，打响了一场疫情防控的人民战争、总体战、阻击战，赢得了疫情防控战的伟大胜利。在这场"转危为安、化危为机"的非传统安全之战中，我们准确识变、科学应变、主动求变，从疫情首当其冲的受害国转变为最先管控疫情、率先实现经济复苏的大国，并成为助力全球抗疫的"战时兵工厂"。我们及时将生物安全纳入到了国家安全体系当中，全面提升了国家生物安全治理能力。我们统筹自身安全与共同安全，与他国"青山一道同云雨"，积极构建人类卫生健康共同体，为国际社会共同抗击新冠病毒感染疫情提供了坚强保障。

面对特朗普政府蓄意挑起的中美经贸战，面对美国来势汹汹的"全政府、全社会"对华遏制打压，面对这场具有许多新的历史特点的伟大斗争，我们充分发扬斗争精神，对美国一系列倒行逆施、强权霸凌的极端做法进行了针锋相对、有理有力的反制，我们敢于斗争、善于斗争，通过坚决斗争凝聚了党心与民心，振奋了信心与士气，鼓舞和团结了世界各国的正义进步力量。我们始终牢牢把握发展先机和战略主动，在坚定捍卫国家利益和尊严的同时，实现了中美关系更高水平的"斗而不破"，塑造了相对稳定有利的外部安全环境，实现了经济的稳步发展，在斗争中不断丰富和完善自身的国家安全工具箱，不断补足自身的安全短板，加速由大国向强国转变。

面对美西方借助香港"修例风波"策划的港版"颜色革命"，习近平总书记总揽全局、审时度势，坚定维护国家主权、安全、发展利益，在总体国家安全观的指引下，带领全国人民打响了一场香港保卫战。我们出台了一系列标本兼治的重大举措，有效地打击了各种"反中乱港"势力，特别是通过《中华人民共和国香港特别行政区维护国家安全法》的实施，开创了香港维护国家安全工作的新局面，巩固了中央对香港特别行政区的全面管治权，推动了香港局势实现由乱到治、由治及兴的重大转折，有力捍卫了国家安全。

在总体国家安全观的指引下，我们立足跨越"中等收入陷阱"历史新阶段的新风险，直面数字经济时代新产业、新领域、新业态高速发展带来的新矛盾、新漏洞，着力防范化解一系列可能触发系统性金融风险的安全新挑战，打响了一场金融风险治理的攻坚战，统筹开放与安全，有效化解了资本野蛮生长产生的安全威胁，在地方债务、房地产市场、影子银行等风险点上拔除了潜在重大危机的引信，及时堵住了缺口，进一步巩固了发展的安全底板，彰显了将"统筹发展和安全"贯穿于党和国家工作各方面和全过程的重要意义。

路遥知马力，烈火见真金。这五场硬仗既体现了习近平总书记无畏风雨、力挽狂澜的中流砥柱作用，也彰显了总体国家安全观在具有许多新的历史特点的伟大斗争中所发挥的重要作用，成为习近平新时代中国特色社会主义思想"国家安全篇"的五个鲜活注脚。

一、脱贫攻坚战

党的十八大以来，为了更好地统筹发展和安全、维护人民的生存发展权利，以习近平同志为核心的党中央坚持以总体国家安全观为引领，团结带领全国人民打响了声势浩大的脱贫攻坚人民战争。习近平总书记亲自指挥、亲自部署、亲自督战，全党全国各族人民浴血奋战、艰苦奋斗、久久为功，如期完成了消除绝对贫困、实现全面小康的伟大历史性成就。在向着"第二个百年"奋斗目标迈进的新征程上，习近平总书记进一步提出在高质量发展中促进共同富裕的总思路和总要求，为实现更高水平的安全指明了方向，提供了路径，成为习近平新时代中国特色社会主义思想特别是总体国家安全观的一次生动实践。

（一）以人民安全为宗旨，实现全面小康

一切为了人民，脱贫攻坚是维护人民安全的有力手段。生存

和发展权利是首要的基本人权，是人民安全最基本也是最重要的组成部分。有生存，才有发展。有发展，才有未来。新中国成立之初，国家一穷二白，人民生活贫苦，吃不饱、穿不暖是常态，发展更是无从谈起。1950 年，在列入统计的世界 141 个国家中，只有 10 个国家的人均 GDP 低于中国。中国共产党秉持为中国人民谋幸福、为中华民族谋复兴的初心使命，一代代领导集体不断探索，接续奋斗，开拓出了一条具有中国特色的减贫道路，中国的农村贫困人口从 1978 年的 7.7 亿人减少到 2012 年的 9899 万人。党的十八大以来，以习近平同志为核心的党中央从全面建设小康社会的要求出发，强调缺失了"贫困地区的小康"是不完整的小康，把扶贫开发工作纳入"五位一体"总体布局、"四个全面"战略布局，把农村贫困人口全部脱贫作为实现第一个百年奋斗目标的底线任务和全面建成小康社会的标志性指标，作出一系列重大部署和安排，全面打响脱贫攻坚战，力度之大、规模之广、影响之深前所未有。

在经过了 8 年艰苦卓绝的斗争后，2020 年底，现行标准下 9899 万农村贫困人口全部脱贫，832 个贫困县全部摘帽，12.8 万个贫困村全部出列，区域性整体贫困得到解决，消除绝对贫困的艰巨任务如期完成。中国也创造了扶贫开发史上的最好成绩，年均脱贫人数约 1240 万人，是"八七扶贫攻坚计划"实施期间年均脱贫人数 639 万人的 1.94 倍，是《中国农村扶贫开发纲要（2001—2010 年）》实施期间年均脱贫人数 673 万的 1.84 倍。至此，中国提前十年实现《联合国2030年可持续发展议程》的减贫目标，成为世界上减贫人口最多的国家，并率先完成联合国千年发展目标。

贫困百姓的生活质量得到全方位提升，不愁吃、不愁穿，义务教育、基本医疗、住房安全有保障。贫困地区农村居民人均可支配收入从2013年的6079元增至2020年的12588元。贫困地区也发生了翻天覆地的变化，经济社会发展提速，基础设施建设突飞猛进，社会事业长足进步。曾长期、普遍存在的行路难、吃水难、用电难、通信难等老大难问题得到历史性解决。除了物质生活更加富足外，贫困百姓的精神生活也愈发多彩。贫困地区公共文化设施网络建设基本实现全覆盖，文化人才队伍建设更进一步，群众文化活动经费保障机制更加健全。"戏曲进乡村""春雨工程"等一大批示范性文化活动，极大增强了贫困百姓的获得感和幸福感。

一切依靠人民，凝聚全社会力量打赢脱贫攻坚战。脱贫攻坚事关广大贫困群众切身利益，事关民族融合、边疆治理、国家安全，不仅仅是贫困地区的事情，也是全社会的共同责任。20世纪80年代中期，党中央和国务院就提出要广泛动员社会力量关心和支持贫困地区。党的十八大以来，习近平总书记强调要加大各方帮扶力度，构建专项扶贫、行业扶贫、社会扶贫等多方力量、多种举措有机结合和互为支撑的"三位一体"大扶贫格局，充分发挥东西部扶贫协作、党政机关定点扶贫、军队和武警

部队扶贫、社会力量参与扶贫的作用。在党中央的号召下，各类社会团体及个人积极投身扶贫事业，组织开展了诸如"百县万村""万企帮万村"等一系列帮扶行动，不仅体现了中华民族扶贫济困的传统美德，对打赢脱贫攻坚战也发挥了积极作用。以"万企帮万村"行动为例，截至 2020 年 12 月底，进入扶贫台账管理的民营企业共计 12.7 万家，惠及 7.32 万个建档立卡贫困村和 1803.85 万建档立卡贫困人口。

　　贫困群众既是脱贫攻坚的对象，更是脱贫致富的主体。努力让人民过上好日子是党和政府工作的方向，但不能大包大揽，经济上的支援只能是辅助的，贫困群众的内生意愿和自发努力才是脱贫致富的根本动力。早在 20 世纪 50 年代末，扶贫实践就提倡"自力更生为主，国家支援为辅"的原则，新时代脱贫攻坚更注重发挥贫困群众的主观能动性。对此，习近平总书记提出扶贫要同扶志、扶智结合起来，扶贫必扶志，扶贫必扶智。既要调动贫困群众的积极性、主动性、创造性，帮助他们树立志向，增加自信；又要给贫困群众创造自我提升的渠道，提供接受良好教育和就业培训的机会，帮助他们掌握必要的文化知识和基本技能。例如，人力资源和社会保障部在脱贫攻坚过程中，累计组织贫困劳动力参加政府补贴性培训 838 万人次。

坚持党的领导，为全面建成小康社会提供了根本政治保证。办好中国的事情，关键在党。社会主义具有集中力量办大事的优势，这也是中国最大的政治优势。打赢脱贫攻坚战深刻诠释了中国共产党领导和中国特色社会主义的制度优势，充分展现了党总揽全局、协调各方的领导核心作用。按照现行贫困标准计算，改革开放以来，中国共有 7.7 亿农村贫困人口摆脱贫困。按照世界银行的国际贫困标准，中国减贫人口占同期全球减贫人口的 70%以上。纵览古今，环顾全球，没有哪一个国家能在这么短的时间内实现几亿人脱贫，其根本正是因为有中国共产党的领导。

以习近平同志为核心的党中央高度重视脱贫攻坚，在总结前期扶贫经验的基础上，实事求是，与时俱进，不仅继承和发展了扶贫开发时期一些行之有效的思路和方法，还以一系列理论创新和实践丰富和完善了中国特色贫困治理体系，构建起中国特色脱贫攻坚制度体系，为实现全面小康提供了有力的制度保障。习近平总书记更是将脱贫攻坚摆到治国理政的突出位置，50 多次调研扶贫工作，7次主持召开中央扶贫工作座谈会，走遍了全国14个集中连片特困地区。脱贫攻坚战任务重，时间紧，要想如期完成既定目标，除了在思想上高度重视，还离不开大规模的人力、物力、财力投入。8年来，全国累计选派25.5万个驻村工作队、300多万名第一书记和驻村干部。他们奔赴脱贫攻坚一线，舍小家，为大家，有的人放弃了大城市的发展机遇，有的人长期与家人分隔两地，有的人带病坚持工作，更有1800多人将生命永远定格在了扶贫攻坚征程上。正是这些无私奉献，为打赢脱贫攻坚战提供了强大人才支撑。8年来，中央、省、市县财政专项扶贫资金累计投入近1.6万亿元，其中中央财政累计投入6601亿元。即便是在经济下行压力较大、财政增收不乐观的时期，党中央也要求统一思想，确保扶贫投入显著增加。正是这些真金白银，为打赢脱贫攻坚战提供了强大资金保障。

脱贫攻坚事关全面建成小康社会，事关中国人民对美好生活的向往，容不得丝毫马虎。习近平总书记多次强调，越到最后越要加强和完善党的领导，这是脱贫攻坚任务能否高质量完成的关键所在。党中央始终把全面从严治党要求贯穿脱贫攻坚工作全过程和各环节，抓责任到人，抓推进落实，抓作风建设，抓考核评价。脱贫攻坚不仅是对党贫困治理能力的考验，也是对党管党治党能力的一次考验。事实证明，中国共产党又一次经受住了考验，向全国各民族人民交上了一份圆满答卷。

（二）以发展促安全，筑牢国泰民安基石

"开发式扶贫"为保障人民安全提供持续动力。发展寄托着生存和希望，象征着尊严和权利。1994 年，全国扶贫开发工作会议明确提出"开发式扶贫"方针，鼓励贫困地区广大干部、群众发扬自力更生、艰苦奋斗的精神，在国家的扶持下，以市场需求为导向，依靠科技进步，开发利用当地资源，发展商品生产，解决温饱进而脱贫致富。此后，"开发式扶贫"的内涵不断丰富拓展，但"以经济建设为中心，不断解放和发展生产力"的本质要求未变。发展不仅能够带动经济增长、收入增加，还能够创造可持续的收入来源，防止返贫的发生。事实证明，开发式扶贫是实现全面小康的必由之路。据测算，20 世纪 90 年代，中国国内生产总值每增长一个百分点，农村贫困人口就减少 0.8%。世界银行前行长金墉总结中国减贫成功的原因，其中之一就是通过改革开放大规模提高了经济增长率。习近平总书记在全国脱贫攻坚总结表彰大会上指出，脱贫攻坚取得举世瞩目的成就，离不开新中国成立以来特别是改革开放以来积累的坚实物质基础。

习近平总书记指出，发展是甩掉贫困帽子的总办法。脱贫攻坚战全面打响后，党中央始终坚持开发式扶贫方针，注重把发展作为解决贫困的根本途径。党中央同时认识到，发展不是眉毛胡子一把抓的发展，而是因地制宜、因人制宜的有针对性的发展。

宜农则农、宜林则林、宜牧则牧、宜开发生态旅游则搞生态旅游，只有这样才能真正发挥好自己的比较优势。鉴此，习近平总书记原创性地提出"精准扶贫"这一基本方略，始终强调脱贫攻坚贵在精准、重在精准。针对不同贫困地区、贫困人口实施"五个一批"工程，即发展生产脱贫一批、易地搬迁脱贫一批、生态补偿脱贫一批、发展教育脱贫一批、社会保障兜底一批，大大提升了扶贫成效。精准扶贫精准脱贫方略有力确保了脱贫攻坚不落下一个人、一个家庭、一个民族、一个地区，是中国乃至世界贫困治理的重大理论创新。联合国秘书长古特雷斯对此高度评价称："精准扶贫方略是帮助最贫困人口实现联合国 2030 可持续发展议程设定的宏伟目标的唯一途径。"

全心全意为人民服务，党的执政基础更加巩固。很多贫困村面临经济功能薄弱、基础设施落后、人才持续流失、陈规陋习严重等情况，自主发展能力有限。对此，习近平总书记强调要抓好党建促扶贫，充分发挥基层党组织的战斗堡垒作用，把基层党组织建设成为带领乡亲们脱贫致富、维护农村稳定的坚强领导核心，发挥基层干部在宣讲扶贫政策、整合扶贫资源、分配扶贫资金、推动扶贫项目落实等方面的关键作用。致富不致富，关键看干部。除了依靠本地干部队伍和人才外，党中央还鼓励和选派了一批批思想好、作风正、能力强、愿意为群众服务的优秀年轻干部、退伍军人、高校毕业生到贫困村工作。数百万的扶贫干部长期奋斗在脱贫攻坚一线，以"朝受命、夕饮冰"的使命感，以

"昼无为、夜难寐"的紧迫感，以"但愿苍生俱饱暖，不辞辛苦出山林"的奉献精神，以"流血流泪不留遗憾，任劳任怨绝不认输"的奋斗状态，抒写了全心全意为人民服务的拳拳情怀。他们情为民所系、利为民所谋，与贫困百姓共同生活、共同奋斗，为贫困百姓做了许许多多实事和好事，深得人民群众拥护和爱戴。贫困百姓都说"吃水不忘挖井人，脱贫不忘共产党"，听党话、感党恩、跟党走的意志和信念更加坚定。

得民心者得天下。中国共产党清醒地认识到，"民为邦本，未有本摇而枝叶不动者""天下之治乱，不在一姓之兴亡，而在万民之忧乐"，只有集中力量把自己的事情办好，国家更加富强，人民更加富裕，才能不断夯实走和平发展道路的物质基础和社会基础。中国共产党领导人民开展的大规模反贫困工作，巩固了党的执政基础，巩固了中国特色社会主义制度。当今世界正经历百年未有之大变局，反全球化暗流涌动，民粹主义沉渣泛起，问题挑战前所未有。部分国家贫富差距持续扩大，社会撕裂日趋严重，底层民众不满积聚，恐袭、暴力、抗议、罢工、游行此起彼伏，社会稳定堪忧。在国际风云激烈变幻的过程中，中国共产党和中国特色社会主义制度巍然不动，就是因为党的路线方针政策给亿万人民带来了好处。也正因如此，在其他国家因疫衰退，人民因疫返贫，社会因疫混乱时，14亿中国人民紧密团结在党中央周围，万众一心，众志成城，成功控制住了新冠病毒感染疫情，成为全球抗疫的典范，如期消除了绝对贫困，成为2020年唯一正增长的主要经济体。在其他国家疲于应对各种政治、经济、社会困局时，中国已经井然有序地处理好各种问题挑战，将更大的精力投入到更好、更快、更强的发展中去。

以自身发展带动共同发展，塑造更有利外部发展环境。中国的发展离不开世界，世界的发展也离不开中国。习近平总书记指出，这个世界，各国相互联系、相互依存的程度空前加深，人类生活在同一个地球村里，生活在历史和现实交汇的同一个空间里，越来越成为你中有我、我中有你的命运共同体。与世界各国分享发展经验和机遇，着力改善国际发展环境，不仅有益于广大发展中国家摆脱贫穷落后，反过来也会进一步促进中国的更好发展。不仅如此，同广大发展中国家团结合作，一直以来都是中国对外关系不可动摇的根基，尤其是在当前百年未有之大变局的历史背景下，世界面临的不稳定性不确定性突出，广大发展中国家更应该携手共进。习近平总书记强调："我国在很困难的时候勒紧裤腰带援助发展中国家，事实证明，那时的付出为今天积累了宝贵资源。在这个问题上一定不能算小账。在国际减贫领域积极作为，树立负责任大国的形象，这是大账。"

甘苦与共、命运相连的理念一直贯穿中国扶贫开发始终。20世纪50年代初，成立不久的新中国在物资匮乏、发展落后的情况下，就开始提供对外援助。如今，中国已经发展成为世界第二大经济体和最大的发展中国家，能力越强，责任越大。中国在致力于自身消除贫困的同时，着力加强减贫发展合作，推动建立以相互尊重、合作共赢为核心的新型国际减贫交流合作关系。中国倡导和践行多边主义，积极参与多边事务，支持联合国、世界银行等继续在国际减贫事业中发挥重要作用；同各方一道优化全球发展伙伴关系，推进南北合作，加强南南合作，力所能及向其他发展中国家提供不附加任何政治条件的援助。世界银行研究报告《"一带一路"经济学》显示，"一带一路"倡议到2030年可使数十个发展中国家的约760万人摆脱极端贫困、3200万人摆脱中度贫困。新冠病毒感染疫情以来，中国积极援助发展中国家，从提供抗疫物资和疫苗到在二十国集团框架下暂缓最贫困国家偿还债务，再到提出"全球发展倡议"，为共建后疫情时代的美好世界贡献出中国力量。

（三）实现共同富裕，为了更高水平安全

不断夯实社会稳定基石，以高质量发展推动实现高水平安全。不患寡而患不均，不患贫而患不安。春秋时期，各诸侯国凭借手中权力恣意夺取他人的土地和财产，造成严重的贫富分化和社会动荡。那个时候，孔子就敏锐觉察到民众的普遍社会心理，认为"均"是"安"的基础，提出"均无贫，和无寡，安无倾"，阐述了公平分配、人民安宁对政权稳定的重大意义。当今世界，经济全球化快速发展，人民生活水平显著提升，但是贫富

分化不仅没有缓和，反而呈现出扩大的势头。尤其是新冠病毒感染疫情以来，不仅收入和贫富分化加剧，人与人的各项发展权利也呈现出较大的不平衡和不均等，联合国警告称世界不平等状况正处于历史最坏水平。贫富分化加剧导致部分国家社会不安定因素悄然酝酿，有些正在甚至已经发酵为社会动荡。以美国为例，从 2011 年的"占领华尔街"运动，到 2020 年反对警察暴力执法的"黑人的命也是命"游行，其背后是美国底层民众对种族歧视、阶级固化和财富分化的不满与抗争。历史与现实的例子充分说明，不仅要做大"蛋糕"，更要分好"蛋糕"，才能确保人民安居乐业、社会安定有序、国家长治久安。

党的十九大明确指出，中国特色社会主义进入新时代，中国社会主要矛盾发生了新变化，已经由人民日益增长的物质文化需要同落后的社会生产之间的矛盾，转化为人民日益增长的美好生活需要和不平衡不充分的发展之间的矛盾。当前，中国正处于向第二个百年奋斗目标迈进的新阶段。全面建成小康社会后，人民对美好生活的需要更加广泛，不仅对物质文化生活有了更高的追求，对社会公平正义的要求也日益增长。但是中国发展不平衡不充分的问题仍然突出，城乡区域发展和收入分配差距较大。"安而不忘危，存而不忘亡，治而不忘乱。"世界正处于百年未有之大变局，国家安全和社会安定面临的威胁和挑战增多，特别是各种威胁和挑战联动效应明显。面对新形势新挑战，维护国家安全和社会安定，对全面深化改革、实现"两个一百年"奋斗目标、实现中华民族伟大复兴的中国梦都十分紧要。习近平总书记强调："维护国家安全，必须做好维护社会和谐稳定工作，做好预防化解社会矛盾工作。"要加强保障和改善民生工作，从源头上预防和减少社会矛盾的产生。

消除贫困、改善民生、实现共同富裕是社会主义的本质要求，是中国共产党坚持全心全意为人民服务的重要体现，是党和政府的重大责任。中国已经实现了第一个百年奋斗目标，全面建成小康社会。但对中国共产党而言，为中国人民谋幸福没有终点，只有连续不断的起点。习近平总书记强调，发展仍然是党执政兴国的第一要务，仍然是带有基础性、根本性的工作。发展了，还有共同富裕问题。必须把促进全体人民共同富裕作为为人民谋幸福的着力点，不断夯实党长期执政基础。必须坚决防止两极分化，促进共同富裕，实现社会和谐安定。现在，已经到了扎实推动共同富裕的历史阶段。2021年8月17日，习近平总书记在中央财经委员会第十次会议上，研究扎实推动共同富裕等问题，全面、系统论述了促进共同富裕的意义、内涵、目标、原则、思路等，为下阶段党团结带领人民走共同富裕道路提供了根本遵循。

以高水平安全保障高质量发展，在高质量发展中促进共同富裕。立足新发展阶段、贯彻新发展理念、构建新发展格局、推动高质量发展，是实现共同富裕的必由之路。习近平总书记在中央财经委员会第十次会议上，明确提出扎实推动共同富裕的总思路，即坚持以人民为中心的发展思想，在高质量发展中促进共同富裕。首先，高质量发展为共同富裕提供了必要的物质基础。扎实推动共同富裕的内容之一是着力扩大中等收入群体规模，推动更多低收入人群迈入中等收入行列。要想实现这一目标，就必须在当前全面小康的基础上继续做大"蛋糕"，继续提高人民收入水平。而高质量发展恰恰是在保持总量增长的基础上实现质的提升，与共同富裕的内在要求相一致。其次，高质量发展和共同富裕的根本出发点都是为了实现人的更好发展，满足人民日益增长的美好生活需要。相较于全面小康目标下的"两不愁，三保障"，共同富裕的目标是人民群众物质生活和精神生活都丰富，相应也要求更高的发展阶段和发展水平。高质量发展正是从"有没有"转向"好不好"，不只是在经济领域，更体现在政治、社会、文化、生态等的方方面面，是创新、协调、绿色、开放、共享的发展。再次，高质量发展是实现共同富裕的必然要求。习近平总书记指出，当前，我国社会主要矛盾已经转化为人民日益增长的美好生活需要和不平衡不充分的发展之间的矛盾，发展中的矛盾和问题集中体现在发展质量上。而提高发展质量，解决好不平衡不充分发展的矛盾和问题，与扎实推动共同富裕所要求的提高发展的平衡性、协调性、包容性相统一。

新时代新征程，我国经济社会发展对良好内外部安全环境需求更大、对国家安全状态水平要求更高。习近平总书记强调："坚持统筹发展和安全，坚持发展和安全并重，实现高质量发展和高水平安全的良性互动。"当前，百年变局叠加世纪疫情，面对艰巨繁重的改革发展稳定任务，面对日趋复杂严峻的外部环境，保持国泰民安的社会环境更加需要统筹谋划、一体推进高质量发展和高水平安全，坚持底线思维、增强忧患意识，不断增强高水平安全保障。打造高水平安全，关键是掌握维护国家安全的战略主动权，敢于斗争，善于斗争。打造高水平安全，不仅要具备维护国家安全的能力，更要具备塑造国家安全的主动意识和强大能力。新形势下的发展要在安全保障下不断实现，安全水平也要在发展基础上不断提升。统筹发展和安全，增强忧患意识，做到居安思危，是中国共产党治国理政的一个重大原则。中国在社会主义现代化进程中妥善处理改革发展稳定关系，创造经济快速发展和社会长期稳定两大奇迹，与中国共产党始终坚持和运用这一重大原则密不可分。前进道路上，我们还会遇到各种可以预见和难以预见的风险挑战，必须牢固树立总体国家安全观，加快构建新安全格局，实现高质量发展与高水平安全良性互动，续写两大奇迹新篇章。

二、疫情防控战

新冠病毒感染疫情是新中国成立以来在我国发生的传播速度

最快、感染范围最广、防控难度最大的一次重大突发公共卫生事件。在这场疫情防控斗争中，习近平新时代中国特色社会主义思想特别是总体国家安全观，展现出深刻的战略性、前瞻性、科学性和巨大的理论力量，为应对突发疫情、战胜重大风险提供了强大思想武器。疫情防控的人民战争、总体战、阻击战是对总体国家安全观的生动实践和丰富，充分显示了习近平总书记的高瞻远瞩和远见卓识，彰显了总体国家安全观的理论力量和实践品格。

（一）人民至上，打响全民抗疫总体战

面对突如其来的世纪疫情，以习近平同志为核心的党中央果断决策、沉着应对，坚持人民至上、生命至上，提出坚定信心、同舟共济、科学防治、精准施策的总要求，开展抗击疫情的人民战争、总体战、阻击战，坚持一切为了人民，一切依靠人民，最大限度保护了人民生命安全和身体健康。

以人民安全为宗旨，全面开展抗疫斗争。治国有常，利民为本。人民安全是国家安全的基石。维护人民安全，是总体国家安全观的宗旨。确保人民群众生命安全和身体健康，是我们党治国理政的重大任务。此次重大疫情使广大人民的生命安全与身体健康遭受严重威胁。疫情暴发以来，习近平总书记心系苍生，多次作出重要指示批示，要把人民生命安全和生命健康放在第一位。

我国抗疫斗争所采取的一系列措施也无不体现着以人民为中心、以人民安全为宗旨的思想。

第一，及时遏阻疫情，确保最广大人民群众生命安全。2020年1月20日开始，全国新增确诊病例迅速增加，疫情防控形势异常严峻。习近平总书记统筹全局、洞察枢机，及时敏锐抓住全国疫情防控全局中的主要矛盾和矛盾的主要方面，把湖北和武汉作为全国疫情防控的主战场，以果敢勇毅的雄伟魄力和长远眼光因时因势制定"关闭离汉离鄂通道"等重大战略决策，周密部署武汉保卫战、湖北保卫战。面对新冠病毒感染疫情这只"黑天鹅"，党中央审时度势、综合研判，站稳阵脚、沉着应战，用一个多月的时间初步遏制疫情蔓延势头，用两个月左右的时间将本土每日新增病例控制在个位数以内，用三个月左右的时间取得武汉保卫战、湖北保卫战的决定性成果，又接连打赢了多场局部地区聚集性疫情歼灭战，彻底有力地扭转了疫情传播势头，为最大限度保护全国人民生命安全和身体健康筑起防护栏，创造出人类抗疫历史上的伟大奇迹。

第二，不惜一切代价救治患者、拯救生命。党中央坚持始终以对人民负责、对生命负责的鲜明态度，前所未有地采取大规模隔离措施，前所未有地调集全国资源开展大规模医疗救治，把提高收治率和治愈率、降低感染率和病亡率作为首要任务，尽最大努力防止更多群众被感染，尽最大可能挽救更多患者生命，一刻不停地同时间赛跑、与病魔较量。仅湖北省就成功治愈3000多

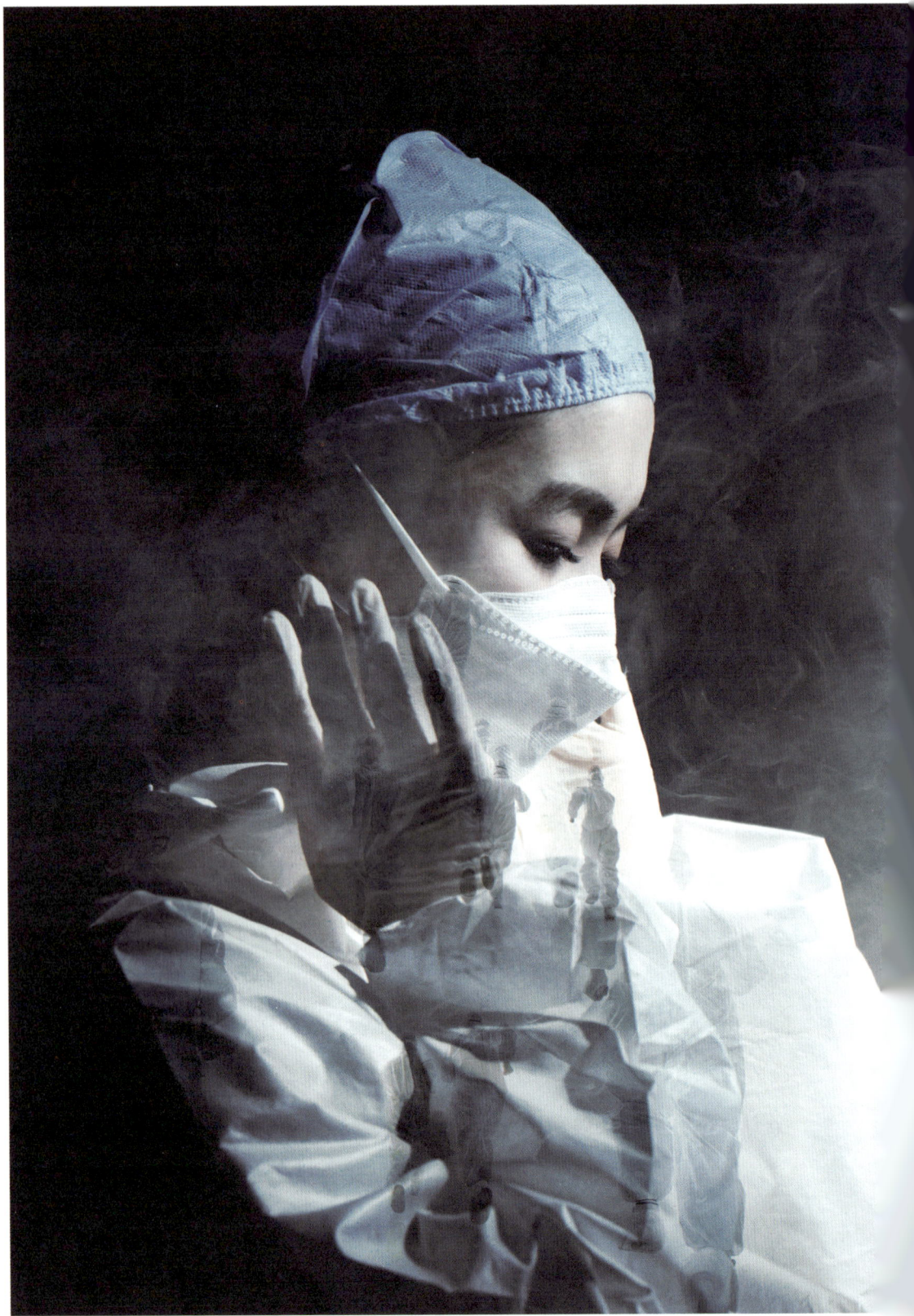

位 80 岁以上、7 位百岁以上患者。此外，协调国内外资源全力救治海外中国公民，以国家之名和最高仪式祭奠逝者，充分体现国家对人民个体尊严和生命的尊重与敬畏。通过此次全民抗疫总体战，我们不断健全优化重大疫情防控和救治体系，既及时解决了人民群众所急所忧所思所盼，也为保障人民群众的长远安全和利益加固了公共卫生屏障，充分彰显了"以人民为中心"的发展理念。

2021 年 5 月 21 日，习近平主席在全球健康峰会上再次强调，实践证明，要彻底战胜疫情，必须把人民生命安全和身体健康放在突出位置，以极大的政治担当和勇气，以非常之举应对非常之事，尽最大努力做到不遗漏一个感染者、不放弃一个病患者，切实尊重每个人的生命价值和尊严。同时，要保证人民群众生活少受影响、社会秩序总体正常。

以人民战争为手段，凝聚举国抗疫力量。人民群众是实践的主体，是历史的创造者，也是实现社会变革的决定力量。人民战争是我们党打大仗、打硬仗、打胜仗的历史经验和优良传统，同样也是打赢抗疫重大斗争的制胜法宝和根本方法。疫情暴发以来，习近平总书记坚持以人民为中心的根本立场，亲自指挥、亲自部署，广泛动员群众、组织群众、凝聚群众，建立起联防联控的举国体制，形成全民参与的防控体系，筑起全民同心战疫的坚固防线。

随着疫情形势加剧，全国上下紧急行动，依托强大的综合国力，开展了全方位的人力组织战、物资保障战、科技突击战、资源运动战。习近平总书记强调，打赢新冠病毒感染疫情防控的人民战争、总体战、阻击战，湖北和武汉是重中之重，更是决胜之地。武汉胜则湖北胜，湖北胜则全国胜。从 2020 年 1 月 24 日第一批医疗队抵达武汉至 2020 年 3 月 8 日，全国累计派出 346 支国家医疗队共 4.2 万人抵达湖北抗疫。为缓解武汉市医院的收治压力，中国 10 天左右建成共可容纳 2600 张床位的"两山"医院，19 天改建 16 座方舱医院，迅速开辟 600 多个集中隔离点。中国火神山医院运行 73 天，收治 3059 人，出院 2961 人；雷神山医院运行 68 天，收治 2011 人，出院 1900 余人；16 家方舱医院在 30 天内收治患者 1.2 万余人，实现了"零感染、零死亡、零回头"。为补齐受援地市资源缺口，中国 19 省份对口支援湖北，9 省联保联供协作和 500 家应急保供企业调运机制，全力保障居民生活正常运转。2020 年 3 月下旬开始，以武汉为主战场的全国本土疫情传播基本阻断，武汉保卫战、湖北保卫战取得决定性成果，全国疫情防控阻击战取得重大战略成果。

打赢疫情防控的人民战争、总体战、阻击战，关键在于坚持党的领导。党的领导是我们维护国家安全最强大的依靠。必须坚持党的领导，让党旗在疫情防控斗争第一线高高飘扬。疫情发生以来，习近平总书记多次召开会议、多次作出重要指示批示、多次实地指导工作。这种大国领袖的责任担当、不负人民的真挚情怀，给全国人民立起了主心骨，在华夏大地形成了强大的感召力。在党中央的坚强领导下，各级党委政府守土有责、守土尽责，构筑起群防群治、联防联控的守护生命安全的严密防线，全党全军全国各族人民形成了全面动员、全面部署、全面加强疫情防控的工作格局。各级党组织和广大党员不忘初心、牢记使命，顽强拼搏、主动担当、积极作为，关键时刻冲得上去、危难关头豁得出来，充分发挥了战斗堡垒和先锋模范作用。在党中央的坚强领导下，全国上下众志成城、共克时艰，是我们取得抗疫斗争胜利的根本保障。

2021 年以来，全国先后扑灭 40 多起聚集性疫情，疫苗接种率快速上升，重症率和死亡率持续下降。截至 2022 年 1 月 30 日，全国新冠疫苗全程接种人数超过 12.2 亿人，接种率超过 85%。截至 2022 年 1 月 24 日，据 31 个省（自治区、直辖市）和新疆生产建设兵团报告，我国确诊病例 2616 例（其中重症病例 9 例），累计治愈出院病例 98453 例，累计死亡病例 4636 例，累计报告确诊病例 105705 例。

与之相比，西方某些国家在政治利益、经济得失上"算小账"，罔顾人民安全这个"大账"。嘴上鼓吹"保护人权"，实质是"保护金权"，把老弱病穷当成抗疫负担，把"救市"看得比"救人"重要，还一味推行"疫苗民族主义"，人为制造"免疫鸿沟"。由此导致政府失信、机制失灵、民主失色、民众失望，最终导致疫情快速蔓延，人民最基本的生存权都无法得到保障。截至 2022 年 1 月 30 日，新冠病毒全球感染人数已达到 3.7 亿人，死亡人数达到 565 万人。美国作为全球感染人数和死亡人数最多的国家，感染人数已达到 7420 万人，死亡人数已超过 88.3 万人。美国疾控中心发布报告指出，2020 年美国人均预期寿命为 77 岁，较前一年减少 1.8 岁，这是 75 年来美国年度人均预期寿命最高降幅。新冠病毒已经成为继心脏病和癌症之后美国民众的第三大死因，弱势群体生存困境尤为突出。钟南山院士 2021 年 11 月 25 日指出："我国新冠患病率为十万分之八点九，是美国的 1/1678，死亡率是十万分之零点四，是美国的 1/606。"

（二）补足短板，筑牢非传统安全防线

这次新冠病毒感染疫情，既是对我国治理体系和能力的一次大考，也是对我国应对非传统安全挑战的一次检验。

统筹传统安全与非传统安全，严防疫情引发系统性风险。纵观历史，大疫大灾应对不力往往会导致社会失序、经济失速、政治失治。古罗马"安东尼瘟疫"、东罗马帝国"查士丁尼瘟疫"、中世纪"黑死病"等，都曾深刻影响有关国家兴衰和世界历史走向。放眼世界，世界未有之大变局在疫情冲击下加速演进，多国出现大规模失业、贫困恶化、社会不公平加剧等现象，大规模示威及暴力活动屡见不鲜，更直接冲击所在国的政权安全和制度安全。

由于传统与非传统领域相互交织，在全球化的背景下外部风

险的倒灌效应、内部风险的溢出效应、不同领域风险的合流效应、叠加效应、联动效应、传导效应日益被放大。严密防范不同风险的叠加、共振、传导，尤其是严防生物安全等非传统安全领域风险向政治安全领域聚集，必须妥善处理疫情可能导致的各类问题，切断风险的联动逻辑，牢牢守住不发生系统性风险的底线。中国的抗疫斗争实践充分证明，习近平总书记对国家安全形势任务变化的判断十分准确，对加强统筹传统安全和非传统安全工作的部署十分及时。这是一场遭遇战，但某种意义上，我们也打了一场防范和抵御重大非传统安全领域风险的有准备之战。这次疫情防控斗争，进一步深化了人们对非传统安全的认识，增强了全党全国进一步践行总体国家安全观、完善国家安全体系的责任感和紧迫感。

健全生物安全风险防控体系，全面提升国家生物安全治理能力。此次突发重大疫情凸显各国生物安全体系的弱点和安全治理的短板，波及范围之广、领域之多、烈度之深，前所未有。生物安全是人类生存安全的基础和前提，兼具传统与非传统安全的特征，与科技、军事、国防密切相关，同政治、经济、文化等多因素相互交织，已被纳入主要大国的国家安全战略，成为大国博弈的新高地、国家安全的新疆域。随着新兴生物技术发展，生物安全危害也从偶发风险向现实、常态化威胁转变。生物安全主体更趋多元、客体更难追溯、演变更加复杂，生物安全领域的不确定性、不稳定性更加凸显，风险防控难度也更大。

党的十八大以来，以习近平同志为核心的党中央高度重视生物安全工作，出台了有关战略和政策，规划了国家生物安全风险防控和治理体系建设，提高了国家生物安全治理能力，为打赢疫情防控斗争奠定了基础。疫情发生以后，习近平总书记将生物安全问题提升到前所未有的战略高度。2020 年 2 月 14 日，习近平总书记在中央全面深化改革委员会第十二次会议上发表重要讲话时强调，要从保护人民健康、保障国家安全、维护国家长治久安的高度，把生物安全纳入国家安全体系，系统规划国家生物安全风险防控和治理体系建设，全面提高国家生物安全治理能力。要尽快推动出台生物安全法，加快构建国家生物安全法律法规体系、制度保障体系。2021 年 9 月 29 日，中共中央政治局就加强我国生物安全建设专门进行第三十三次集体学习。习近平总书记深刻指出，现在，传统生物安全问题和新型生物安全风险相互叠加，境外生物威胁和内部生物风险交织并存，生物安全风险呈现出许多新特点，我国生物安全风险防控和治理体系还存在短板弱项。习近平总书记强调，生物安全关乎人民生命健康，关乎国家长治久安，关乎中华民族永续发展，是国家总体安全的重要组成部分，也是影响乃至重塑世界格局的重要力量。要深刻认识新形势下加强生物安全建设的重要性和紧迫性，贯彻总体国家安全观，贯彻落实生物安全法，统筹发展和安全，按照以人为本、风险预防、分类管理、协同配合的原则，加强国家生物安全风险防控和治理体系建设，提高国家生物安全治理能力，切实筑牢国家生物安全屏障。

以习近平同志为核心的党中央对生物安全高度重视，为进一步健全完善维护国家生物安全的体制机制，全方位筑牢国家生物安全防控网，确保人民生命健康、社会稳定繁荣、国家长治久安及中华文明永续发展提供了前瞻性思考、全局性谋划。2021年4月15日，《中华人民共和国生物安全法》开始正式实施，这是生物安全领域的一部基础性、综合性、系统性、统领性法律，标志着我国生物安全进入依法治理的新阶段。其颁布和实施是贯彻落实习近平新时代中国特色社会主义思想的具体体现，是高质量保护人民群众生命安全和身体健康的重要举措，为确保我国能够及时有效地防范和抵御来自生物安全领域的威胁提供强有力的保障。该法共确立生物安全风险监测预警、风险调查评估等11项基本制度，健全各类具体风险防范和应对制度，标志着我国在生物安全领域正式形成国家生物安全战略、法律、政策"三位一体"的生物安全风险防控和治理体系，全链条构建起生物安全风险防控的"四梁八柱"。

加快科研攻关，为打赢疫情防控阻击战提供科技支撑。科技是国之利器，习近平总书记多次强调战胜疫情离不开科技支撑。2020年6月2日，习近平总书记在专家学者座谈会上强调，生命安全和生物安全领域的重大科技成果是国之重器，一定要掌握在自己手中。要加大卫生健康领域科技投入，加快完善平战结合的疫病防控和公共卫生科研攻关体系，集中力量开展核心技术攻关，持续加大重大疫病防治经费投入，加快补齐我国在生命科学、生物技术、医药卫生、医疗设备等领域的短板。疫情发生以来，全国科技战线积极响应党中央号召，统筹疫情防控与科研、物资生产两条战线，确定临床救治和药物、疫苗研发、检测技术和产品、病毒病原学和流行病学、动物模型构建等五大主攻方向，前瞻布局灭活疫苗、重组蛋白疫苗、腺病毒载体疫苗、减毒流感病毒载体疫苗和核酸疫苗五条技术路线，组织跨学科、跨领域的科研团队，科研、临床、防控一线相互协同，产学研各方紧密配合，为制定完善防控策略提供科学依据，为打赢疫情防控阻击战提供了强大的技术支持。

（三）化危为机，树全球安全发展典范

2020 年 4 月开始，境内疫情零星散发，境外疫情加速扩散蔓延。特别是阿尔法、贝塔、伽马、德尔塔、奥密克戎等不断出现的新冠病毒变异株，给全球抗疫带来新挑战，也加大了我国疫情防控压力。面对高位流行的世纪疫情，以习近平同志为核心的党中央审时度势，在危机中育新机、于变局中开新局，带领全国人民率先实现抗疫斗争和经济恢复"两个领先"，为决胜决战脱贫攻坚战，全面建成小康社会注入了强大动力，为世界经济创造了良好的复苏环境，为化解"疫后综合征"树立了安全发展的

典范。

统筹疫情防控与经济发展，牢牢把握发展主动权。统筹防疫与经济发展，本质上就是统筹安全与发展在疫情总体战中的生动体现。党的十九届五中全会首次把统筹发展和安全纳入"十四五"时期我国经济社会发展的指导思想，并列专章作出战略部署，强调要加强国家安全体系和能力建设，筑牢国家安全屏障。发展和安全互为前提和基础，合则兴，离则弱，悖则亡。我们既要善于运用发展成果夯实国家安全实力基础，又要善于塑造有利于经济社会发展的安全环境，努力形成在发展中保安全、在安全中促发展的格局。正如习近平总书记强调"打疫情防控阻击战，实际上也是打后勤保障战"。我国在疫情防控斗争上之所以能够取得显著成效，依靠的正是改革开放40多年积累的强大经济实力。在党中央、国务院统筹部署下，"世界工厂"开足马力，全国抗疫物资源源不断送往一线，打出了保障物资供给的"组合拳"。

在国内疫情缓解后，以习近平同志为核心的党中央深刻把握国内外疫情形势发展变化，确定"外防输入，内防反弹"的防控策略，坚持"动态清零"总方针，作出统筹推进疫情防控和经济社会发展工作的战略部署，加快推动企事业单位有序有力复工复产，也是对统筹发展和安全的生动诠释。2020年3月开始，习近平总书记先后赴武汉、浙江、西安等多个地方考察，为推动全国复工复产提速扩面指明方向，并多次发表重要讲话强调统筹疫情防控与经济发展的重要性。

2020 年 3 月 27 日，习近平总书记在中共中央政治局会议上强调，要在疫情防控常态化条件下加快恢复生产生活秩序，统筹推进疫情防控和经济社会发展工作，力争把疫情造成的损失降到最低限度，努力完成全年经济社会发展目标任务。4 月 8 日，习近平总书记在中共中央政治局常务委员会会议上发表重要讲话时强调，要坚持底线思维，做好较长时间应对外部环境变化的思想准备和工作准备，强调外防输入、内防反弹防控工作绝不能放松。4 月 17 日，习近平总书记强调要坚持稳中求进工作总基调，在稳的基础上积极进取，在常态化疫情防控中全面推进复工复产达产，恢复正常经济社会秩序，培育壮大新的增长点增长极，牢牢把握发展主动权。在党中央的坚强领导下，全国各地多措并举，从"适时启动"到"积极破解"难点、堵点，再到"全面推进"，常态化疫情防控下精准有序推动复工复产取得显著成效。截至 2020 年 4 月 14 日，全国规模以上工业企业平均开工率已达 99%，人员复岗率达到 94%。

承压前行，以强韧增长领跑全球经济复苏。新冠病毒感染疫情使全球经济遭遇了前所未有的突然刹车和剧烈震荡，陷入二战结束以来最严重的衰退。据 2021 年 10 月国际货币基金组织发布的《世界经济展望报告》，2020 年世界经济同比深度下滑 3.1%。其中发达经济体下滑 4.5%，新兴市场和发展中经济体下滑 2.1%。根据国际货币基金组织全球债务数据，受疫情和全球经济衰退影响，2020 年全球债务规模达到创纪录的 226 万亿美元，成为自二战以来全球债务增加最多的一年。在疫情冲击下，全球价值链脆弱性进一步暴露、全球贸易和投资需求萎缩、全球失业率居高不下、全球通货膨胀"高烧不退"，非洲粮食危机愈演愈烈，多国面临"疫后综合征"挑战，经济复苏日益分化。

面对严峻恶劣的外部环境，习近平总书记亲自谋划部署，推动构建以国内大循环为主体、国内国际双循环相互促进的新发展格局，有力化解了外部冲击和外需收缩带来的影响，保证了我国经济基本正常运行和社会大局总体稳定，确保第二个百年奋斗目标顺利实现，取得"十四五"良好开局。在经济复苏放缓成为全球普遍现象的情况下，中国经济经受住压力测试，长期向好的基本面没有改变，展现强大韧性。2021 年，我国供需端复苏整体比较均衡，经济总量规模和人均水平持续提高。国内生产总值超 114 万亿元，稳居世界第二，比上年增长 8.1%，增速领先全球主要经济体，成为疫情冲击下世界经济重要引擎。人均国内生产总值突破 1.2 万美元。新增就业 1269 万人，超额完成全年目标。国家综合国力、社会生产力、人民生活水平进一步提升。

（四）命运与共，统筹自身和共同安全

疫情没有国界，各国安危与共、唇齿相依。坚持共同、综合、合作、可持续的全球安全观，是总体国家安全观的重要内容，也

是推动构建人类命运共同体的根本要求。正如习近平主席在 2022 年世界经济论坛视频会议上发表重要讲话所强调的，在全球性危机的惊涛骇浪里，各国不是乘坐在 190 多条小船上，而是乘坐在一条命运与共的大船上。小船经不起风浪，巨舰才能顶住惊涛骇浪。坚定信心、同舟共济，是战胜疫情的唯一正确道路。

以人类命运共同体和人类卫生健康共同体理念倡导国际抗疫合作。中国防控疫情注重内外统筹，坚持"内防扩散、外防输入"，对外高举"构建人类命运共同体"的大旗，推动国际防疫合作和全球公共卫生治理朝着互利互惠、共同安全的目标相向而行。一方面，习近平总书记胸怀天下，身体力行，与多国领导人对话沟通、相互支持，不断传递出团结一致、共同抗"疫"的正能量，彰显"家国情怀"和"天下担当"的大国领袖形象。疫情暴发以来，习近平主席先后出席二十国集团领导人应对新冠病毒感染特别峰会、第 73 届世界卫生大会、联合国成立 75 周年系列高级别会议、金砖国家领导人会晤、亚太经合组织领导人非正式会议、二十国集团领导人峰会、全球健康峰会等十余场多边峰会，从为人类谋健康、为世界谋发展的高度，深刻阐述人类卫生健康共同体理念，并提出一系列国际抗疫合作举措，极大地鼓舞了国际社会抗击疫情的信心和决心，为推动全球战"疫"和全球卫生治理体系变革指明了方向。

另一方面，在党中央的领导下，中国举全国之力，采取最全面、最严格、最彻底的防控举措，全力维护本国人民和别国在华人员的生命安全和身体健康，以自身抗"疫"的重大进展力挽狂澜，坚持公开、透明、负责任，积极主动同世卫组织和国际社会开展合作和信息交流，为阻击疫情全球蔓延争取了宝贵时间，为各国防控积累了宝贵经验。中国秉持人类命运共同体理念，坚持以全球安全观推动国际合作，在埃塞俄比亚首都亚的斯亚贝巴提前开工建设非洲疾控中心总部，用实际行动共建中非卫生健康共同体；深入参与全球生物安全治理，引导各国科学家达成《科学家生物安全行为准则天津指南》；中俄携手推动国际生物军控进程；坚持多边主义，主导办好《生物多样性公约》第十五次缔约方大会，促成制定"2020 年后全球生物多样性框架"，为解决全球生物安全治理赤字贡献中国智慧、提出中国方案。

开展新中国历史上规模最大的全球人道行动。新冠病毒感染疫情给世界带来严峻挑战，习近平总书记以非凡的政治勇气和政治智慧，领导开展了新中国成立以来援助时间最长、涉及范围最广的紧急人道主义救援行动，为国际社会共同抗击新冠病毒感染疫情提供了巨大支持和坚强保障。

一是坚守公平正义，推进疫苗公平分配。习近平总书记多次强调，我们将履行承诺，向其他发展中国家提供帮助和支持，努力让疫苗成为各国人民用得上、用得起的公共产品。在美欧多国超量囤积疫苗、大搞"疫苗民族主义"背景下，中国全面落实全球疫苗合作行动倡议，始终站在国际抗疫合作的"第一方阵"，秉持疫苗公共产品的"第一属性"，担当疫苗公平分配的"第一梯队"，为破解全球疫苗"分配赤字"、弥合各国尤其是贫困落后国家"免疫鸿沟"贡献中国力量。截至 2021 年 1 月 20 日，中国已向 120 多个国家和国际组织提供超过 20 亿剂疫苗，占中国以外全球疫苗使用总量的 1/3，成为对外提供疫苗最多的国家。中国新冠疫苗作为全球公共产品，安全性、有效性受到广泛认可。为更大力度缓解全球疫苗供应紧张局面，中国坚持"授人以鱼"，也"授人以渔"，在 15 个国家已经或正在建设疫苗原液灌装基地，打造当地疫苗生产中心，积极支持对广大发展中国家豁免新冠疫苗知识产权，为疫苗在广大发展中国家的可及性和可负担性作出重要贡献。此外，中国发起了 31 国参与的"一带一路"疫苗合作伙伴关系倡议，召开疫苗合作国际论坛，推动国际社会与疫苗企业搭建合作机制。

二是不遗余力，助力全球抗疫，展现中国抗疫效率与速度。面对多国防疫物资短缺问题，中国积极行动，向国际社会提供所需物资。当德尔塔变异病毒导致南亚、东南亚地区国家疫情大幅反弹之际，中国及时启动周边"抗疫紧急支持计划"，克服了货源紧缺、生产排期等紧张因素，协调各方紧急向尼泊尔、阿富汗、老挝、柬埔寨、缅甸、斯里兰卡多国提供各类救急物资。在奥密克戎毒株在非洲南部出现引发全球紧张之际，中国于 2021 年 11 月底宣布再向非洲地区提供 10 亿剂疫苗，至此中方向非洲提供的疫苗几乎覆盖了所有非洲国家。截至 2021 年 11 月初，累计向 150 多个国家和 13 个国际组织提供约 3500 亿只口罩、超过

40亿件防护服、超过60亿人份核酸检测试剂、氧气瓶、检测设备等，向34个国家派出37支专家组，组织开展了近千场技术指导，向国际组织提供现汇援助，包括向世界卫生组织以及联合国和其他相关国际组织提供了总计1亿美元的援款，赢得国际社会的广泛赞誉。

从一衣带水的亚洲近邻，到远隔重洋的南美大陆，中国积极开展捐赠疫苗、技术转让、合作生产、交流培训等，有力地维护国际团结抗疫大局。中国及时、高效的抗疫援助，也为相关国家保障民众生命安全、降低财产损失发挥了重要作用，有力策应了国内"外防输入、内防反弹"大局，促进了中国同大多数国家的友好关系，彰显负责任大国的道义坚守和使命担当。与之相对，中国不断推动疫情防控国际合作，努力的同时，某些西方国家不屑一顾，大张旗鼓采取"躺平式"抗疫，坐等"群体免疫"，炒作中外抗疫模式之争，抹黑攻击中国坚持人民至上、坚持动态清零的抗疫理念，非但对抗疫不力、输出病毒不思悔改，还借疫情泛化生物安全议题，操纵"实验室泄漏论"，企图通过议案炮制、证据搜集、舆论动员、法律准备和国际联动等方式，针对他国大搞情报战、舆论战、政治战，围绕病毒溯源、疫苗研发和推广分发、生物医药产业重塑的国际斗争已被打上地缘政治的烙印，其甩锅脱责动机险恶、手段卑劣、违逆人心，必将自吞苦果。

三、中美贸易战

　　中国是世界上最大的发展中国家，美国是世界上最大的发达国家。中美两国建交以来，双边经贸关系持续发展，利益交汇点不断增多，形成了紧密合作关系。特别是进入21世纪以来，在经济全球化快速发展过程中，中美拓展深化经贸合作，形成了结构高度互补、利益深度交融的互利共赢经贸关系，成为两国关系的"压舱石"。特朗普执政以来，在"美国优先"的旗帜下，美国单方面挑起了中美经贸摩擦，试图采取极限施压方法将自身利益诉求强加于中国。中国从维护两国共同利益和世界贸易秩序大局出发，同美国开展多轮对话磋商，提出务实解决方案，为稳定双边经贸关系作出了艰苦努力。然而，美国出尔反尔、不断发难，导致中美经贸摩擦在短时间内持续升级，使两国政府和人民多年努力培养起来的中美经贸关系受到极大损害，也使多边贸易体制和自由贸易原则遭遇严重威胁。在以习近平同志为核心的党中央坚强领导下，我们坚持总体国家安全观，发扬不信邪、不怕鬼的精神，敢于斗争、善于斗争，顶住了贸易战的疾风骤雨，继续保持稳定强劲的发展势头，在对美战略较量中有力地维护了国家安全和发展利益，塑造和延长了我国发展的战略机遇期，积累和丰富了我们"统筹发展和安全"的经验，增强了我们坚定不移走中国特色国家安全道路的底气和信心。

（一）以斗争精神反制美贸易霸凌主义

冷战结束后，中美两国在经贸合作上增长迅速，两国从建交时的双边贸易额不足 25 亿美元增长至 2022 年的 7500 亿美元，双边投资额超过 2400 亿美元，双方都从经贸合作中获取了实实在在的利益，互利共赢的经贸关系成为中美关系的最大"压舱石"和"稳定器"，中美两国已互为对方最大贸易伙伴，两国在经济上形成了深度的相互依赖。然而，特朗普上台后，在"美国优先"的政策理念之下，炮制出了"美国吃亏论"，将国内问题国际化，将贸易问题政治化，试图通过指责他国掩盖自身发展中存在的各类问题，将矛盾转嫁、将祸水外引。特朗普将美国自身经济发展的一系列问题都归咎于外部对美国的"经济侵略"和新自由主义的经济政策，旗帜鲜明地反全球化、反自由贸易，将经济安全提升到美国国家安全的核心位置。更为荒谬的是，特朗普政府无视中美经济结构、发展阶段特点和国际产业分工现实，歪曲解读美国对华贸易逆差，通过发布对华《301 调查报告》等方式，对中国作出"经济侵略""不公平贸易""盗窃知识产权""国家资本主义"等一系列污名化指责，严重歪曲了中美经贸关系的事实，单方面挑起了中美贸易战。从 2018 年 3 月美国公布《301 调查报告》到 2020 年 1 月 15 日中美达成第一阶段协议，中美贸易战持续升级，并向其他领域拓展。以关税为例，美国对华关税水平不断提高，根据美方的一个统计，到第一阶段协议达成，美国对华输美产品的关税平均水平已经达到21%，是贸易战前的 7 倍。第一阶段协议达成后，特朗普仍然通过取消中国在世界贸易组织的发展中国家优惠待遇、收紧中国企业赴美上市融资渠道、强化对美投资的安全审查以及对多家中国的银行进行制裁等方式在经贸领域向中国持续施压。

在以习近平同志为核心的党中央坚强领导下，我们对美方的一系列无理做法进行了有理有利有节的坚决斗争。中国坚决反对美国政府的贸易保护主义行为，反对根据美国国内法单方面挑起的贸易摩擦和对他国实施"长臂管辖"，反对美国滥用"国家安全审查"阻碍中国企业在美正常投资活动，反对美国将经贸问题政治化的极端做法，坚定支持经济全球化，坚定支持以世界贸易组织为核心的多边贸易体制，坚定促进与其他发达国家和广大发展中国家的互利共赢合作。面对美方高高举起的关税大棒，中方采取了"对等反制"的做法，对美输华商品对等征收关税，并向世贸组织提起诉讼，同时，我们从大局着眼以斗争促谈判，与美方开展了多轮经贸磋商。在整个中美经贸磋商过程中，我方坚持平等、互利、诚信的立场，显示了极大诚意，但美方采取霸凌主义态度，三次出尔反尔，漫天要价，导致磋商严重受挫。

面对美方挑起的经贸摩擦，中方的立场始终明确：贸易战没有赢家，中国不想打，但也不怕打。党中央深知，"面对来自外部的各种围堵、打压、捣乱、颠覆活动，必须发扬不信邪、不怕鬼的精神，同企图颠覆中国共产党领导和我国社会主义制度、企图迟滞甚至阻断中华民族伟大复兴进程的一切势力斗争到底，一味退让只能换来得寸进尺的霸凌，委曲求全只能招致更为屈辱的境况"。中美开展经贸合作是最好的选择，但合作是有原则的。中方谈判的大门始终是敞开的，但谈判必须相互尊重、平等相待。在涉及国家核心利益的问题上，美方得寸进尺，只能得到中方的寸步不让。"莫听穿林打叶声，何妨吟啸且徐行"，长期向好的经济基本面，是我们应对风险挑战的根本支撑；中国制度的独特优势，是我们应对风险挑战的最大底气。中国有强大的经济韧性和广阔的市场空间，有勤劳智慧、众志成城的中国人民，有国际上一切反对保护主义、单边主义和霸权主义的国家支持，我们有信心、有决心、有能力应对各种风险挑战。任何外部因素都不可能阻止中国发展壮大。

这场"贸易战"打下来让特朗普有几个"没想到"：一是没想到中国政府较早地识破了美国发动贸易战的战略意图，进行了积极有效的应对。二是没想到中国经济发展显示出了强大的韧性，中国不是加拿大和墨西哥，在美精心策划的"致命一击"面前挺住了，并未被贸易战打乱我经济转型升级和新一轮改革开放的节奏。三是没想到贸易战打出了中国人民强大的民族凝聚力和中国共产党强大的领导力和战斗力，在极限施压面前，中国既没像曾经的苏联那样走上错误的发展道路，也不像曾经的日、欧那样毫无还手之力，快速"缴械投降"。四是没想到美对中国的贸易霸凌做法在国际上和者寥寥，欧日等美盟友选择与美保持距离，未参与"群殴"，美国国内商界、学界甚至政界在该问题上反而出现了分化。五是没想到即使如此高强度地制造经贸摩擦，中美经贸关系仍然保持着强大的韧性，2020年两国货物贸易额仍然达到5800多亿美元，逆势增长了8.3%。特朗普一系列加征关税的举措不仅没有给美国经济带来利好，反而抬高了美国企业的生产成本、抬升了美国国内物价、影响了美国经济增长和民生。同时，美国一系列霸凌主义的做法损害了多边贸易体制的权威，扰乱了全球产业链供应链，也给全球经济复苏带来了严重阻碍。最终，特朗普在2020年大选中"折戟沉沙"、黯然离场。中国坚持做好自己的事情，坚定不移地深化改革开放，扎实推进共建"一带一路"，经济和对外贸易在美国的"乱拳出击"之下仍然保持着稳步增长态势，在反全球化逆流中牢牢把握住了引领全球化发展的正确方向，敢于"硬碰硬"、直接反击美国霸凌主义也使中国赢得了世界各国的尊重，进一步加速了世界百年变局朝着有利于中国的方向演进。2020年，中国成为全球主要经济体中唯一实现经济正增长的国家，中国的经济总量超过了美国的70%；2021年，中国经济总量超过了欧盟成员国的总和。

（二）以科技自主应对美"卡脖子"威胁

科技安全是国家安全的保障。随着中美经贸摩擦的持续深化，科技领域逐渐成为美在经贸战中对华极限施压的重要战场。美国利用其科技优势对中国实施技术封锁，实行出口管制、投资限制、人员限流，全方位、全手段对中国科技发展进行限制，科技领域"硬脱钩"情况不断发生，成为中美全面战略竞争的缩影。

随着中美贸易战的进行，美国对华技术出口管制和技术投资限制不断加剧。依据《出口管理法》《出口管制条例》和《国际紧急经济权力法》，美要求出口商或用户出口时必须申请许可证，同时严格限制并禁止国外购买。在特朗普政府任内，列入美国出口管制实体清单的大陆个人、组织等实体达到 325 个，包括了军事技术研发、超级计算机、通信、半导体、人工智能、核等多个方面，实体清单成为名副其实的对华技术管制清单。实体清单外，美国增设"军事最终用户清单"，第一次即纳入中国企业 58 家，不断制造对华出口管制新工具。此外，美还对现行出口管制法规进行审查修订。2018 年 8 月，特朗普签署了《2019 财年国防授权法案》，作为其重要组成部分的《出口管制改革法案》提高了对外国控股公司的限制条件，增加了对"新兴和基础技术"的出口控制，建立了跨部门协商机制以提高执法能力。美国对中国技术投资限制不断加剧，美国对其外资审查制度进行了多处修订，特别是出台《外国投资风险审查现代化法》，扩大安全审查计量因素，新增对敏感技术、敏感数据、网络安全等因素的考量，在超强限制下，中国对美电子产品和电器设备、信息和通信技术等领域投资并购出现断崖式下降。

美国在产业链、供应链、价值链上对中国科技企业的"规锁"不断加剧。美国民主共和两党在该问题具有一致立场，希望通过加大投入巩固国防工业基础，确保医疗、稀有矿产、半导体等关键行业领域的自主性，减少对华依赖。特朗普政府尤其重视通过政府采购扶持本国制造业并与华竞争，在特定新兴和关键技术领域产业链中剔除"中国元素"。同时，美欲在未来推行"具体威胁产业链战略"，联合盟友与"志同道合"国家加强产业合作，促使产业链向该地区转移。由此，美打造三层对华"脱钩"的产业战略——将关键产业迁回国内，将一般关键产业迁移向盟友及伙伴国，将传统产业迁往亚太其他地区，既确保可获得性和安全性，也保障一定的经济效率。特朗普政府的核心目标是将中国排挤出美主导的全球产业链高端，削弱中国在全球产业链分工中的重要影响力。

美国通过驱逐、拘捕、拒签等手段切断中美科技人员交流互访，严重干扰和破坏中美科技领域正常交流，其中，出现了中兴、华为、抖音海外版等一系列代表性事件，成为美国对华全面竞争典型案例。例如，2018 年 4 月美商务部发布对中兴通讯出口权限禁令，禁止美国公司向中兴出售零部件、商品、软件和技术，期限为 7 年，制造了"中兴事件"。为了以非常规方式赢得 5G 竞争，2018 年以来特朗普政府对华为的"围剿"更是有过之而无不及。2018 年 8 月，特朗普政府签署《2019 财年国防授权法案》，要求美政府机构禁止从华为购买设备和服务；同时联合加拿大、澳大利亚、新西兰和英国等西方国家对华为实施"联合限制"，拒绝华为 5G 技术和服务入境；12 月，美以莫须有的罪名，指使加拿大政府在温哥华非法拘押了华为公司副董事长、首席财务官孟晚舟。2019 年 5 月，美商务部宣布将华为等关联企业列入出口管制"实体名单"。之后，美国国务卿满世界炒作所谓的"华为技术安全问题"，威胁他国不要使用华为技术。美国假借国家安全的名义，如此动用国家力量打击一家中国民营企业，可谓前所未有，令全世界一片哗然。《美国陷阱》一书中就曾详细介绍过美国如何以扣押人质为手段进行敲诈勒索，强行收购法国工业明珠阿尔斯通公司，特朗普的做法几乎如出一辙。然而，华为没有在这种重压之下屈服，2021 年 9 月，在中国政府的不懈努力下，孟晚舟女士也顺利回国。

大国竞争是综合国力的比拼，归根结底是生产力和科技实力的竞争。当前，中美经济实力的对比，已经到了擦肩而过的关键时刻。特别是新一轮科技革命和产业革命正在孕育兴起，中美同处于新一轮科技革命的前沿。我国在载人航天、深海探测、量子通信、大飞机等方面取得重大成就，证明我们完全有能力在一些领域弯道超车。当前，中美两国在大数据、人工智能等战略新兴产业布局上，存在高度重合、高度竞争的情况，谁能抢占经济科技的制高点，谁就能掌握未来发展的主动权。中美贸易战，美国挑起贸易争端的背后，针对的是中国的高科技和先进制造业，主要目的是防止我们通过经济转型、产业升级走向产业链价值链高端，从而维护美国经济的优势地位。

面对美对华"科技战"带来的外部打压和"低端锁定"的风险，我们把科技创新摆在了国家发展全局的核心位置，着力补足我国基础科学研究短板，重点突破我国在工业母机、高端芯片、基础软硬件、开发平台、基本算法、基础元器件、基础材料等领域的"卡脖子"问题，着力改变核心技术受制于人的局面，同时找准一系列非对称"杀手锏"领域、颠覆性技术领域作为科技创新的主攻方向和突破口，超前规划布局，实施更加开放包容、互惠互利的国际科技合作战略，推动我国科技事业实现了历史性、整体性、格局性重大变化。同时，2019年、2020年我国两次修订《中华人民共和国技术进出口管制条例》，2020年出台实施了

《中华人民共和国出口管制法》，2020年8月28日商务部、科技部调整发布了《中国禁止出口限制出口技术目录》，用立法的方式进一步完善了对美科技博弈的工具箱。此外，我国的科技体制机制现代化也有了更加长远的战略规划与制度保障，党的十九届五中全会进一步明确提出，坚持创新在我国现代化建设全局中的核心地位，把科技自立自强作为国家发展的战略支撑，面向世界科技前沿、面向经济主战场、面向国家重大需求、面向人民生命健康，深入实施科教兴国战略、人才强国战略、创新驱动发展战略，完善国家创新体系，加快建设科技强国。

（三）以总体思维化解美"全政府"施压

伴随着中美贸易战，中美战略博弈也愈演愈烈，贸易战迅速向其他领域蔓延扩展，美国呈现出一种全政府、全社会、全领域一致对华开展"总体战"的态势。

这种"全政府—全社会"遏制中国的战略发生在美国内经济社会矛盾加剧、中国加速走近世界舞台中央、"中国道路""中国模式"影响力显著增强的大背景下，其背后隐藏着美国对自身制度和价值理念愈发不自信的一面。从美国2001年遭受恐袭所造成的安全危机，到2008年次贷危机触发的经济危机，再到2016年特朗普当选引发的深度社会撕裂和持续深化的政治危机，美国的危机是全方位的、系统性的，且问题直指资本主义制度、美式民主制度的内核。面对中国之治和美国之乱形成的鲜明对比，"中国崩溃论"崩溃了，"历史终结论"终结了，很多国家开始抛弃对美西方民主价值观的迷信和盲从，转而热切学习中国发展经验。美西方更加坚信，中国道路的成功会挑战西方宣称的"终极制度模式"，冲击一直以来西方的制度优越感、文明优越感乃至种族优越感，这从深层次上触发了美国乃至整个西方的集体焦虑。

特朗普迎合并利用了国内的这种焦虑情绪，尝试将持续深化的国内危机"祸水外引"，其"反传统""不择手段"的个性加剧了中美博弈的烈度，政府各种国家安全工具齐上阵——从关税、投资审查、出口管制到炮制"印太战略"、炒作"锐实力"、推动所谓"自由航行行动"、否认中国"市场经济地位"、渲染"债务陷阱论"等，无所不用其极。2020年5月白宫发布《美国对华战略方针》之后，美国对华"总体战"态势进一步加强。美国务卿、防长、国安顾问、司法部长、联调局长等高官轮番登场，有计划、有步骤发表系列反华演讲；特朗普渲染"中国病毒"，扬言对华用强，两党候选人均热炒中国议题，竞相对华"比狠"；国会推波助澜，反华议案不断，诸多对华强硬的成法框定了中美对抗的大方向；抓学者、关领馆等极端做法接连上演。美对华遏制打压全方位、全领域、全覆盖。从经贸延伸至科技、金融、人文，升级到外交、安全、政治，"台湾牌""香港牌""新疆牌""西藏牌""南海牌""人权牌"悉数打出，全面冲击中国国家安全利益和外交战略全局。

面对美国来势汹汹的"总体战",我们在总体国家安全观的指引下,敢于斗争、善于斗争,牢牢掌握着对美战略博弈的主动权,突出做到了以下三点:

一是坚持系统思维、保持战略定力,坚持发展自己才是硬道理,以中国之治应对西方之乱和世界之变。面对来势汹汹的遏制打压,我们始终保持"千磨万击还坚劲,任尔东西南北风"的定力,保持"两岸猿声啼不住,轻舟已过万重山"的从容。在中美贸易战的过程中,我们始终坚持"你打你的,我打我的",以有理有利有节的方式坚决同美国作斗争,保持着自身的发展节奏,没有被美国眼花缭乱的动作带乱步伐。我们全力推动新一轮改革开放进程,构建陆海内外联动,东西双向互济更加均衡、安全的开放格局,继续为建设开放型世界经济提供助力。同时,着眼后疫情时代经济发展新态势,把握科技革命、产业链调整新趋势,培育新科技、新产业、新业态,抢占新的发展前沿和科技制高点,不断完善中国更加高端、安全的发展布局。美国的贸易霸凌主义不仅没有让中国低头,反而成为了我们凝聚人心、改革攻坚的动力,全国各族人民更加紧密地团结在以习近平同志为核心的党中央周围,更加坚定"四个自信"、做到"两个维护",全面落实党中央各项方针政策,维护我国稳定发展大局,推进国家治理体系和治理能力现代化,以中国之治彰显中国之制,不断提升自身的软硬实力。

二是坚持底线思维、加强塑造引领，准确识变、科学应变、主动求变，把防范化解重大风险隐患放在突出位置，更加注重塑造于我有利的外部环境。坚持底线思维，是我们党的重要思想方法、工作方法、领导方法。面对中美战略博弈愈演愈烈的复杂形势，习近平总书记多次强调："我们现在所处的，是一个船到中流浪更急、人到半山路更陡的时候，是一个愈进遇难、愈进愈险而又不进则退、非进不可的时候"，"现在，外部环境复杂、风险挑战严峻、不稳定不确定因素明显增多"，"甚至会遇到难以想象的惊涛骇浪"。我们始终坚持底线思维，积极做好较长时间应对外部安全环境变化的思想准备和工作准备，强调对潜在风险的科学预判，强调"善于从眼前的危机、眼前的困难中捕捉和创造机遇"，强调"不断提高风险预见、预判能力，力争把可能带来重大风险的隐患发现和处置于萌芽状态"。在对美博弈的过程中，我们坚持"知彼知己、防患未然"，在做好防范化解重大风险的各种预案、不断补足自身政策漏洞和短板的同时，更加重视统筹发展和安全，努力将不断上升的综合实力转化为国际影响力和实实在在的"战略工具"。在涉及资源、能源、科技、金融、产业链、运输通道、规则标准等确保我国经济可持续发展的重大安全问题上，我们不断加强前瞻性海外布局和战略投入，积极拓展我们在网络、深海、太空、极地等"新疆域"的利益空间，抢抓相关安全规则与标准的制定权。

三是秉持共同、综合、合作、可持续的全球安全观，统筹自身安全和共同安全，引领人类命运共同体的构建，牢牢占据着国际道义制高点。国际社会对中美战略博弈高度关注，普遍期望两国关系健康稳定，中国发展也离不开与世界各国的健康交往；面对错综复杂的国际安全威胁，任何国家都不能独善其身，合作安全、集体安全、共同安全才是解决问题的正确选择。我们坚定不移地走和平发展道路，积极构建新型国际关系和人类命运共同体，不断加强国际合作，坚持多边主义，扩展合作视野，扩大"朋友圈"，持续为世界百年未有之大变局注入稳定和建设性的力量。我们积极推进"一带一路"倡议，拓展务实合作，加强与俄罗斯、欧洲、中东、非洲、拉美等国家和地区的合作伙伴关系，不断加快海外利益和全球支点国家的布局调整。在中美博弈大背景下，睦邻安邻的形势和任务日趋紧迫。我们牢牢树立"大周边、大安全"的理念，以发展合作撬动安全合作，用发展倡议破解安全难题，用非传统安全合作带动传统安全治理，通过进一步畅通周边经济循环体系，筑牢中国与周边国家的命运共同体意识。同时，我们进一步加强了自身对外传播能力建设，更加注重讲好中国统筹发展和安全的故事，深刻阐述中国经济持续发展、社会长期稳定这"两大奇迹"的原因，在坚定维护国家尊严和负责任大国形象的同时，深刻阐述中美战略博弈的本质，使世界人民更加了解中国的立场、态度和原则，了解美国抹黑造谣中国的事实。针对美国"基于单极霸权的多边主义""以西方价值为内核、排他性的多边主义""以遏制对手为目标、强迫他国选边站

队的多边主义""合则用、不合则弃的有选择的多边主义",中国
积极倡导真正的多边主义——"推动多极化的多边主义""团结
广大发展中国家的开放包容的多边主义""促进全球治理合作而
非加剧世界分裂的多边主义""基于《联合国宪章》原则的稳定
可持续的多边主义",我们坚定地支持联合国等国际机制发挥作
用,在国际交往规则制定和国家间互动中更多争取发展中国家利
益和话语权,制约美国在权力、制度和观念上的"霸权",持续
推动全球治理体系向着更加公平、更加开放的方向发展,与广大
发展中国家一起推动百年变局下国际政治经济新秩序的构建,进
一步彰显了中国的大国责任,提升了大国形象。

四、香港保卫战

香港回归祖国后,"一国两制"实践取得举世公认的成功。
但受复杂因素影响,香港爆发"修例风波",形势一度非常严峻。
习近平总书记总揽全局、审时度势,从坚定维护国家主权、安
全、发展利益的战略高度,领导全党全军全国人民打响香港保卫
战,出台了一系列标本兼治的重大举措,开创了香港维护国家安
全工作的新局面,巩固了中央对香港特别行政区的全面管治权,
推动了香港局势实现由乱到治、由治及兴的重大转折,有力捍卫

了国家、特别是香港特别行政区的政治安全，取得显著成就。在这场香港保卫战中，习近平新时代中国特色社会主义思想特别是总体国家安全观，展现出巨大的理论引领力，为护航"一国两制"行稳致远提供了强大的思想武器。

（一）港版"颜色革命"祸害无穷

近年来，反中乱港势力连续发动以夺取香港管治权为目标的港版"颜色革命"。香港社会历史上长期存在一股持"反共拒中"立场、抗拒回归的敌对势力。回归后这股势力不仅未自行收手，反而利用香港宽松的政治环境不断滋长，危害社会安定。2003年第23条立法受挫、政制发展多次受阻，显示这股势力已成为阻碍"一国两制"在港实践的主要力量。特别是最近几年，反中乱港势力连续在港发动港版"颜色革命"，挑战我对港政策底线。2014年，美英等外部势力和香港反对派发起非法"占领中环运动"（西媒吹捧为"雨伞革命"），妄图通过占领中环等交通要道迫使政府在政改上让步。在以习近平同志为核心的党中央的坚强领导下，特区政府和建制阵营通过79天的斗争，最终实现清场，取得"反占领"斗争的胜利。2019年，反中乱港势力阻挠特区政府修订《逃犯条例》掀起"修例风波"，发动更大规模的港版"颜色革命"：在体制内，反对派议员在立法会内恶意"拉布"、制造流会，千方百计阻挠立法会正常运转和审议条例草案，在体制内展开"揽炒"式夺权；在街头，一些激进组织和个人开展各种"黑暴"活动，鼓吹"港独"，妄图使香港"变天"，如阻塞交通、打砸地铁商铺、围堵机场、四处纵火、暴力对抗警方执法，甚至对普通市民擅用"私刑""火烧活人"等。一些极端分子还私藏、制造枪支弹药，在公开场合放置爆炸物，呈现出恐怖主义犯罪倾向。性质更为严重的是，反中乱港势力还公然鼓吹"港独""自决""公投""广场立宪"等主张，公开侮辱和焚烧国旗、污损国徽，冲击中央驻港机构和香港立法会等政权机构，歧视和排挤内地在港人员。美英等外国势力和"台独"势力赤裸裸地干预香港事务，通过立法、行政、舆论、非政府组织等多种方式插手和捣乱，向反对派及"港独"势力提供资金、物资、培训，为其撑腰打气，提供保护伞。这些行为和活动不仅严重损害香港社会稳定和经济繁荣、践踏法治，而且严重挑战"一国两制"原则底线，严重危害国家主权、安全、发展利益，使香港出现了回归以来最为严峻的局面。

香港近些年来形势变得越来越严峻，既有历史原因，也有现实原因，既有内部原因，也有外部原因，为多重因素综合所致。

从历史来看，受英国长期殖民统治的影响，尽管香港已回归20多年，仍有部分市民人心尚未回归。美国等外部势力为长期保持自身对香港的影响力，也积极在港培养扶植"代理人"，即所谓的"民主派"，把他们作为回归后影响香港政局、维护其在港利益的棋子。这些"民主派"打着"民主""人权"旗号，挟持民意，在回归前抵制回归，在回归后破坏"一国两制"的实施，成为反中乱港势力的核心力量。

从现实来看，香港社会存在许多深层次矛盾长期得不到解决，导致民怨累积。香港经济民生问题十分突出，如房价过高、医疗资源不足、贫富差距过大、经济发展乏力、社会流动性基本停滞等问题。根据香港美联物业 2021 年 12 月 30 日数据，2021 年香港平均房价每平方英尺 16041 港元（折合人民币每平方米 14.2 万元），连续 11 年位于全球楼价"最严重难以负担城市"之列。香港的贫富差距问题也十分严重。据特区政府《2020 年香港贫穷情况报告》，2020 年香港贫穷人口达 165.3 万人，贫穷率高达 23.6%，创十年新高。其中进出口贸易、批发及零售业雇员实质工资下跌 4.9%，运输业实质工资下跌 8.39%，甚至不如 1999 年水平。这些数据显示，尽管香港回归以来经济有所发展，但市民收入并未随着经济增长同步提升，不同行业差距甚大，社会中存在一定的怨气。

从内部来看，香港特别行政区维护国家安全的法律制度和执行机制存在不健全、不适应、不符合现实要求的"短板"。一方面，香港基本法明确规定的第 23 条立法被长期搁置。香港基本法第 23 条规定："香港特别行政区应自行立法禁止任何叛国、分裂国家、煽动叛乱、颠覆中央人民政府及窃取国家机密的行为，禁止外国的政治性组织或团体在香港特别行政区进行政治活动，禁止香港特别行政区的政治性组织或团体与外国的政治性组织或团体建立联系。"这一规定明确了香港特别行政区负有维护国家安全的宪制责任和立法义务。但回归 20 多年来，由于反中乱港势力和外部敌对势力的阻挠，第 23 条立法被严重污名化、妖魔化，香港特别行政区一直没有完成第 23 条立法这一宪制任务。另一方面，香港特别行政区现行法律中维护国家安全的有关规定长期处于"休眠"状态，难以有效执行。此外，香港特别行政区在维护国家安全的机构设置、力量配备和执法权力等方面存在明显缺失，有关执法工作需要加强。香港社会普遍需要增强维护国家安全的意识。总的来说，香港特别行政区在国家安全领域长期处于"不设防"状态，导致危害国家安全的各种活动愈演愈烈。保持香港长期繁荣稳定、维护国家安全面临着不容忽视的风险。

从外部来看，美国等反华势力谋划"以港制华"，大打"香港牌"，成为影响我政治安全和香港繁荣稳定最大的现实威胁。美英等国在香港回归后持续操纵本地反中乱港势力，干扰"一国两制"在港顺利实施。近年来，随着世界百年未有之大变局加速演进，以美为首的外部敌对势力牵制、遏制中国发展的行径愈演愈烈。美国操纵反中乱港势力在香港发动非法"占中"、插手"修例风波"，多次煽动港版"颜色革命"，与我争夺对香港的管治权，并以香港为"桥头堡"，向内地渗透，妄图通过搞乱香港来遏制中国发展、打断我民族复兴进程，用心极其险恶。

总之，香港乱局反映出香港特别行政区维护国家安全工作在政治、经济、社会、文化等领域均面临严峻挑战，政治安全风险特别突出，已严重影响"一国两制"的顺利实施。

（二）以政治安全为根本塑造香港新局

香港"修例风波"发生后，以习近平同志为核心的党中央审时度势，果断决策，推出一系列标本兼治的重大举措，加大了对香港政治生态的塑造，解决了香港回归以来许多长期想解决而没有解决的难题，办成了许多过去想办而没有办的大事，成功挫败了反中乱港势力发动港版"颜色革命"的图谋，开创了新时代香港特别行政区维护国家安全工作的新局面，实现了香港局势由乱到治的伟大转折。

改革完善领导体制，强化党中央对港澳工作的全面领导。习近平总书记指出："要坚持党对国家安全工作的绝对领导，实施更为有力的统领和协调。"国家安全属于中央事权，中央对香港特别行政区有关的国家安全事务负有根本责任。面对 2019 年"修例风波"的严峻局势，党中央果断决策，决定成立中央港澳工作领导小组，加强党对港澳工作的领导。2020 年 2 月，国务院调整港澳办人事安排，全国政协副主席夏宝龙兼任港澳办主任，原主任张晓明改任分管日常工作的副主任，香港中联办主任和澳门中联办主任同时兼任港澳办副主任，理顺了中央港澳工作部门之间的关系。香港国安法实施后，香港特别行政区成立以行政长官为主席的香港特别行政区维护国家安全委员会（简称香港国安委），负责香港特别行政区维护国家安全事务，承担维护国家安全的主要责任，并接受中央人民政府的监督和问责。中央人民政府指派香港中联办主任为香港国安委顾问，列席香港国安委会议。这些重大改革举措加强了中央对港澳工作的集中统一领导，提升了工作层级，强化了顶层设计，完善了决策机制，强化了资源配置，统合、理顺了港澳工作系统相关关系，保证中央决策得到全面、准确、有效贯彻落实。

坚持依法维护国家安全，建立建全香港特别行政区维护国家安全的法律制度和执行机制，堵塞法律漏洞和制度漏洞。习近平总书记指出，"国家安全是安邦定国的重要基石"，强调要健全国家安全体系，加强国家安全法治保障，提高防范和抵御安全风险能力。针对"修例风波"暴露出香港维护国家安全"无法可依"问题，2020年5—6月，全国人大在32天时间内以"决定+立法"的方式制定香港国安法，列入香港基本法附件三并公布实施。香港国安法主要惩治分裂国家、颠覆国家政权、恐怖活动和勾结外国或者境外势力危害国家安全等四类严重危害国家安全的犯罪行为，对香港特别行政区维护国家安全制度机制作出了法律化、规范化、明晰化的具体安排，不仅充分体现包括香港同胞在内的全国人民的共同意志，而且充分考虑两种制度差异和香港具体情况，有力维护香港特别行政区的宪制秩序、法治秩序，防范和遏制外来干涉，维护了国家安全和社会稳定。特别是中央政府在香港设立驻港国安公署，依法履行维护国家安全职责，行使相关权力，意义十分重大。香港国安法的颁布实施，是回归以来中央完善"一国两制"实践的最重大举措，从根本上堵住了香港维护国家安全制度方面的漏洞，终结了香港维护国家安全"不设防"的历史，斩断了内外敌对势力危害国家安全的"黑手"，有力维护了宪法和基本法确立的香港特别行政区宪制秩序，成为香港化危为机、由乱到治的重要转折点，为香港长期繁荣稳定提供了坚实的法治保障。

堵塞香港特别行政区选举制度漏洞。政治安全是国家安全的根本。习近平总书记一直从维护政治安全的战略高度谋划、推进港澳工作。在2017年庆祝香港回归祖国20周年大会上，习近平主席指出要"准确把握'一国'与'两制'的关系"，强调"一国"是根，根深才能叶茂；"一国"是本，本固才能枝荣。并指出任何危害国家主权安全、挑战中央权力和香港特别行政区基本法权威、利用香港对内地进行渗透破坏的活动，都是对底线的触碰，都是绝不能允许的。在谈到"一国两制"在香港的实践遇到一些新情况新问题时，习近平主席更明确指出"香港维护国家主权、安全、发展利益的制度还需完善，对国家历史、民族文化的教育宣传有待加强"。香港出现"修例风波"后，习近平主席2019年11月在参加巴西金砖国家领导人峰会时明确指出，止暴制乱、恢复秩序是香港当前最紧迫的任务，为稳定香港局势指明了方向和路径。习近平总书记在思考和总结"一国两制"实践经验时，进一步从筑牢"一国两制"社会政治基础的高度出发，提出"始终坚持'爱国者治港（澳）'原则"的指导思想，并指出重在"落实"。习近平主席在听取香港特别行政区行政长官林郑月娥 2020 年度述职时指出，香港由乱及治的重大转折，再次昭示了一个深刻道理：要确保"一国两制"实践行稳致远，必须始终坚持"爱国者治港"。为筑牢香港特别行政区实践"一国两制"的社会政治基础，全国人大常委会 2020 年 11 月就香港立法会议员资格问题作出决定，香港特别行政区政府据此依法取消立法会部分反中乱港分子的议员资格。2021 年 3 月，全国人民代表大会又以"决定 + 修法"的方式，对香港特别行政区行政长官和立法会的产生办法作出系统性修改和完善，构建起一整套符合"爱国者治港"原则和香港实际情况、具有香港特色的民主选举制度；香港特别行政区随后以"本地立法"的方式颁布实施，共同完成选举制度修订。香港完善新选举制度，彻底扭转了过去对港工作"以选举为中心""被选举牵着鼻子走"的被动局面，在保证香港各类选举公正、公平、公开的同时，切实有效阻止反中乱港分子、国际反华势力的政治代理人通过选举进入特区政府管治架构，是回归以来中央政府完善"一国两制"的又一重大举措，对确保香港的管治权牢牢掌握在爱国者手中、确保"一国两制"在正确轨道上稳步前行具有重大而深远的意义。

统筹内部安全和外部安全，对内止暴制乱，对外抵制干预，彻底粉碎港版"颜色革命"。总体国家安全观要求"既重视外部安全，又重视内部安全"。香港发生的"修例风波"清楚显示，"一国两制"在港实践面临内外双重挑战：内部有反中乱港分子的捣乱破坏，外部又有美西方反华势力及"台独"势力的干预。为恢复香港的社会稳定，中央政府从内外两个方面统筹香港特别行政区维护国家安全工作，迅速取得对内止暴制乱、对外反制干预的重大胜利。特区政府及其管治团队全面落实香港国安法，迅速建立特别行政区维护国家安全委员会、警队国安处、律政司国家安全检控科等，香港国安法指定法官迅速到位，香港国安法相关实施细则刊宪生效，迅速构建了香港维护国家安全的体制和机制。香港警队敢于执法，拘捕涉嫌违反香港国安法的反中乱港头面人物和黑暴分子，特别是及时抓捕自以为得到美西方庇护就可以无法无天的黎智英、戴耀廷、黄之锋等指标性头目，对香港社会产生极大震动。律政司加大了对违反香港国安法犯罪分子的检控力度。香港各级法院对国安案件的审判也更加坚决。特区政府在传媒、教育等重点领域也开展拨乱反正工作。特区政府还全面推行公职人员宣誓效忠制度，17万公务员的国家安全意识明显提升。这些政策措施的推行，彻底打击了香港反中乱港势力的嚣张气焰，促使香港走上由乱转治的轨道。针对美英等外部势力对香港国安法、新选举制度说三道四，对香港特区政府官员和机构、内地涉港官员施加的无理制裁，全国人大及其常委会、外交部、国务院港澳办等有关部门以及香港特区政府均在第一时间进行坚决回击。全国人大通过《中华人民共和国反外国制裁法》，为反制外国无理制裁提供法律武器。外交部按照"人不犯我，我不犯人；人若犯我，我必犯人"原则，对美欧等国在涉港问题上发挥恶劣影响的个人和实体实施对等制裁；还发布《美国干预香港事务、支援反中乱港势力事实清单》，向国际社会昭告"修例风波"以来美国干预香港事务、插手中国内政的种种劣迹，揭露美国大力扶植反中乱港势力搞垮香港，否定"一国两制"，进而迟滞或阻断中华民族伟大复兴、推行强权政治的险恶用心。驻港国家安全公署依法履职尽责，成为香港特别行政区维护国家安全的重要支柱。香港中联办、外交部驻港特派员公署和驻港部队为香港国安法实施发挥了重要作用。特别行政区政府针对内外敌对势力抹黑攻击主动发声，驳斥谬论，释疑解惑，发出捍卫国家安全的正义之声。总之，中央政府、特区政府和爱国爱港阵营相互协调、相互配合，既敢与黑暴分子作斗争，又敢于抓幕后黑手，在维护香港国际金融中心重要地位的同时，采取措施有效化解美西方反华势力所施加的各种制裁，最终取得止暴制乱、恢复秩序的胜利。

统筹发展与安全，推进粤港澳大湾区建设，为香港繁荣稳定擘画蓝图。习近平总书记指出，贯彻落实总体国家安全观，必须"既重视发展问题，又重视安全问题，发展是安全的基础，安全是发展的条件"。粤港澳大湾区存在"两种社会制度，三个独立关税区，三种货币"，能否融合发展不仅事关港澳的安定与繁荣，而且关系到"国内国际双循环"发展战略的实施。习近平总书记以马克思主义政治家、思想家、战略家的远见卓识，亲自谋划、亲自部署、亲自推动"粤港澳大湾区建设"国家发展战略，致力于将粤港澳大湾区打造成国际一流湾区和世界级城市群，为港澳及珠三角地区的长远发展提供源源不断的动力。党的十八大以来，习近平总书记多次到粤港澳大湾区考察调研，为粤港澳大湾区发展领航掌舵，把脉定向。尽管反中乱港势力不愿看到香港融入国家发展大局，极力阻挠大湾区建设的推进，但在党中央的坚强领导下，香港特区政府排除干扰，全力推进、完成港珠澳大桥、深港高铁"一地两检"等重大项目，为大湾区的互联互通打下坚实基础。香港国安法颁布实施后，反中乱港势力土崩瓦解，香港扫平了政治干扰，迎来了融入国家发展大局的最好时机。2021年9月，国务院印发《全面深化前海深港现代服务业合作区改革开放方案》，深化前海与港澳服务贸易自由化，深入推进国家高水平对外开放，提升法律事务对外开放水平，更好参与国际合作。香港借助前海开发开放全面提速的重大机遇，逐步成为国内大循环的"参与者"和国际循环的"促成者"，为经济长期繁荣稳定注入新动力。建设粤港澳大湾区，是丰富"一国两制"实践的重大创举，是进一步深化改革、扩大开放的有力举措，有利于支持和推动香港、澳门更好融入国家发展大局，夯实和巩固国家安全。

（三）香港由乱转治谱写"一国两制"新篇

在总体国家安全观的指导下，香港维护国家安全形势焕然一新。香港国安法落地生威，维护国家安全工作犁庭扫穴，反中乱港势力得到惩处，外部干预黑手被斩断，香港选委会、立法会等重大选举顺利举行，开启了香港由乱及治、由治及兴的新时代。

香港国安法落地生威，政治安全得到有力保障。香港国安法的颁布和实施，一举扭转香港乱局，实现了重大转折。其一，反中乱港势力受到沉重打击，社会秩序恢复安宁。一些乱港头目和骨干分子在国安定法的震慑下，或"割席"自保，或退出政坛，不再张狂；"香港众志""香港民族党""香港工党""港支联"等反中乱港组织纷纷作鸟兽散，解散的解散、退群的退群、撤离的撤离；一些"港独"分子潜逃海外，走上穷途末路。香港告别动荡不安的局面，市民可以安心出行，商铺可以安心营业，孩子可以安心上学，社会秩序逐步恢复，香港国安法发挥了立竿见影的成效。

其二，特区管治恢复正常，香港法治重拾尊严。据香港警方披露，截至 2021 年底，警方国安处已拘捕 162 人，其中逾百人已被落案检控。一些具有标志性国安案件得到审判。如香港国安法首案主犯唐英杰被判煽动他人分裂国家罪和恐怖活动罪并监禁 9 年，成为具有标志性意义的典型案例；香港警方拘捕反中乱港

势力组织的"35+初选案"50余人，其中47人被特区政府律政司以"串谋颠覆国家政权罪"起诉；黎智英等指望美英庇护的乱港头目被依法检控、监禁；《苹果日报》、"立场新闻"等反动传媒停刊。香港国安法的实施使乱港分子的法律责任得到追究，有力维护了行政长官和特区政府的施政权威，令特区政府可以集中精力防控疫情、发展经济、改善民生；立法会同特区政府开展良性互动；司法机关运作重回正轨，香港特别行政区的政治秩序恢复正常。

其三，"爱国爱港"正气得到弘扬，港人对"一国两制"认识更加全面准确。长期以来，香港社会对"一国两制"存在不少片面甚至错误认识，各种歪理邪说大行其道，爱国爱港阵营被诬蔑为"保皇派",爱国者被谩骂攻击、网暴"起底"、甚至被殴打"私了",社会风气极不正常。国安法使香港社会思想得以正本清源和拨乱反正。越来越多的市民认识到,"一国"是"两制"的前提和基础,只有国家安全了,香港的繁荣才有保障。不能把维护中央全面管治权与保障特别行政区高度自治权对立起来,更不能以特别行政区高度自治权损害中央全面管治权。只有筑牢"一国"的安全底线,"两制"才有更加充分的活力和空间,广大香港市民的福祉和利益才能得到切实维护,香港才能长期保持繁荣稳定的局面。多数港人支持香港国安法,有民意调查显示,63%的受访者认为香港国安法实施对香港营商环境有正面影响。

顺利完成选委会和立法会等重大选举,香港特色民主迈出坚实步伐。全国人大完善新选举制度后,香港特别行政区先后举行选委会选举(2021年9月19日)和第七届立法会选举(2021年12月19日)。这两场选举落实"爱国者治港"原则,产生全部由爱国者组成的新一届选委会和立法会,将反中乱港分子排除在外,对香港的政制发展具有重要的里程碑意义。国务院新闻办随后发表《"一国两制"下香港的民主发展》白皮书,全面阐释了中央政府支持香港发展符合自身实际情况的民主制度的原则立场。两场重大选举,彰显了新选举制度的进步性和优越性,展现了"一国两制"下香港民主发展的光明前景,开创了香港特色民主新篇章。一方面,两场选举摆脱了困扰香港多年的选举乱象,告别以往候选人之间争吵、抹黑、冲突、撕裂的恶劣选风,树立了相互比政纲、比能力、比承担的理性选举文化，充分体现了选举的广泛代表性、政治包容性、均衡参与性和公平竞争性，成功示范了什么是优质民主、实质民主，对发展符合香港实际情况的民主道路具有重要而深远的意义。另一方面，新组成的立法会也彻底摆脱了以前"揽炒""拉布"的政治泥沼，有利于建立行政立法机关之间的良性互动关系，进一步发挥特区政府行政主导体制的优势，开创香港良政善治的新局面。习近平主席在接见香港特别行政区行政长官林郑月娥 2021 年述职时指出：在新选举制度下，香港特别行政区选举委员会选举和第七届立法会选举先后举行，都取得了成功。广大香港同胞当家作主的民主权利得到体现，"爱国者治港"原则得到落实，社会各阶层各界别广泛、均衡参与的政治格局得到确立。实践证明，新选举制度符合"一国两制"原则，符合香港实际，为确保"一国两制"行稳致远、确保香港长期繁荣稳定提供了制度支撑，是一套好制度。

香港经济金融持续繁荣，民生明显改善，融入国家发展大局步伐加快。香港国安法实施后，"一国两制"没有像西方反华政客所声称的那样"死亡""终结"，反而帮助香港迅速恢复社会秩序，经济金融持续坚挺。与实施前一年相比较，国安法实施后一年内香港新股集资额逾 5000 亿港元，增长约 50%；港股平均每日成交额逾 1600 亿港元，高出约 70%；香港银行体系的总存款额增加了 5.6%，达 14.9 万亿港元；沪港通和深港通每日平均成交金额分别增加了 96.1% 和 98.2%，达 494 亿元人民币和 230

亿元人民币。香港失业率连跌 9 个月至 4.1%。香港经济逐步摆脱政治动荡和疫情影响，迅速恢复。据香港特区政府统计处公布数字，2021 年香港 GDP 高达 28616.6 亿港元（3680 亿美元左右），同比增长 6.4%，出口大幅增长 19%，居民消费增长 5.6%，经济复苏态势向好。国际社会持续看好香港营商环境。目前有超过 9000 家内地和海外企业在香港设立公司，许多企业总部和金融机构继续扩大在港业务、扩招员工。这些数字充分说明，香港国安法让国际投资者吃了"定心丸"，香港的国际金融中心地位丝毫没有受损。新冠病毒感染疫情暴发后，习近平总书记在领导全党全军全国各族人民开展疫情防控的同时，也始终高度关注香港的抗疫工作，领导全国人民支援香港抗击疫情。2022 年初，由于奥密克戎变异病毒传播，香港疫情急剧恶化，面临失控的危险。在这个紧要关头，习近平总书记心系香港同胞安危，对香港抗疫工作作出重要指示，强调"要把尽快稳控疫情作为当前压倒一切的任务，动员一切可以动员的力量和资源，采取一切必要措施""确保香港市民的生命安全和身体健康，确保香港社会大局稳定"。批示不仅表达了习近平总书记全力支持香港抗击疫情的坚定态度，体现了其人民至上、生命至上的为民情怀，而且再次彰显了总体国家安全观在维护香港人民安全和社会稳定的理论指导伟力，必将推动香港特别行政区上下同心战胜疫情。

回顾香港由乱到治、由治到兴的伟大历程，总体国家安全观对香港迅速止暴制乱、恢复秩序；建立健全香港维护国家安全的法律制度和执行机制，开创维护国家安全新局面；顺利举行新一届选委会、立法会和行政长官选举，建设香港特色民主，均发挥了关键的指导作用和引领作用。我们坚信，随着香港"一国两制"实践行稳致远，总体国家安全观在促进香港融入国家发展大局、护航中华民族伟大复兴的贡献必将更加辉煌！

五、金融治理战

2008 年国际金融危机爆发后，全球保护主义、民粹主义、反全球化思潮涌动，主要国家贸易、投资、金融、科技政策日趋保守，国际合作动能削弱，各类风险不断积聚。在高债务、低增长的重压下，世界经济蹒跚步入"慢全球化"时代。与此同时，中国仍逆势保持较快的发展势头，不仅成为全球第二大经济体，而且伴随着金融业和资本市场的跨越式发展，也日益成长为一个金融大国。但是，受内外发展环境变化的影响，中国金融业在突飞猛进的同时，也蕴藏着日益复杂和严峻的隐患。正如习近平总书记深刻指出的，"透过现象看本质，当前的金融风险是经济金融周期性因素、结构性因素和体制性因素叠加共振的必然后果"。过去数年，中国的金融风险突出表现为宏观杠杆率高企、影子银行体系膨胀、互联网金融乱象迭出、金融控股公司违规运作、房地产风险不断攀升等。这些风险若得不到有效处置，不仅会加剧系统性金融风险爆发的可能，还会危及社会主义中国的金融安全乃至政治经济等全方位安全。一场迫在眉睫、声势浩大的金融治理战正式打响。

（一）金融风险滋生威胁经济安全

2008 年后，受国际金融危机后遗症迁延不愈和国内"三期叠加"的影响，中国金融业在迅猛发展的同时，内部风险也在不断积聚。宏观层面上，金融高杠杆和流动性风险构成严峻挑战；微观层面上，不仅金融机构信用风险上升，而且出现虚实脱节、资金空转、无效创新、市场操纵等各种乱象。2017 年，时任中国央行行长的周小川为《党的十九大报告辅导读本》撰文，认为"总体看，我国金融形势是好的，但当前和今后一个时期我国金融领域尚处在风险易发高发期，在国内外多重因素压力下，风险点多面广，呈现隐蔽性、复杂性、突发性、传染性、危害性特点，结构失衡问题突出，违法违规乱象丛生，潜在风险和隐患正在积累，脆弱性明显上升，既要防止'黑天鹅'事件发生，也要防止'灰犀牛'风险发生"。总体而言，中国的金融风险主要集中在以下几个方面。

宏观杠杆率高位攀升。高杠杆是宏观金融脆弱性的总根源，在实体部门体现为过度负债，在金融领域体现为信用过快扩张。在 2008 年国际金融危机之后的信贷繁荣中，中国经济的宏观杠杆率攀升至"危险"水平。世行指出，2016 年底信贷与 GDP 之比升至 232%，比危机前高出几乎 100 个百分点。非金融私营部门债务扩张尤其迅速，已超过 20 世纪 90 年代日本"失去的十年"、1994 年墨西哥危机、1998 年亚洲金融危机、2007 年美次贷危机爆发前的债务增长速度。其中 2/5 的新增信贷并未进入实体经济用于生产，而是金融获利。国际货币基金组织 2018 年指出，中国的非金融公司杠杆率仍在攀升，且远高于全球历史基准。企业债规模约为 GDP 的 175%，远高于 G20 其他国家和 80% 的全球平均水平，突出表现在房地产、建筑、钢铁、水泥、太阳能板、家电和采矿业等传统及产能过剩领域。此外，家庭债务也在迅速增加，已超过 GDP 的 50%，居新兴市场国家前列。杠杆率上升导致市场流动性和传染性风险增加。

影子银行畸形膨胀。影子银行是指游离于银行监管之外的信用中介体系。2012 年起，随着中国收紧信贷政策，"监管套利"活跃，银行资金借助监管相对宽松的信托、保险、证券、基金等渠道，通过理财产品、信托贷款、证券化、资管计划、委托借款、债转股等新兴金融业态大规模流向表外，影子银行规模迅速膨胀，资产管理业务扩张速度连续多年保持在 50% 以上。2017 年初，影子银行规模高达百万亿元规模，超过 GDP 总量，多数业务处于监管之外，银行与各种表外融资工具及非银行金融机构关联复杂，与之相关的系统性风险不断积累，被国际机构普遍视为中国金融体系的"原子弹"，一旦"爆炸"将严重冲击金融安全。国际货币基金组织认为，与2008年危机相关的发达国家影子银行问题基本得到解决，但新兴市场的新型影子银行可能成为新风险源。其中，中国的影子银行规模增长迅速，很可能发展为能影响全球金融稳定的系统性风险。

互联网金融乱象迭出。以P2P、现金贷和虚拟数字货币最具代表性。仅2018年6—7月，就有316家P2P平台发生"提现困难""清盘退出""停业跑路"等情况，多为"庞氏骗局"非法集资，"踩雷"的投资者高达6000万，涉案金额超过5700亿元。现金贷等网络贷款借助金融科技手段成为民间高利贷的新型

变种，因无底线放贷、畸高利率和暴力催收饱受诟病。以比特币为代表的虚拟数字货币造富神话刺激投机热潮，2016 年人民币交易一度占到全球比特币交易量的 98%，各种"空气币""山寨币"横行，借"区块链技术"的金融诈骗和市场操纵大量出现。

近年来，平台经济企业的体量和数量迅速壮大，部分创立较早且实力雄厚的巨头利用技术、数据与资本优势，大举进军金融领域。由于刻意模糊"金融科技"与"科技金融"的界限，此类企业往往在不受监管的情况下迅速拓展金融业务，造成风险的迅速积累。"阿里"旗下的蚂蚁集团最为典型：一是高杠杆融资信贷模式。2020 年上半年，"蚂蚁"放贷 2.15 万亿元，全年或超 4 万亿，但自有资金仅数十亿，其余通过合作银行与资产证券化融资。如此高杠杆却缺乏监管，隐藏极大风险。二是业务交叉融合缺乏透明度。"蚂蚁"拥有第三方支付、网络银行、基金、期货、理财、保险、股权众筹和个人征信等金融领域几乎所有牌照，通过电子钱包、"支付宝—余额宝"资金转移体系以及金融大平台等组合手段，实质上跨界开展非金融、类金融、金融和金融基础设施等多种业务，轻松绕开现有政策法规对传统金融机构的约束。三是系统性风险突出。"蚂蚁"在第三方支付、网络消费贷等方面的业务占据近半全国市场，并且是理财、保险等全国性平台，已成重要的金融基础设施提供者，一旦出现技术或管理问题，将影响数亿民众。四是技术共性带来传染性风险。"蚂蚁"各项金融产品与服务都基于大数据、云计算等技术，所涉模型和算法与其他互联网技术公司（如京东白条、度小满金融、360数科等）趋同，容易传染金融风险，引发"羊群效应"，导致市场大起大落。

金融控股公司违规运作。近年来，金融控股公司发展较快，为满足各类市场主体多元化需求、服务经济发展发挥了积极作用。但是，少数金融控股公司存在较大风险，如抽逃资本、循环出资、虚假注资以及通过不正当的关联交易进行利益输送等，带来跨机构、跨市场、跨业态的传染风险。其中，以"明天系"和"安邦系"最具代表性。

明天控股集团自1999年成立以来，通过大规模"资本运作"，非法占有和控制大量金融牌照，涵盖证券、银行、保险、信托、期货、基金等全领域，并长期占用大量金融机构资金为其迅猛扩张融资。2016年末，其掌控9家上市公司，持股金融机构44家，其中银行17家、保险9家、证券8家、信托4家、基金3家、期货2家、金融租赁1家，资产规模超过3万亿元。"明天系"被查处后，其控制的包商银行"爆雷"，由于大量资金被挪用，破产时负债超过2000亿元。

"安邦系"的扩张速度更为惊人。2011年安邦保险集团正式成立时"蛇吞象"收购了成都农商银行，通过挪用银行和保险资金虚假出资并放大杠杆实现"滚雪球"式发展，数年间就构建起规模高达2万亿的"金融帝国"，并开启"买买买"的海外并购之路，收购比利时、美国、韩国、荷兰、加拿大等国大量资产。2015年以来，万达、海航、复星、安邦等一批企业海外并购"狂飙突进"，通过在国内借入贷款，以极高杠杆率在海外房地产、酒店、影城、娱乐业、体育俱乐部等领域高溢价、非理性收购和投资，规模高达上千亿美元。与此同时，中国外汇储备在2014年中达到近4万亿美元的高点后一路下降，截至2016年末已缩水近1万亿美元。

房地产领域风险凸显。由于刚性兑付预期长期存在，市场对国企债务、地方政府债务和城市房价的政府隐性担保和托底救市的预期不断推高风险偏好，导致信贷泡沫和高杠杆率一直无法得到有效出清，资产泡沫持续积累，以房地产领域问题最为突出。2015年开始，从一线城市蔓延至二三线城市，全国楼市均上演暴涨甚至翻倍行情。国家统计局数据显示，2015—2020年全国商品房平均销售价格年均上涨7.7%，高于同期GDP增幅。而根据央行调查，城镇居民家庭资产负债七成以上集中在房产，一半以上的家庭户均负债51.2万元。这种危险的资产负债结构使得国民经济一定程度被房地产绑架。2021年，恒大集团、华夏幸福、泰禾、阳光城等一批房地产公司接连陷入债务困境，引发国际关注。恒大事件更被外媒炒作为中国的"雷曼危机时刻"。

（二）防范和化解系统性金融风险

防止发生系统性金融风险是金融工作的永恒主题。习近平总书记多次指出，金融是国家重要的核心竞争力，金融安全是国家安全的重要组成部分，金融制度是经济社会发展中重要的基础性制度。金融安全上关大国崛起与民族复兴，下涉千家万户切身利益。面对金融风险带来的严峻挑战，2017年中央经济工作会议将防范化解重大风险列入2018—2020年的三年攻坚战首位，重点是防控金融风险。以习近平同志为核心的党中央以卓越的政治智慧、非凡的改革勇气和深切的为民情怀，针对种种金融乱象和风险挑战果断出手，作出一系列重大决策部署，取得了重要阶段性战果，守住了不发生系统性金融风险的底线。

坚持党对金融工作的集中统一领导是赢得这场金融治理战的根本保证。2017年7月，第五次全国金融工作会议在京召开，习近平总书记发表重要讲话，强调做好新形势下金融工作，要坚持党中央对金融工作集中统一领导，确保金融改革发展正确方向，确保国家金融安全。防范和化解系统性金融风险的顶层设计和制度建设加速完善。会议决定设立国务院金融稳定发展委员会，强化人民银行宏观审慎管理和系统性风险防范职责，以克服原有分业监管的缺陷，加强金融监管的权威性和严肃性。

2018年3月，在国务院机构改革方案中，银监会和保监会合并成为银行保险监督管理委员会，以解决监管职责不清、交叉监管和监管空白等问题。中国金融监管由原来的"一行三会"重塑为"一委一行两会"的新监管格局，具有中国特色的现代金融监管框架逐渐成型，在整治违法违规行为、切实化解风险的同时，着力构建监管长效机制，加强金融法治体系建设。中央和地方金融监管协调加强，在推动《中华人民共和国中国人民银行法》《中华人民共和国商业银行法》《中华人民共和国证券法》《中华人民共和国保险法》等一系列金融领域基本立法及相关管理条例进行修订的同时，地方金融监管也开始"长出牙齿"，各省金融监管条例纷纷出台，以解决新兴金融业态带来的监管难题。

力推金融领域供给侧改革，引导金融服务实体经济。十九大报告对金融进行了重新定位，要求金融服务实体经济，提高直接融资比重，守住不发生系统性风险底线。具体举措包括推动金融领域供给侧改革，通过优化信贷供给结构，大力发展直接融资，着力遏制金融脱实向虚，调降宏观杠杆率。在国务院部署下，银行机构加大中长期贷款和信用贷款投放，重点满足制造业和消费升级的融资需求，加大对小微企业支持力度。为对冲新冠病毒感染疫情的负面冲击，仅 2020 年金融系统向实体经济让利就高达 1.5 万亿元。科创板和北京证券交易所于 2019 年和 2021 年分别设立，A 股将于 2022 年迈入全面注册制。资本市场的发展有助降低企业对银行贷款等间接融资的依赖，改变非金融企业部门负债过快增长的态势。随着去杠杆等工作的推进，2017 年宏观杠杆率上行速度明显放缓，全年上升 2.7 个百分点至 250.3%，2018 年不增反降，下降了 1.5 个百分点，非金融企业部门下降尤为明显，"稳杠杆"目标初步实现。

从 2021 年开始，政府部门去杠杆也提上日程，当年决定不发行特别国债，财政赤字率和专项债新增额度下降，地方债新增限额自 2015 年限额管理以来首次下降。地方政府隐性债务规模基本得到控制，隐性债逐步"显性化"，北京、上海、广东成为首批开展全域无隐性债务的试点省市，广东实现隐性债务清零只用了 3 个月。

聚焦三大重点领域，大力整顿金融秩序。2016 年以来，监管部门加强对金融风险的梳理和整顿工作，重点指向互联网金融、影子银行和金融控股公司等领域。

规范互联网金融发展。2016 年，国务院启动了互联网金融风险专项整治工作，针对 P2P 网络借贷和股权众筹业务，通过互联网开展资产管理等划定红线。2018 年 P2P 平台密集"爆雷"后，整治加速，要求"能退尽退，应关尽关"。银保监会、证监会等部门重拳出击，处置了一系列大案要案如"钱宝网"案、"快鹿系"案等，到 2020 年底 P2P 平台实现全部清零，现金贷平台关闭八成以上，妥善消解了互联网金融的隐患。对比特币等虚拟货币的规范和清理同步展开。2017 年 9 月，中央七部委联手，首次将代币发行明确定性为金融违法犯罪活动。同月，监管机构约谈多家比特币交易所，要求全部关停并退出市场。2021 年 9 月，监管进一步加强，一切虚拟货币交易炒作和金融服务均遭禁止，并向"矿机"制造产业链和"挖矿"活动延伸。此外，央行等监管机构还多次约谈蚂蚁集团、腾讯等从事金融业务的平台企业，要求其回归支付本源，严格整改违法违规金融活动，落实监管要求。蚂蚁集团宣布整体申设金融控股公司，实现金融业务全部纳入监管。

压缩影子银行规模。2017 年也被视为金融监管风暴之年，影子银行和资管业务成为整顿重点。7 月，中央政治局会议部署下半年经济工作，提出"整治金融乱象"，加强金融监管协调，提高金融服务实体经济的效率和水平。监管机构针对资管行业、银行、公募、保险等发布一系列金融监管政策，尤以《关于规范金融机构资产管理业务的指导意见》为重中之重。该文件提高了影子银行业务的准入门槛，统一了产品标准和运营规范，打破了刚性兑付，消除了多层嵌套和通道，有效抑制了影子银行业务背后的高杠杆率、链条过长、资金空转等乱象。影子银行规模开始从历史高位大幅下降。截至 2019 年末，狭义影子银行规模降至39.14 万亿元，较 2016 年底缩减了 11.87 万亿元；广义影子银行规模较历史峰值缩减近 16 万亿元，降至 84.80 万亿元，占 GDP的比例从 2016 年底的 123% 下降至 2019 年底的 86%。国际社会对中国影子银行治理取得的显著成效予以充分肯定，认为不仅确保了中国金融体系的稳定，也成为全球影子银行规模下降的主要推动力。

有效处置高风险机构。2017 年起，海航、安邦等金融控股集团频繁、巨额的海外并购引起发改委、央行、商务部等多个部委对非理性海外投资的潜在风险及真实性、合规性的高度关注。2017 年 6 月，银监会窗口指导各大商业银行，要求排查包括万达、安邦、海航集团、复星、浙江罗森内里在内数家企业的境外授信及风险分析，重点关注并购贷款及内保外贷的情况。同期，对"安邦系""华信系""明天系"等不法金融集团和问题股东的资产清理、追赃挽损和风险隔离工作拉开序幕，并依法进行了重组、重整和破产清算。2018年，安邦保险被银保监会接管，在兑付1.5万亿理财保险实现"瘦身"、剥离非核心业务后宣布解散并清算，设立新的保险公司承接主业。2018年证监会对华信证券违法违规行为立案稽查，进行行政清理和托管，根据市场化原则转让其证券类资产。2019年"明天系"下包商银行因资不抵债被银保监会和央行接管"精准拆弹"，采取了"收购承接+破产清算"的方式处置风险。2020年7月，银保监会、证监会果断接管"明天系"旗下9家核心金融机构。2020年，海南省海航集团联合工作组成立并进驻海航，2021年海航集团被一拆为四，创始股东团队的权益全部清零。

此外，房地产金融化泡沫化势头也得到有效遏制。2016年7月，中央政治局会议提出"抑制资产价格泡沫"。当年中央经济工作会议上首次提出，要坚持"房子是用来住的，不是用来炒的"的定位，综合运用金融、土地、财税、投资、立法等手段，加快研究建立符合国情、适应市场规律的基础性制度和长效机制，既抑制房地产泡沫，又防止出现大起大落，成为房地产市场调控的指导原则。近年来，各地区各部门根据"房住不炒"和"一城一策"精神，优化金融资源配置，严防资金违规流入房地产市场，"不将房地产作为短期刺激经济的手段"。2020 年以来，房地产市场长效机制逐步建立。2020 年 8 月，住建部和央行明确了房企资金监测和融资管理规则，确立了房企融资的"三条红线"。12 月，央行和银保监会要求根据银行业金融机构资产规模及机构类型，分类分档设置房地产贷款和个人房贷占比上限。2021 年，重点城市土地供应制度改革，实施集中公告、集中出让的"两集中"政策，抑制土地哄抢。

尽管当前部分房企陷入债务违约或逾期、评级下调等负面舆情，加剧市场担忧情绪，但随着银行端、房企端、土地端各种新政落地，短期调控与长效机制相结合，房地产市场依然保持了稳定发展势头，多主体供应、多渠道保障、租售并举的供给格局逐步形成。德国《商报》称，中国政府已表明，对待房地产行业整顿的态度是认真的，不再像是过去那样"出手救市"或是偏离改革意愿。这一过程或漫长而痛苦，但最终将有望塑造一个更为健康的市场。

（三）统筹金融领域开放与安全

开放带来进步，封闭必然落后。防范和化解系统性金融风险并不意味着中国从此关上金融开放与创新的大门，相反，中国金融开放的步伐正不断加速。诚如习近平总书记所言，"在这个过程中，我们呛过水，遇到过漩涡，遇到过风浪，但我们在游泳中学会了游泳"，"中国开放的大门不会关闭，只会越开越大"，这是中国对世界的庄重承诺。

2018年4月，习近平主席在博鳌亚洲论坛上表示，要大幅放宽市场准入，确保放宽银行、证券、保险行业外资股比限制等重大措施的落地，"宜早不宜迟，宜快不宜慢"。中国金融开放至此全面提速，进入"2.0版本"。麦肯锡中国区金融研究中心2020年发布的《中国金融开放新机遇》报告指出，与2001年加入世界贸易组织时相比，此轮金融开放无论在金融牌照开放广度、业务资质开放深度还是开放速度上，都超过上一轮。从广度看，通过先后出台《关于进一步放宽外资银行市场准入相关事项的通知》《关于放开外资保险经纪公司经营范围的通知》《中华人民共和国外商投资法》《中华人民共和国外资银行管理条例》和《中华人民共和国外资保险公司管理条例》等政策法规，中国银行、证券、保险、期货、信用评级、第三方支付、理财子公司等多个金融领域外资准入门槛大幅降低，主要金融牌照几乎全部实现了对外资机构的开放。从深度看，与国际接轨的"准入前国民待遇＋负面清单"金融开放新模式逐渐形成，外资持股比例限制全面放开，实现与内资机构无差别的"国民待遇"。开放呈现"双向平衡、区域加速"的新特点，2021年9月，中国启动"债券通"南向开放和"跨境理财通"，为金融机构和居民个人对外投资开辟新渠道。粤港澳大湾区、上海、海南等重点地区加快推进资本项目开放，探索构建打通境内境外资金通道。从速度看，金融开放动作快、节奏密。遵循"宜快不宜慢，宜早不宜迟"原则，仅 2019 年 6—7 月，就有正式启动沪伦通、扩大资本市场开放的 9 条措施、"新 11 条"金融业对外开放措施等一系列重要政策落地，持续扩大投资范围、缩短政策过渡期、统一准入标准。正如国际货币基金组织驻华首席代表席睿德所说，"在金融领域，中国对外开放的脚步从未停歇。"

中国金融开放蹄疾步稳，外资"用脚投票"加速涌入。截至 2021 年三季度末，外资持有 A 股余额为 3.56 万亿元，占 A 股流通市值比重为 5.0%，比 2013 年年末提高了 3.3 个百分点；外资持有境内债券余额为 3.94 万亿元，占全部债券余额的比重为 4.7%，相比 2013 年年末提高了 3.2 个百分点。人民币资产受到全球青睐，从国际资本的战术性选择变成战略性配置。2018 年到 2021 年，外资累计净增持境内债券和股票超过 7000 亿美元，年均增速 34%。全球三大股票指数明晟新兴市场指数、富时罗素指数、标普道琼斯指数陆续纳入中国 A 股，全球三大主流债券指数彭博巴克莱全球综合指数、摩根大通全球新兴市场政府债券指数、富时世界国债指数也先后将中国国债纳入其中。据预测，上述指数纳入中国股债后，将分别带动超过 8000 亿美元和 3.4 万亿美元外资涌入中国股票和债券市场。

金融里程碑式的开放助力了中国金融业的高质量发展，而发展才是安全的坚实保障。伴随着外资进入，中国日益走上金融强国之路。当前中国已成为世界第一大银行市场，第二大保险市场、债券市场和股票市场，拥有香港、上海、北京、深圳四个全球排名前十的国际金融中心。银行业不良贷款率大幅下降，低于全球平均水平。30 家全球系统重要性银行有 4 家来自中国。人民币全球支付比例升至历史新高，成为全球第四大支付货币，人民币资产在全球外汇储备中连续 11 个季度增长。数字人民币的研发和试点更是受到全球瞩目，被认为已抢占全球央行数字货币的先机。

与 2001 年中国加入世贸组织承诺开放金融业时"狼来了"的担忧相比，新时期金融开放显示出中国经过改革开放四十年发展后的底气和信心。新发展格局下，金融开放是实现金融安全的必由之路。国内国际双循环的相互促进离不开金融开放。

扩大金融开放，不仅是要让外资分享中国经济发展的红利，更重要的是借助外资进入实现"改革倒逼"，通过"引资"实现"引技、引制、引智"的同步发展。一方面，推动市场成为配置金融资源的主要手段。借助外资充实中国金融业的资本实力和资金需求，提高市场化经营程度，促进良性竞争鼓励中资金融机构停止内卷和僵化、提高管理效率和风控水平、改善经营模式和产品阵列、主动"走出去"参与国际竞争，做大做强中国金融力量。另一方面，推动监管机构勇于自我改革，提升监管能力和风险防控能力。面对多层次、广覆盖、日趋复杂的金融体系和日新月异的金融科技发展，监管机构如还以原体制、旧思维、老方法来解

决问题很容易陷入"一抓就死、一放就乱"的监管困境。从制度
建设角度看，对外开放既可促进中国加快完善利率、汇率市场化
改革，理顺国内金融机制"筑巢引凤"，又能推动国内金融领域法
律、会计和监管等制度推陈出新，构建与国际标准接轨的审慎监
管框架，从而跟上国际金融监管潮流，为中国谋求国际金融治理
话语权、更好维护开放经济体制下的金融安全筑牢制度根基。

习近平总书记指出，要积极稳妥推动金融业对外开放，合理
安排开放顺序，加快建立完善有利于保护金融消费者权益、有利
于增强金融有序竞争、有利于防范金融风险的机制。百年来金融
危机演进史也告诉我们，忽视安全盲目开放，不讲节奏不设底
线，往往是"眼见他起高楼，眼见他宴宾客，眼见他楼塌了"的
悲剧结果。确保金融安全是推动金融开放的重要前提。

20世纪90年代的亚洲金融危机成因有诸多反思，一个公认
的事实是泰国、印尼等国为吸引外资轻率开启了资本账户自由化
的尝试，使得以索罗斯为首的国际游资得以轻而易举在东南亚诸
国金融市场筹集"弹药"，利用固定汇率制的缺陷发动大规模投
机攻击，从而引发整个区域系统性金融崩盘，轻松"收割"了各
国几十年发展的成果。当前全球地缘政治风险不断攀升，国际资
本博弈日趋激烈，金融市场波动剧烈频繁，这使得基于国家整体
安全的宏观审慎金融开放尤为必要。实践中，中国金融开放虽快
但稳，以试点方式推进人民币在资本项目下完全可兑换，依然坚
持有管理的汇率自由浮动，引导人民币汇率在合理均衡水平上保

持稳定，显示出很强的忧患意识和底线思维。

统筹金融领域开放与安全，必须认识到全球化继续向纵深发展的趋势没有变，"东升西降"的世界格局没有变，中国经济深度融入世界的趋势不可逆转，贸易投资的全球延展需要金融力量也能"走出去"，方可切实维护海外利益安全。经济为肌体，金融是血脉，脱离开放谈金融安全，只会回到僵化封闭的老路，无异于破坏肌体的造血功能，贫血的肌体块头再大也虚弱不堪，容易在国际竞争中败下阵来；脱离安全谈金融开放，只会走上改旗易帜的邪路，无异于放任各种病毒随血液注入肌体，看似充满活力，积累到某个时点就会突然发作，甚至有性命之忧。

沧海横流，方显英雄本色。风高浪急，更见砥柱中流。以总体国家安全观为指导，以习近平同志为核心的党中央果断出手，正本清源，有效防范和化解了系统性金融风险，取得了金融治理战的阶段性胜利。当前，新冠病毒感染疫情全球大流行仍未结束，百年未有之大变局向纵深发展，外部环境变动剧烈且内外联动日益加强，中国仍处于经济金融风险高发期易发期，维护金融安全依旧任重而道远，仍要深入学习贯彻总体国家安全观，将习近平总书记关于防范和化解系统性金融风险的重要论述和指示落到实处，统筹金融领域开放与安全，推动中国经济在高质量发展道路上行稳致远。

结语

习近平总书记深刻指出，增强忧患意识，做到居安思危，是我们治党治国必须始终坚持的一个重大原则。我们党要巩固执政地位，要团结带领人民坚持和发展中国特色社会主义，保证国家安全是头等大事。

我们党历来高度重视国家安全工作，历来高度重视国家安全理论创新。建党 100 年来，特别是新中国成立 70 多年来，我们党领导民族独立、人民解放和国家富强取得了一个又一个重大胜利，国家安全工作取得了一个又一个重大成就，推动党的国家安全理论创新实现了一个又一个重大突破。党的十八大召开后，党中央敏锐意识到，在新的历史时期我国面临对外维护国家主权、安全、发展利益，对内维护政治安全和社会稳定的双重压力，各种可以预见和难以预见的风险因素明显增多，我们越是发展，各种风险就越是向我们汇集，而我们的国家安全指导思想和工作机制还不能适应这样的变化，构建新的符合时代要求的国家安全理论和工作体制机制，已是当务之急。

正是在这样的时代背景下，2014 年 4 月 15 日，习近平总书记以统揽全局的战略思维和宽广的世界眼光，深刻把握国家安全变化大势，创造性提出总体国家安全观。精辟指出当前我国国家安全内涵和外延比历史上任何时候都要丰富，时空领域比历史上任何时候都要宽广，内外因素比历史上任何时候都要复杂，强调必须坚持总体国家安全观，以人民安全为宗旨，以政治安全为根本，以经济安全为基础，以军事、文化、社会安全为保障，以促进国际安全为依托，走出一条中国特色国家安全道路。习近平总书记提出的总体国家安全观集中体现了对国家安全形势的深刻洞察，深化拓展了我们党关于国家安全问题的理论视野和实践领域，为做好新时代国家安全工作提供了根本遵循、指明了前进方向，昭示了习近平新时代中国特色社会主义思想的"国家安全篇"。

总体国家安全观具有重大的时代意义、理论意义、实践意义和世界意义，承载着为实现中华民族伟大复兴提供坚强保障的历史使命，具有鲜明的时代特征；开辟了我们党国家安全理论创新的新境界，丰富和发展了中国特色社会主义思想体系；深刻揭示了国家安全的本质和内涵，系统总结了解决新时期国家安全问题的基本理论和基本方法，科学回答了中国这样一个发展中的社会主义大国如何维护和塑造国家安全的基本问题，标志着我们党对国家安全基本规律的认识达到了新的高度；是维护和塑造中国国家安全的行动指南，蕴含着中国特色国家安全价值理念、工作思路和机制路径，具有重大的理论与实践意义。总体国家安全观体现了中国风格，展现了中国胸怀，彰显了中国智慧，一经提出便为国际社会所瞩目，具有显著的世界影响力。

总体国家安全观是以习近平同志为核心的党中央对国家安全

理论的重大创新，是新形势下维护和塑造中国特色大国安全的强大思想武器。新时代国家安全工作取得的历史性成就、发生的历史性变革，彰显了总体国家安全观的理论价值和实践伟力。党的十八大以来，以习近平同志为核心的党中央坚持底线思维，居安思危、未雨绸缪，坚持国家利益至上，以人民安全为宗旨，以政治安全为根本，以经济安全为基础，以军事、科技、文化、社会安全为保障，以促进国际安全为依托，统筹发展和安全，统筹开放和安全，统筹传统安全和非传统安全，统筹自身安全和共同安全，统筹维护国家安全和塑造国家安全，有效应对了一系列重大风险挑战，保持了我国国家安全大局稳定。

从推进国家安全体系和能力建设，设立中央国家安全委员会，完善集中统一、高效权威的国家安全领导体制，到完善国家安全法治体系、战略体系和政策体系，建立国家安全工作协调机制和应急管理机制；从把安全发展贯穿国家发展各领域全过程，注重防范化解影响我国现代化进程的重大风险，到坚定维护国家政权安全、制度安全、意识形态安全，加强国家安全宣传教育和全民国防教育，巩固国家安全人民防线；从推进兴边富民、稳边固边，严密防范和严厉打击敌对势力渗透、破坏、颠覆、分裂活动，顶住和反击外部极端打压遏制，到有效开展涉港、涉台、涉疆、涉藏、涉海等斗争，加快建设海洋强国，有力维护国家安全。党的十八大以来，我国国家安全得到全面加强，经受住了来自政治、经济、意识形态、自然界等方面的风险挑战考验，为党和国家兴旺发达、长治久安提供了有力保证。

《总体国家安全观透视——历史长河、全球视野、哲学思维》这本书，是我们在深入学习领会习近平新时代中国特色社会主义思想基础上，结合十八大以来党领导国家安全工作的生动实践，结合各方面在党中央领导下贯彻落实总体国家安全观的鲜活事例，结合古今中外国家安全治理的历史经验，对新时代党的国家安全创新理论的深入学习和总结，也是我们坚决贯彻落实总体国家安全观的研究成果。通过这次学习和总结，我们深刻感受到，党的十八大以来，习近平总书记运筹帷幄、统揽全局，党的国家安全理论开创新境界，国家安全工作迈上新台阶，这就激励我们，同时也要求我们面向未来再接再厉，不断取得国家安全工作新成就。

面向未来，我们要立足中国共产党百年奋斗重大成就和历史经验，立足新时代党和国家事业取得的历史性成就、发生的历史性变革和积累的新鲜经验，立足习近平新时代中国特色社会主义思想特别是总体国家安全观，自觉用好这一强大思想武器，进一步坚定信心，聚焦我们正在做的事情，以更加昂扬的姿态奋进新征程、建功新时代。

面向未来，我们要坚决贯彻总体国家安全观，认真学习总体国家安全观核心要义，特别是要系统学习总体国家安全观从提出到完善的发展脉络，深刻领悟提出这一思想所依托的时代背景，领会党中央更加重视国家安全的战略用意；要系统学习总体国家安全观，深刻领悟这一思想蕴含的世界观、方法论；要系统学习总体国家安全观"十个坚持"所体现出的思想框架、理论体系和战略布局，深刻领悟这一思想的时代意义、理论意义、实践意义、世界意义，在工作中自觉运用总体国家安全观，不断提升国家安全工作水平。

面向未来，我们要充分汲取古今中外国家安全治理的历史经验，科学研判当今时代国家安全的深刻巨变，不断丰富发展总体国家安全观，创新国家安全工作实践。要端起历史的望远镜，从中华民族历史长河中反复探寻总体国家安全观"五大要素"的脉络渊源；要以放眼全球的广阔视野，从主要大国的兴衰成败中对照把握总体国家安全观"五个统筹"的深邃哲理；要自觉运用辩证思维的科学方法，从纷繁复杂的各种矛盾中捕捉国家安全的未来趋势，总结历史、启迪未来，不断推动国家安全事业发展壮大。

面向未来，我们要牢记习近平总书记嘱托，坚持以习近平新时代中国特色社会主义思想为指引，深入领会"两个确立"的决定性意义，增强"四个意识"、坚定"四个自信"、做到"两个维护"，胸怀中华民族伟大复兴战略全局和世界百年未有之大变局，坚持稳中求进工作总基调，坚定历史自信，保持历史主动，踔厉奋发、笃行不怠，扎扎实实做好国家安全工作，推动新发展格局和新安全格局相互协调、相互促进，不断开创国家安全新局面，有力护航民族复兴新征程。